区域港口群的复杂竞合网络研究

李珊珊 ◎ 著

清華大学出版社
北 京

内容简介

本书以我国区域港口群形成的复杂竞合网络为研究对象，沿着"复杂竞合关系→复杂竞合网络模型构建→复杂竞合网络结构特征→复杂竞合网络博弈行为→复杂竞合网络演化机制"的研究路径，借助网络分析工具、数据可视化及计算机仿真模拟等手段，对区域港口群的复杂竞合网络形成、发展及未来演进方向进行了深入研究。

本书为交通运输管理、海事管理等政府部门提供了政策制定的定量理论依据，同时为港口集团的决策提供了具体的参考建议。

本书可作为管理科学与工程、交通运输工程、物流管理等专业学者及研究生的参考资料。

图书在版编目（CIP）数据

区域港口群的复杂竞合网络研究 / 李珊珊著. -- 北京：清华大学出版社，2025. 7. -- ISBN 978-7-302-68282-0

Ⅰ. U691

中国国家版本馆 CIP 数据核字第 2025WN6303 号

责任编辑：贾　斌　左佳灵
封面设计：何凤霞
责任校对：韩天竹
责任印制：刘　菲

出版发行：清华大学出版社
网　　址：https://www.tup.com.cn，https://www.wqxuetang.com
地　　址：北京清华大学学研大厦 A 座　　**邮　　编：**100084
社 总 机：010-83470000　　**邮　　购：**010-62786544
投稿与读者服务：010-62776969，c-service@tup.tsinghua.edu.cn
质量反馈：010-62772015，zhiliang@tup.tsinghua.edu.cn
课件下载：https://www.tup.com.cn，010-83470236
印 装 者：小森印刷(北京)有限公司
经　　销：全国新华书店
开　　本：170mm×230mm　　**印　张：**11.75　　**字　　数：**231 千字
版　　次：2025 年 7 月第 1 版　　**印　　次：**2025 年 7 月第1次印刷
印　　数：1～500
定　　价：69.00 元

产品编号：098196-01

前言

全球经济贸易正处于大变革、大调整时期。随之，在船舶超大型化影响下，近年来我国港口群网络化、层级化、规模化、集约化程度不断加深。目前，世界各区域内港口群无论是航线互连还是组织结构都体现出明显的网络化的特征，网络化成为全世界区域港口群发展的新方向，一个多重复杂网络巨系统将逐步形成。

此时，特定区域港口群内部港口之间必须建立必要的竞争合作战略关系，依靠整体力量共同面对国际竞争。港口之间的关系也逐渐由单纯的竞争或合作，逐步转变为“竞合”“双赢”的关系模式，港口之间为竞争而合作、以合作求竞争是未来港口关系发展的新趋势。各区域港口群在发展的过程中，已逐渐意识到港口之间的同质竞争会造成港口资源的浪费和过度建设等不良后果，与国际港口总体发展的趋势背道而驰，因此十分愿意尝试建立良性竞合关系。因此，对区域港口群内部的竞争及合作进行合理的规划，已成为一项刻不容缓的任务。

本书从网络的视角，基于网络科学研究方法、博弈论及复杂网络演化分析方法等定量分析法，建立了一套全面、深入分析区域港口群复杂竞合的定量研究体系，针对如何在区域港口群竞合网络中正确定位港口功能，如何规划和建立最优港口群竞合网络进行了深入剖析。主要研究内容包括五方面。

(1) **区域港口群复杂竞合网络建模**(第3章)，基于可拓学中基元的理论建立了区域港口群多重竞合关系的网络模型，解决了以往网络模型忽视节点属性对节点行为、网络结构的影响问题，优化了网络模型的结构组成(多重关系)，克服了多重网络并行分析的难题。

(2) **全面解析竞合关系网络结构特性**(第4章)，包括复杂网络特性及社会网络特性，在网络模型基础之上，对区域港口群竞合网络的结构特性进行了全面解析，有助于指导区域港口群规划港口布局和分工，以形成层次分明、定位明确、分工合理的良性港口群复杂竞合网络。

(3) **分析嵌入竞合关系网络的港口竞合博弈行为**(第5章),分别建立了基于区域港口群网络外部性的完全信息静态非合作博弈模型、基于TFT策略的重复博弈模型及嵌入网络的合作博弈模型,全面深刻地解析了区域港口群竞合网络上的博弈各发展阶段及其均衡态。

(4) **建立模拟港口竞合网络演化的模型**(第6章),兼顾港口自身属性及网络特性,基于网络拓扑结构对BA模型进行改进,建立了区域港口群货物喂给合作网络的演化模型。

(5) **实例化及措施建议**,选取华南地区港口群为实例,收集历史数据实现了以上模型的建立和分析模拟过程。在大量数据支撑下,发掘了华南地区港口竞合的网络结构具体特征(第7章),并对其竞合网络博弈行为和演化行为进行了模拟分析(第8章),基于分析结果,对该区域港口群未来发展规划提出了相应的措施建议。

本书研究框架按照背景阐述→文献综述→基础理论→网络模型建立→结构分析→行为分析→实例化应用→措施建议的分析过程开展,技术路线成熟,过程完整,逻辑清晰,数据翔实。

感谢大连外国语大学专著出版经费及“辽宁省普通高校应用转型示范专业”项目对本专著出版的大力支持。感谢业界各位学者、专家及业内人士对本书研究提供的宝贵意见和支持帮助。特别感谢贾红雨教授及刘巍教授对本专著研究过程中给予的指导及数据支持。同时作者在撰写本书过程中,参阅了大量文献资料及数据资料,在此一并表示感谢。最后,对身后默默支持我的家人表示深深的感谢,是你们化作无声的风,托起我每一次振翅的勇气。

由于作者学识有限,书中难免存在疏漏甚至错误之处,恳请各位读者批评指正。

李珊珊

2025年2月

目录

第1章 绪论

1.1 研究背景及意义

1.1.1 研究背景

全球经济贸易正处于大变革、大调整及大发展时期，同时，党的十九届五中全会明确提出，要加快构建以国内大循环为主体、国内国际双循环相互促进的新发展格局。新格局下，双循环将对我国港口集群的国际、国内战略布局及聚散程度产生深远影响。国内大循环的形成，将推动建立更加顺畅的航运物流及供应链体系。一个更加开放、透明，更具活力的中国市场，将吸引更多国际客商，这为国内港航业发展提供了新的、可持续性的动力，也将进一步推进全球贸易与国际物流格局的重大变化。

尽管近几年中国经济增速放缓趋稳，但中国力量在港口领域表现得极为强势。在国际航运咨询机构 Alphaliner 最新统计(截至 2022 年 3 月 2 日)公布的《2021 年全球集装箱港口吞吐量排名》前 20 榜单中(如表 1.1 所示)[1]，中国大陆港口占有 8 个席位，榜单前 10 位更是有 7 个中国大陆港口入围。中国已俨然成为世界上港口吞吐量和集装箱吞吐量最多、增长速度最快的国家。

更值得注意的是，以往班轮公司会选择停靠在航线上尽可能多的港口，近年来出于对成本的考虑，班轮公司越来越倾向于启用更大的集装箱船舶，选择更少的挂靠港[2]。这种集装箱船的超大型化趋势给港口运营带来了巨大的变化，并且航运联盟巨大的影响力也日益凸显。

表 1.1 2021 年全球集装箱港口吞吐量排名 Top 20

排名	港　口	所属国家	吞吐量(TEU)	增速/%
1	上海港	中国	47025000	8.1
2	新加坡港	新加坡	37467700	1.6
3	宁波舟山港	中国	31080000	8.2
4	深圳港	中国	28760000	8.3
5	广州港	中国	24180000	4.3
6	青岛港	中国	23700000	7.7
7	釜山港	韩国	22690258	4.0
8	天津港	中国	20260000	10.4
9(10)	洛杉矶/长滩港	美国	20061978	15.8
10(9)	香港港	中国	17788000	−1.0
11	鹿特丹港	荷兰	15300000	6.6
12	迪拜/杰贝阿里港	阿联酋	13700000	1.6
13	巴生港	马来西亚	13700000	3.4
14(15)	厦门港	中国	12030000	5.4
15(14)	安特卫普港	比利时	12020245	−0.1
16	丹戎帕拉帕斯港	马来西亚	11200000	13.8
17	高雄港	中国	9864447	2.5
18(20)	纽约/纽瓦克港	美国	8985927	18.5
19(18)	汉堡港	德国	8720000	1.7
20(21)	林查班港	泰国	8523342	12.9

超大型集装箱船一般选择只挂靠区域内的枢纽港，这就要求该区域内有足够规模的支线港和喂给港深入连接腹地支撑起枢纽港的吞吐量，才能构建区域港口群的最优合作格局。因此，港口只有建立必要的合作战略联盟关系，才能取得更大的市场主动权和话语权。一些主要的国内外世界级大港，如上海港、新加坡港、深圳港等，都已不仅仅依靠自身的力量去获得市场优势，而是相继以资产等为纽带加快与其他港口的合作，以增强自身竞争力及持续发展力，港口集群、港口联盟早已成为港口国际化发展的必然趋势。

在这样的情势下，在《全国沿海港口布局规划》[3]的部署下，我国建设了五个现代化沿海港口群，自南向北分别为西南沿海地区港口群、珠三角地区港口群、东南沿海地区港口群、长三角地区港口群、环渤海地区港口群，如图 1.1 所示。各港口群在发展的过程中，已逐渐意识到港口之间的同质竞争会造成港口资源的浪费和过度建设等不良后果，与国际港口总体发展的趋势背道而驰，因此都十分愿意尝试合作化路线。我国 2021 年 12 月颁布的《“十四五”现代综合交通运输体系发展规划》[4]也提出我国应优化畅通水路设施网络，分层次建设若干世界级港口群、世界级一流海洋港口及其他一体化港口群，要优化港口群内的功能布局，推动资源整合及共享。

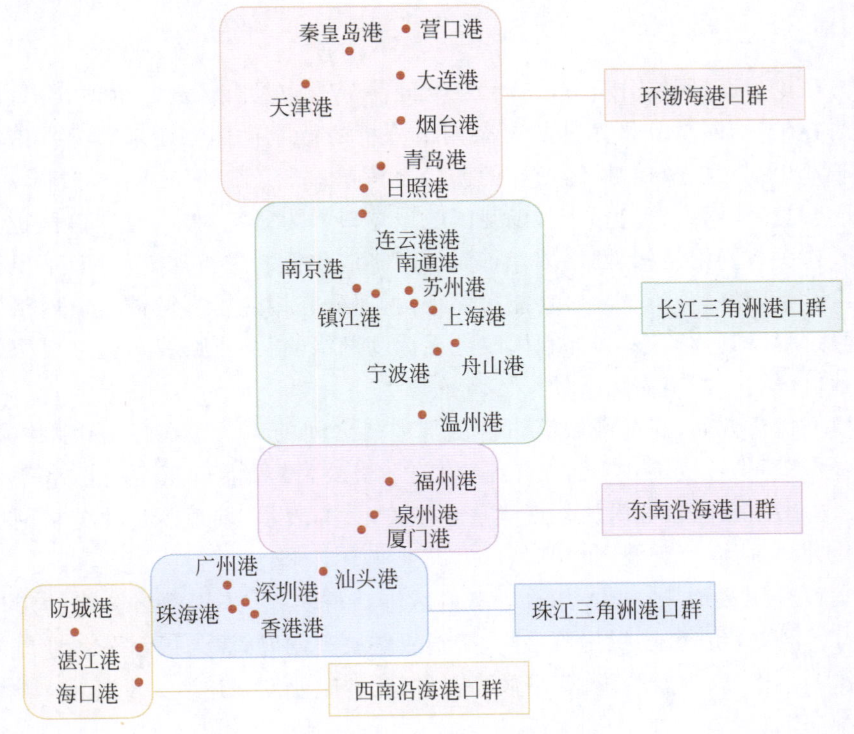

图 1.1　我国 5 大沿海港口群示意图

一方面，目前我国五大沿海港口群在区位条件、港口腹地、功能定位、发展潜力、集疏运条件等方面都各具比较优势，已经具备了深度分工合作的条件。同时，在这五大沿海港口群的大后方是区域内的各支线港及内河喂给港，这些港口形成了广义上的区域港口群。我国区域港口群规模化、集约化、网络化、层级化程度不断地加深，发展势头良好。

另一方面，"一带一路"倡议共建的逐步深入，为沿线国家（地区）经济发展和相关港口群发展带来了显著的推动力，但对沿海节点地区的净效应仍有待提高[5]。其中，如何进一步完善区域港口合作体系是一项重要的课题。完善区域港口合作体系，有助于港口扩大辐射范围，深入连接腹地和周边地区，带动周边城镇化建设，从而更有效地参与到"一带一路"倡议的长足发展之中。

总的来说，区域港口群错位发展、资源共享、内部合作、良性竞争，依靠整体力量共同面对国际竞争，才是提升其整体竞争实力的根本方法。因此，对区域港口群内部的竞争及合作进一步地深入研究，规划形成合理的功能布局，已成为一项刻不容缓的任务。正是在这样的背景下,本书试图对我国区域港口群的现有竞争合作模式、已形成的网络化结构及其之上的博弈行为和演化机制进行深入的研究。

1.1.2 研究意义

方法论方面,网络分析方法在社会与经济分析中具有极高的价值,但目前在这一研究领域,网络分析尤其是复杂网络分析的智能化优势还未充分发挥。本书基于斯坦福大学教授、网络博弈的创始人马修·杰克逊(Matthew O. Jackson)的"社会与经济网络"理论研究,以我国区域港口群为研究对象,对港口群物流及竞争合作关系网络结构、网络博弈行为及网络演化机制进行深入研究,不但构建了多重关系网络,分析了港口功能布局结构,还研究构建了区域港口群网络博弈三阶段过程及其均衡态,另外利用改进无标度网络演化一般模型,仿真模拟了区域内港口的竞合网络演化路径。

模型优化方面,当前区域港口群内部港口之间的关系正在逐渐由单纯的竞争或合作,逐步转变为"竞合""双赢"的关系模式,世界港口正走向网络竞合时代[6]。本书重视港口群内的多重竞争合作关系,为表示、推理及量化分析网络结构特性、网络博弈行为及网络演化行为提供模型支撑。

实践应用方面,本书结合了华南地区港口群实例,采用网络分析的定量方法,借助计算机仿真、可视化等手段,探索战略决策问题,深入揭示了各港口的竞争合作关系格局,为新阶段、新格局、新目标的港航业发展建设提供良策。

1.2 国内外研究现状

1.2.1 区域港口集群网络

关于区域港口集群网络的研究经历了三个主要的阶段:第一,港口腹地及交叉腹地竞争合作研究阶段;第二,区域港口群系统空间演化研究阶段;第三,港口竞合关系研究阶段。这三个阶段的研究逐步递进深入,也产生了该领域三种主要的研究方向。

1)港口腹地及交叉腹地竞争合作研究

国外现代港口的发展起步较早,国外学者对港口竞争合作的研究,最早侧重于港口陆向腹地和海向腹地划分的研究分析。Tomas[7]的研究表明,港口的腹地划分范围与港口深入内陆地区的铁路网络分布有着较强关联,即港口集疏运路线将决定该港口腹地的归属。Weigend[8]首先提出了"海向腹地"的概念,相对于陆向腹地,海向腹地明确地描述了港口与其海运航线目的地国家(地区)的联系。在之后的研究当中,他还说明了港口的目的地及航线数目,船舶靠港和离港的频率,以及货物的流向、数量都是用来衡量港口海向腹地划分的指标因素[9]。

20 世纪 80 年代,随着国外沿海港口的不断发展壮大,各个港口的腹地范围不断扩大,从而出现了交叉腹地的概念,研究者逐渐认识到邻近港口之间的重要竞争内容之一,就是对交叉腹地的竞争。Lorena[10]以西班牙三大港口及其周边腹地为例展开研究,发现即使运输距离增大,只要内陆终端集装箱铁路班列运输能力达到要求,港口仍然能成功捕获远距离腹地,区域内港口的竞争转变为对交叉腹地的竞争。

同时期,随着我国改革开放,港口经济快速发展,国内的港口研究开始兴起,同样起步于对港口腹地及交叉腹地竞争的研究。陈航[11]认为,我国各港口的发展历程与其所在地区的经济发展有着密切的联系,腹地的划分、经济发达程度及集疏运可达性等都是决定港口规模和地位的主要因素。一些拥有"混合腹地"(与交叉腹地意义相同)的港口之间势必互相牵制,此消彼长。刘力等[12]以图们江地区港口为例,引入重力模型,研究了具有交叉腹地的各港口之间的腹地货流的分配。在此类研究基础之上,国内学者也提出了许多港口与经济腹地的空间演化模型。邓剑虹等[13]以粤港澳大湾区为研究对象,以港口综合吸引力为指标分析影响港口腹地演变的主要因素,并采用泰尔指数分析演变机理,建议港口群内部各港应建立分工合作,摒弃过度竞争,找准功能定位。

纵观该方面的研究,主要是提出了若干腹地划分的影响因素及方法,分析了交叉腹地对港口之间竞争关系的影响等。

2) 区域港口群系统空间演化研究

随着港口系统概念的出现,国外研究者开始在区域、城市的发展背景下探讨港口体系的职能和对区域的影响,形成了一套成熟的港口——腹地空间演化的理论体系。比较有代表性的成果是 Notteboom 等[14-15]的研究,其研究总结了 Taaffe[16]和 Hayuth 等[17]研究的结论并提出了一种新的模型。Notteboom 的研究对象是欧洲 78 个集装箱港口,通过对这些港口 23 年间的吞吐量数据进行统计分析,总结港口码头(terminals)及内陆货物分布(inland freight distribution)的演化,该研究提出了一种港口群系统空间演化的"六阶段"模型,如图 1.2 所示。这 6 个阶段展现了在内陆腹地集疏运物流存在重合交叉情况下的各港口,由竞争转为合作,进而形成"区域化"的"集装箱码头社区"(container terminal community)的发展历程。并且 Notteboom 强调了港口管理部门应积极参与信息系统建设及多式联运发展,竞争优势的来源将突破物理边界,逐步偏向于集结港口网络节点力量及市场主体的管理能力。这一研究奠定了区域港口群系统演化研究的基础,之后的许多高被引文献[18-22]都基于此做出改进和应用。

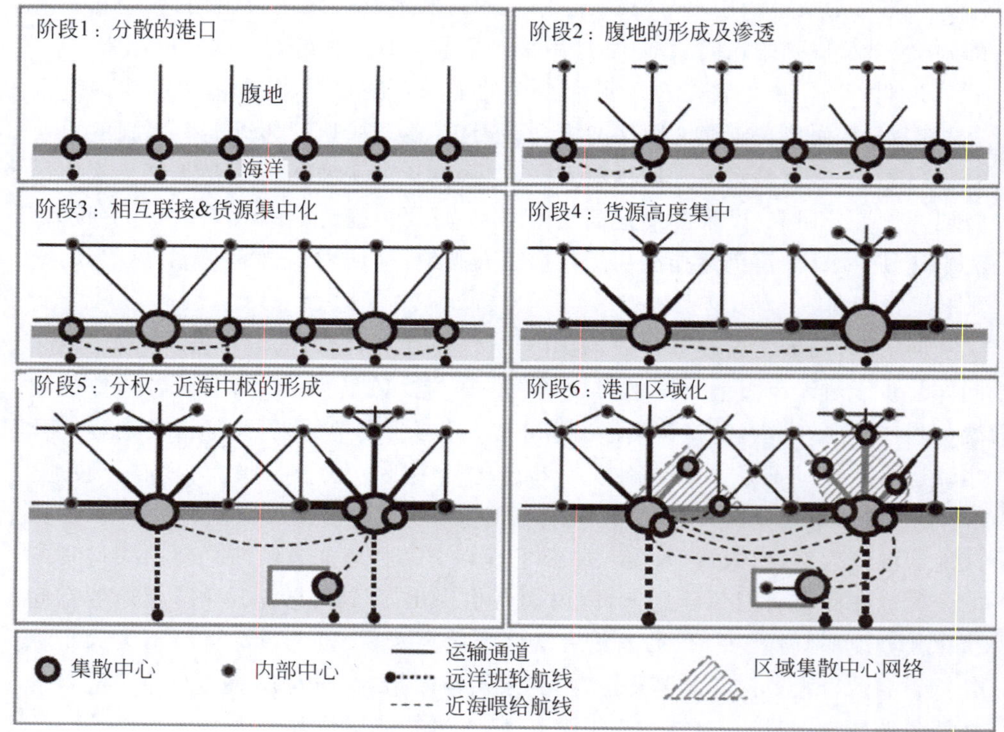

图 1.2 港口群系统空间演化——港口"区域化"[14]

我国区域港口群系统的研究历程与我国区域港口群的发展阶段相一致。虽然早在 20 世纪 50 年代初，黄盛璋[23]就对我国海港的发展历史进行了梳理，但是没有涉及河港的研究，直到 80 年代，各类港口群系统概念才相继被提出和完善。陈航在其 1984 年的研究[11]基础之上，以闽南沿海港口体系[24]为例论述了"港口地域组合"出现的必然性，在 1991 年的研究[25]中正式提出了"港口地域组合"的概念并对其具体含义做出论述，简要来说就是拥有交叉腹地，规模及功能性质合作并相互制约且地域邻近的港口空间组合。最新文献中，蒋自然等[26]从运量、航线及港航服务 3 个维度讨论了集装箱港口体系的集散及演化规律。相关研究一直长盛不衰，且逐步向定性定量方法相结合的方向发展。应用到该领域的定量方法包括货流集中系数、产业集中度赫芬达尔指数、核密度估计、偏离-份额分析法[27]、耦合机制[28]、基尼系数[29-30]等。

由于我国区域港口群系统研究起步较晚，因此另一个主要的研究方向是借鉴发达国家区域港口群系统发展的经验，研究我国港口群的发展策略。卢长利[31]通过分析国外先进港口竞合的成功案例，以及我国长三角、环渤海湾及珠三角主要沿海港口群的比较优势，提出了建立港口良性竞合机制的方法，包括加强建设行业协会、组建港口联盟、股份并购及港口投资等。陈森等[32]分析了美国新泽西港口群、日本东京湾港口群,以及欧洲港口群在基础设施、信息系统、港口安全及区域经济方面的竞争合作模式及对我国港口群发展的启示,强调港口群内部的统一协调,分工定位及信息共享对形成港口群竞争合力的重要影响。这些借鉴性的研究在当时成了较主流的研究方向。

值得注意的是,近年来学者们较为关注的研究对象是"一带一路"倡议背景下的沿线港口群系统。具有代表性的文献包括刘奎[33]从泊位水深、装卸设备情况、进出口规模、内部设施建设、集疏运情况等多个属性入手,利用灰色关联度、主成分分析(PCA)法及线性回归,分析了对"一带一路"沿线港口物流发展具有最深远影响的关键因素。郭建科[34]通过港口航线数据,刻画了中欧港口航运网络的复杂性特征,并解释了网络规模、中转港及轴-辐结构的演化。研究发现中欧港口航运网络规模逐渐增大,可达性增强,中转节点增多,航线更加多元化、复杂化,这也从侧面说明了"一带一路"共建的逐步深入,以及我国港口及航运企业进一步加快发展的策略方向。

可以看出,对区域港口群系统空间演化的研究,逐步向系统科学及复杂科学方向转变,利用航线联系形成航运网络,结合经济地理现象,从网络角度分析港口及腹地地区的经济联系。

3) 港口竞合关系研究

随着区域港口群系统研究的发展,学者们渐渐发现交叉腹地不仅使区域港口间产生了竞争关系,还有利于区域港口间形成合作的关系。2002 年,香港学者 Song 通过定性分析提出了区域港口间竞争与合作并存的竞合(co-opetition)关系概念[35],引起国内外学者的关注及积极研究。区域港口间这种竞争与合作并存的复杂关系,是推动区域港口群系统不断聚合、演化的内在动因。Song 强调区域内具有潜在竞争关系的集装箱港口可以形成一个战略联盟,以合作的方式竞争,这样既可以在共同面对外来者时通过优势链互补取得竞争优势,又可以避免由于同质竞争导致的利润下降。在后续研究当中,Song 又提出不同规模港口在选择竞争或合作为主的策略时,动机会存在相当大的差异[36]。另外,学者汪旭东在 1999 年就提出了"港口协同"的概念,港口间可以自愿结合寻求共同发展[37]。茅伯科[38]以长三角港口群为例,说明了当时我国港口群内部依然以竞争为主流关系,但是竞争的重点却转移到了构筑支线港和喂给港的网络上来,也就是竞争的重点转移到了争取合作伙伴,整合以提升竞争力上来。研究结果指出,区域港口从竞争到合作所需的四个驱动力,简单来说包括政府推动、行业协会推动、企业推动和房地产价格推动。庄佩君[39]以我国香港港和深圳港集装箱码头为例,指出了"竞争者合作"的竞合战略具有提升港口市场支配力和议价能力的优势,如图 1.3 所示。

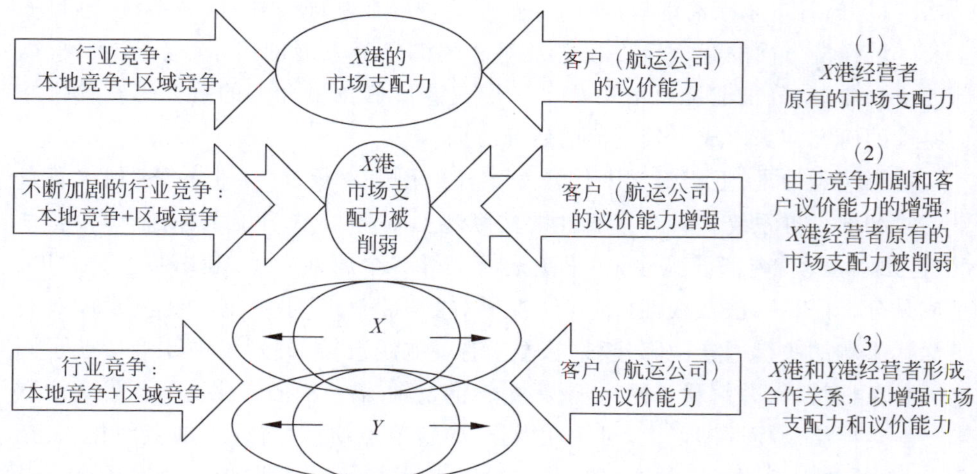

图 1.3 港口通过“竞争者合作”增强市场支配力和议价能力[39]

除了定性分析之外,一些定量模型也用于研究区域港口竞合关系。其中,竞合博弈理论,是港口竞合定量分析中最重要、最为广泛应用的。周鑫等[40]的研究旨在探寻港口间竞合长期博弈的均衡结果,分析指出在完全信息的前提下,在博弈初始状态、港口服务替代率及单位变动成本的影响下,最终会达到完全竞争或完全合作的均衡态。范洋[41]以青岛港、日照港及连云港港为例分析港口在采用定价竞争策略或合作策略时的均衡态收益,发现单纯定价竞争将会最终导致码头资源过剩、岸线资源过度开发浪费；而采用合作策略时,区域内整体利润水平有大幅提升,目前该区域港口群内部合作进一步加深,青岛港已跃居全球第六大港。汪传旭、蒋良奎[42]考虑了港口服务时间和价格两个因素,构建了分析区域港口合作竞争策略及其利润分配机制的博弈模型,结论是港口竞合过程中,合作程度越高,港口群总利润越高,通过建立合理的利润分配机制,可以实现港口间合作关系的建立。余明珠[43]跳脱出对码头层面的定量研究,加入了地方政策的决策因素。均衡态下的策略分析结论表明,地方政府合作建设腹地物流系统将增加政府收益并推动区域经济发展,但对于深入合作各港口决策将更加保守,因为有可能导致区域内若干港口的利润损失。

一些经济博弈模型也广泛应用于少量港口情况下的博弈分析,如吉阿兵[44]利用 Hotelling 模型分析港口货流分配研究,董岗[45]利用其建立了两个港口基于新港选址及港口使费策略的微观竞合关系博弈分析,结果表明,实施非合作博弈有可能导致区域内运力过剩和恶性竞争,而实施合作博弈策略能够增强港口间的兼容程度，其最优使费差异与港口网络的外部性强度成正比。

除博弈论之外，还有一些其他的机器学习、复杂系统模型也被应用于研究港口的竞合关系当中。例如，负指数网络优化配流模型[46]，人工神经网络模型[47]用于分析港口交叉腹地的货流分配及其优化。于璐[48]借鉴了种群生态理论中“种群”的概念，分析了港口群内港口间竞合关系如产业集中度和进入退出壁垒等，并利用种群生态学常用的 Logistic 模型和 Lokta-Volterra 模型研究了港口群空间演化的内在机制，总结出中国港口产业演化发展的若干阶段。张继良[49]系统地运用了复杂系统理论、协同论及竞合理论对港口间物流系统的横纵向竞合进行了研究。

在最近的研究中，国内外学者倾向于将港口竞合关系嵌入港口价值链或港口物流、供应链网络中进行研究。Zondag[50]建立了港口运输网络的模型，并对基于运输网络的港口贸易模式进行了分析，对网络中港口节点的市场份额变化进行了仿真，为港口具体如何在区域港口群中规划自身发展策略提供了理论依据。Woo[51]强调最近的港口演化发展逐渐趋于整合港口物流系统、供应链系统以及全球运输网络。港口也逐渐呈现出层次化的发展状态。Czerny[52]建立了国际枢纽港到发展中国家的转运交通模型，并着重研究了政府将港口私有化对港口竞合的影响。郭利泉[53]则结合港口运输网络效率与社会福利最大化的目标，给出了区域内港口群整合的具体方法。

1.2.2 网络结构、博弈及演化

随着复杂系统科学的逐步深入，运用节点和节点间的联系来表述复杂系统的网络科学[54]迅速崛起并占据主流研究的地位。网络科学的发展轨迹，可以分为图论、社会网络分析与复杂网络理论三个阶段及研究方向，来自不同领域的研究学者共同谱写了网络科学研究的“三部曲”。

最初将现实世界抽象为一个“网络”来解决问题的灵感来自 18 世纪伟大的瑞士数学家欧拉，他对“哥尼斯堡七桥问题”的抽象和论证思想开创了一个新的数学分支——图论。经过两个世纪的发展，图论无疑已成为一门经典成熟的学科。图论研究强调的网络结构与网络性质密切相关的论调也成为之后网络科学发展的中心思想。进入 21 世纪，随着计算机网络的发展及数据大爆炸时代的到来，各类抽象图的复杂性大大增加，图与网络已经很难区别得非常清晰了。

社会网络分析(Social Network Analysis，SNA)是由社会学家通过引入图论及计算机技术手段发展而来。SNA 的发展受益于多种学科，最初基于图论和社会学建立起独立的方法论体系[55]，随后由哈佛学者将一系列数学方法运用于 SNA，并提出“派系”等子群分析方法，将其发展壮大[56]，直到 White 等学者[57-58]

继续巩固了 SNA 的数学基础,并加入“块模型”及对多维量表的深入研究,进一步奠定了 SNA 的地位,使之真正形成了一套完整的方法论体系。目前 SNA 已日臻成熟,并超越了社会学的范畴,成为应用十分广泛的定量分析方法论[59]。SNA 各主要分支的形成、发展进程及各阶段的经典理论成果概括如图 1.4 所示。

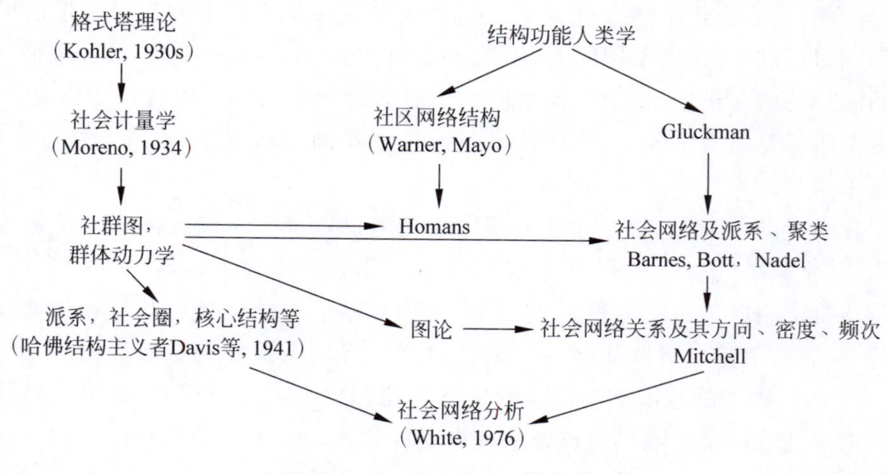

图 1.4 SNA 发展进程[55,60-68]

复杂网络(Complex Network)诞生于 20 世纪末针对复杂系统的研究当中,一经出现就在自然科学和社会科学领域掀起了一阵热潮,网络分析的视角被作为探索复杂系统的一种重要的新途径。与 SNA 虽同样基于图论,但两者有着显著的不同:SNA 更着重于分析静止状态下网络的拓扑结构,来反映网络中不能显而易见的社会属性;复杂网络研究更关注于节点行为及网络整体的动态学研究,通过仿真模拟来探寻网络整体拓扑一般性特征与网络节点行为之间的互动规律[69]。

复杂网络研究可追溯到两位著名的匈牙利数学家 P. Erdös 和 A. Rényi[70] 于 1960 年提出的 E-R 随机图模型的数学理论。在很长的一段时间内,复杂网络的建模依赖以上模型。但现实中的大部分网络都不能随机按概率 P 生成连接。直到两篇代表性文章的发表,标志着复杂网络研究进入崭新的时代。其一,是论文《随机网络中标度的出现》[71],由著名物理学者 A. L. Barabási 及其博士研究生 R. Albert 于《科学》杂志上公开刊登。这篇文章提出了一种新的复杂网络构建模型——无标度网络(或称 BA 网络,Barabási-Albert network)模型,即采用优先连接机制结合随机概率生成网络连接。其二,是 M. Newmann、A. L. Barabási 和 D. J. Watts[72] 共同编著的《网络的结构与动力学》,该书在国际上产生了广泛的影响,引起了学术界的高度重视。这标志着复杂网络研究成为网络科学研究的主流方向。

以上研究表明，许多现实中的网络例如互联网、社会网络及基因网络等，并不是按规则生成连接的网络，也不是完全随机网络，而是具有一定无标度和小世界特征的网络(关于这两种特征的详细解析见 2.2.2 小节)，其节点的连接方式、度分布及统计特征，与规则网络和随机网络完全不同(规则网络、小世界网络及随机网络示意如图 1.5 所示)。这一结论在全世界学术界激起了千重浪，我国关于网络科学的综述和专著也不断涌现[54,73-75]，各类交叉应用层出不穷，从物理学到生物学，从社会科学到计算机科学，从工程技术到经济管理等众多领域，受到了人们空前的广泛关注，复杂网络理论突飞猛进。

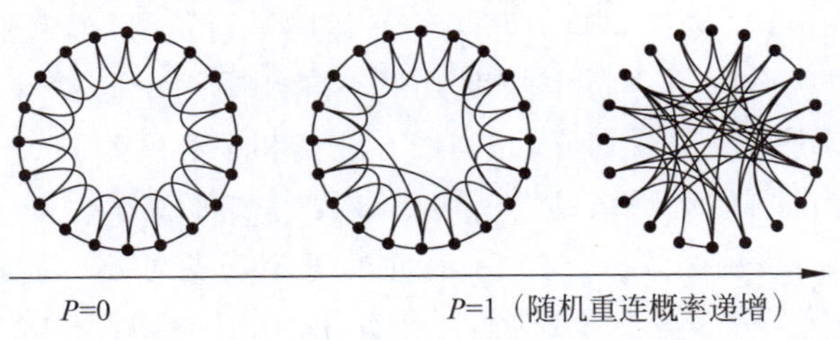

图 1.5 规则网络、小世界网络及随机网络示意

目前来讲，图论、社会网络分析及复杂网络分析这 3 类研究都基于网络视角，基本观点和分析方法都基于图论并进行了适当延伸，理论和方法的界限也不是特别绝对，但 3 类研究的侧重点各不相同，我们将在第 2 章理论基础部分详细论述。

1.2.3 港口复杂网络

随着世界范围内区域港口群内部港口数目的急速增长，区域港口群逐步呈现网络化趋势，且内部竞合关系复杂，是一个典型的复杂巨系统。近年来，随着 SNA 和复杂网络分析理论和方法的不断完善，基于网络科学的视角，利用网络科学的分析手段研究港口网络的拓扑结构、可视化及动态演化的趋势也越来越明显。

“港口网络”的概念早在 1998 年就被学者 Klink 在其研究中提出[76]，他认为随着经济、技术及社会的发展，传统的经济边界将不复存在，首先就体现在连接全球经济体系的海港上。网络化将是港口群发展的新方向，无论是空间模式还是组织结构都将体现出网络化的特征，并以鹿特丹港及周边港口的发展为例做出了说明。虽然“港口网络”的概念很早出现，但并没有真正运用网络化的研究方法去分析，大部分停留在定性层面。随着复杂网络研究的兴起，将网络科学方法运用于交通运输网络的定量分析研究才逐渐出现，但很长一段时间的研究对象集中在航空、铁路及公路交通网络上[77-82]，直至目前，港口网络研究相较其他交通网络的研究依旧较少，但也形成了一定的规模，具有一定可借鉴之处。

目前的港口网络研究大致可分为两个方面：一是基于港口实体及其之间航

线网络的建模及网络拓扑结构分析；二是港口网络的动态演化研究。

徐新平[83]利用复杂网络L空间及P空间的网络抽象方法建立了中国的沿海和内河客运船舶运输网络的模型，证明了我国的船舶客运网络也具有“无标度”特性，度分布服从幂指数为1.7的幂分布，L空间及P空间的平均路径长度分别为5.86及3.87。Kaluza[84]根据Sea-Web数据库数据构建了2007年16363条船舶在世界港口间的航运网络，运用复杂网络测度对网络拓扑结构进行了分析，并证明了网络的“小世界”性（平均路径长度为2.5，平均集群系数高达0.49）和其“无标度”特征（幂律度分布），尤其是集装箱航运网络的平均路径更短，集群系数更高。Ducruet[85]同样对世界集装箱航运网进行了研究，但他对网络拓扑结构的分析运用了社会网络分析中的度数中心度及中间中心度等测度，随后根据结构测度对港口进行了层次划分，并利用吞吐量和中心度刻画了2006年至2016年间世界集装箱港口航运网络的发展演化过程。牟向伟等[86]基于达飞公司涉及255个港口的846条航线数据，建立了有向的班轮航线网络。除了分析平均路径长度、集群系数及度分布等测度，他们还研究了班轮网络具有“富人俱乐部”的特性，即度数较大的少量节点相互之间联系紧密形成一个小的团体；并且通过计算网络的同配系数大于0得出网络具有正相关性（度较大的节点有线连接其他度较大的节点）。

以上基础研究都证明了港口的运输网络具有“无标度”特征及“小世界”性质。之后，许多学者基于此提出了许多港口网络动态演化的模拟仿真方案。

王杰[87]结合港口吞吐量、城市GDP及港口距离因素加权定义了“吸引度”的概念，修正了港口网络的连接概率，建立了港口网络的演化仿真模型，并选取全球15个集装箱港口进行了演化仿真，对由2007年与2010年数据得到的演化结果进行对比发现港口网络的平均路径变短，集群系数有所增加。王丹[88]基于经典的BBV（Barrat-Barthelemy-Vespignani）模型（加权无标度网络边权演化模型），通过引入控参α调节新的港口连接强度，构建出了一个具有较高集群系数的加权无标度港口网络模型，模拟了港口网络的形成过程，并证明了仿真网络能够反映出现实网络的结构属性。李振福[89]的演化模型中，同样用港口吸引度来确定新入港口的优先连接机制，不同的是，港口节点不再根据概率选择，而是根据吸引度的排序进行选择。在利用全球25个集装箱港口的实例数据，验证了演化模型的有效性之后，他将该模型运用于北极通航后的海运网络，发现平均路径减小，集群程度不变，各区域港口度值有增有减，连接北极航线的港口核心程度有所增加。王列辉[90]利用劳氏（Lloyd's）1895年到2016年海峡两岸港口间航线的O-D流数据，仿真模拟了两岸运输联系的变化，提出进一步加强两岸海运联系将是台湾地区经济持续发展的关键。蹇令香[91]建立的港口网络演化模型基于港口和腹地规模指标，利用熵值加权组合建立港口吸引度，根据吸引度排序选取新入港口节点，再根据港口间的海运距离筛选可行的港口节点进行连接。该研究的改进之处在于在网络演化过程中对加权边的演化和新加节点的权值分流进行了研究。

1.2.4 小结

从区域港口群竞合关系的研究现状来看，相关研究主要集中在分析港口经典合作案例的经验借鉴[31-33]，港口群系统的空间演变及发展模式探讨[14-30,86-89]和利用博弈论等一些定量分析模型从价格、时间及服务等方面分析区域港口的竞争、合作或竞合[40-42]。学者们对区域港口群竞合空间演化机制的研究已达到一定深度，尤其是针对具有共同腹地港口的定价竞争合作策略的研究，对我国沿海港口合作竞争战略规划及策略选择提供了诸多决策建议。

各学者在建立网络模型时选用的网络关系数据，体现了其研究的立足点，主要以单一类型的关系为主，港口节点间的各类运输航线关系往往成为首选，航线关系主要体现了港口喂给合作的关系，但对货种竞争、交叉腹地竞争等港口间竞争关系的研究较为少见，但实际上，港口之间关系往往是“竞合”并存的(参见1.2.3小节的论述)。

另外，这些研究中，定量博弈分析博弈对象范围较小，应用的合作博弈模型相对较为局限，也没有涉及结合网络构建博弈模型的研究。然而实际上，港口竞合博弈的发展方向为联盟合作博弈，且竞合关系形成的网络结构和港口节点间的相互作用也极大地影响着港口的竞合博弈行为。

从港口网络的研究现状来看，目前该方面的研究对象主要偏向于集装箱港口的海运航线网络[83-91]，对区域港口群系统内部的网络研究相对很少。大多研究运用复杂网络中的度分布、集群系数、平均路径长度[83-85]和SNA中的中心性[86]等基本分析方法进行初步的网络拓扑结构分析，没有将派系、“社会圈”、核心成分、结构对等及结构洞等更具社会学价值的研究深入下去。

从港口网络演化的角度来看，大部分演化模型的改进基于港口自身的规模、运输距离等属性[87-91]，而现实情况应该将港口自身属性及网络结构特性对网络演化规律的影响都考虑进去。

因此，本书尝试结合网络科学研究方法及博弈论等定量分析方法，从建立区域港口群的多重复杂竞合网络模型，到全面解析网络结构特性(包括复杂网络特性及派系、“社会圈”、核心成分及结构洞等社会网络特性)，进一步分析嵌入复杂竞合网络的港口竞合博弈行为，最后兼顾以上研究结果，仿真模拟港口竞合关系小世界网络的演化，并预测区域港口群未来发展方向，建立一套全面、深入分析区域港口群复杂竞合网络的定量研究体系。

1.3 研究技术路线

从宏观的角度，本书采取竞合网络模型的形式组织港口群港口之间形成的竞争合作关系，在此基础之上，对竞合网络的拓扑结构进行分析，明确网络的整体结构属性，分解竞合网络的层次结构、派系结构、“社会圈”结构及核心-边缘成分，进而分析各个港口在网络中的角色、地位、结构对等关系及结构洞的形成等。本书基于竞合网络模型，分析了网络复杂性和外部性影响下的港口非合作博弈行为，并根据非合作博弈结果的启示，建立了嵌入网络结构的港口合作联盟博弈模型，分析了在网络结构的约束之下，港口之间的竞合博弈行为，并对以上模型引入华南地区港口群的真实数据，进行实例分析和验证。在证明了华南地区港口群竞合网络具有小世界和无标度的特性之后，本书改进了 BA 无标度网络的演化模型，分析了结合网络结构特征的区域港口群竞合网络的演化规律和特性。

从微观的角度，本书在港口竞合关系的定性分析过程中，得出了“竞争合作关系多重性”的结论，为更好地研究这种多重关系，引入了可拓学基元理论：定义港口物元节点来涵括港口自身的属性特征及结构特征，丰富了港口节点的现实含义。在嵌入竞合网络的博弈行为分析中，首先利用结构对等分析结果定义了港口服务替代系数 λ，通过该参数分段分析，解析了港口群内两两港口的非合作静态博弈行为均衡态；然后基于 TFT 策略，定义贴现系数 δ，并根据该参数的分段分析得出了港口长期重复博弈的结果；最后基于网络拓扑结构分析结果，建立了嵌入网络中的港口合作博弈模型。实例分析中，在证明了华南地区港口群现实网络具有小世界和无标度特性之后，对竞合网络的演化过程仿真采用了改进的 BA 无标度网络演化模型，基于港口规模指标和节点结构特征指标加权形成了港口吸引度，并根据港口吸引度确立网络增长机制，模拟华南地区港口群竞合关系网络的动态演化过程，最后与现实网络对比证明其有效性。

遵循以上研究思路，本书以“区域港口群竞合网络”为研究主线，从静态分析到动态研究渐进，将研究主要内容分为 9 章：第 1 章为绪论，介绍了研究背景及意义，总结了国内外研究现状并阐明了研究内容与研究方法；第 2 章首先界定了区域港口群的概念，然后归纳总结了本研究相关的理论基础内容；第 3 章详细研究了基于可拓学基元理论的区域港口群多重竞合关系网络模型的构建方法；第 4 章利用复杂网络研究方法和 SNA 方法分析了第 3 章所构建的竞合关系网络的静态结构特性；第 5 章基于博弈论方法研究了竞合关系网络中港口的静态和动态博弈行为；第 6 章通过引进港口“节点吸引度”建立了改进的 BA 演化模型，模拟了区域港口群竞合网络的动态演化过程；第 7、8 章利用华南地区港口群的实际数据对以上内容进行了实例分析，包括网络结构特性分析、博弈行为及演化行为分析；第 9 章为总结与展望。研究思路框架及技术路线如图 1.6 所示。

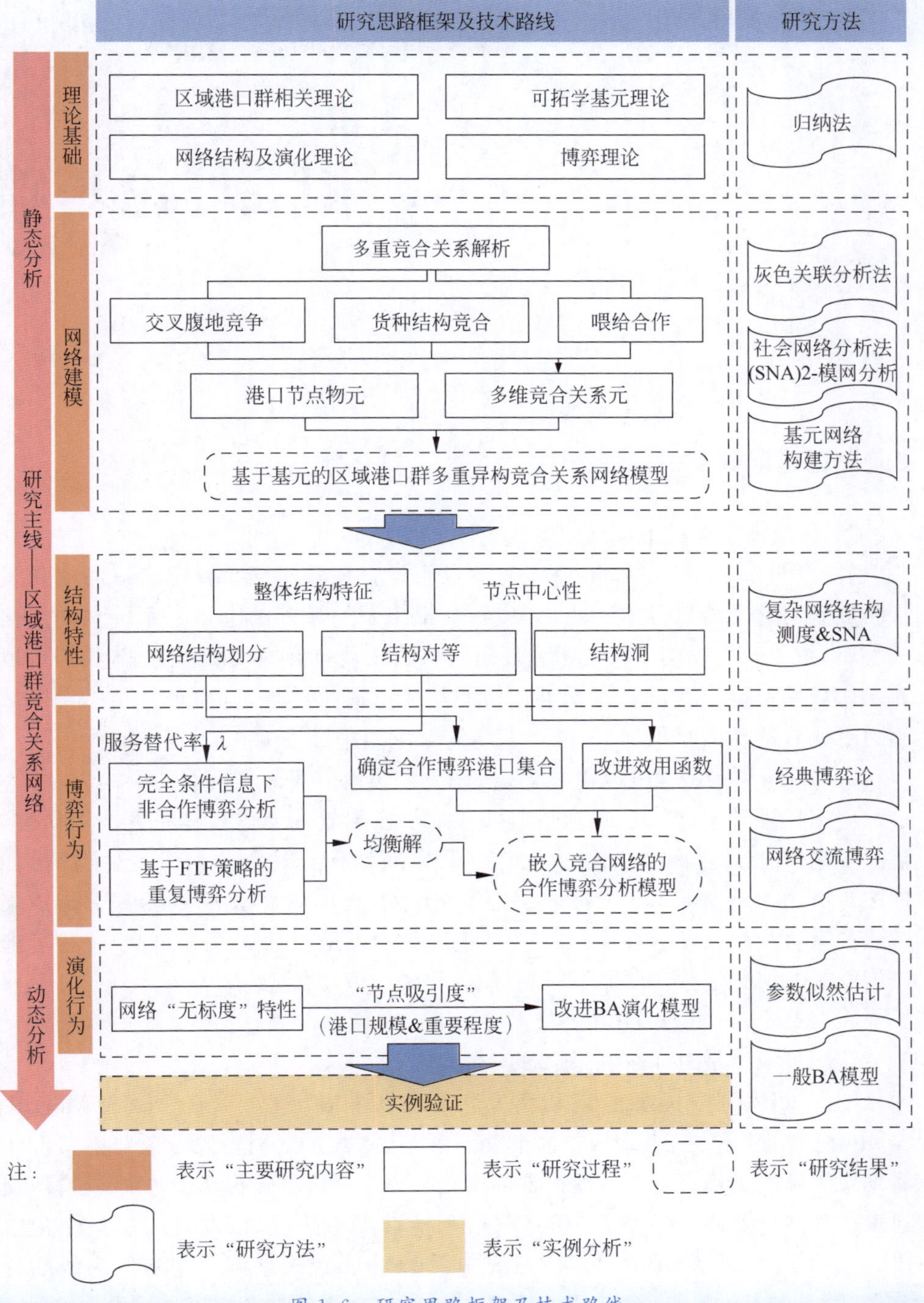

图 1.6 研究思路框架及技术路线

第2章 相关理论基础

2.1 区域港口群

1）区域港口群的形成和演变理论

在20世纪60年代后，港口研究学者开始将视野从某个特定港口的演化发展拓展到对整个港口群体系的研究当中，提出了一系列的港口群系统空间演化模型，形成了一支绵延不断的主流理论。从区域港口群的发展及演化，我们可以看出区域港口群内港口之间竞争合作的形成及演化过程，从而进一步思考区域港口群竞合的动因及机制。

(1) Taaffe-Morrill-Gould 模型——港口-腹地空间演化模型。

美国地理学家 Taaffe 等通过对西非加纳及尼日利亚港口体系的案例研究，建立了港口-腹地空间演化模型，将港口群及腹地演化过程分为6个阶段[16]，如图2.1所示。最初开始于分散的小港孤立地发展，形成自己的腹地，最后形成集中化的有机的腹地互通互联。该研究从港口和腹地交通联系的角度，阐述了港口群系统的演化过程，开创了港口空间演化动力模型的先河。

(2) Rimmer 模型、Hilling 模型——Taaffe 模型的修正。

这两种模型是对 Taaffe 模型的修正。

Rimmer 模拟了新西兰港和澳大利亚港的发展历程[92]，在 Taaffe-Morrill-Gould 模型的基础之上，纳入了海上交通网络，尤其是定期班轮服务对港口群体系发展的影响。他将新西兰港口群的演化分为4个阶段：港口独立发展阶段，交通渗透和港口资源侵夺阶段，相互联通和港口集中阶段，以及进一步集中化阶段。在同年对澳大利亚港口群的研究中[93]，Rimmer 观察到了港口群系统的分散化，因此加入了第5个港口发展阶段——港口体系扩散和边缘港口发展阶段。

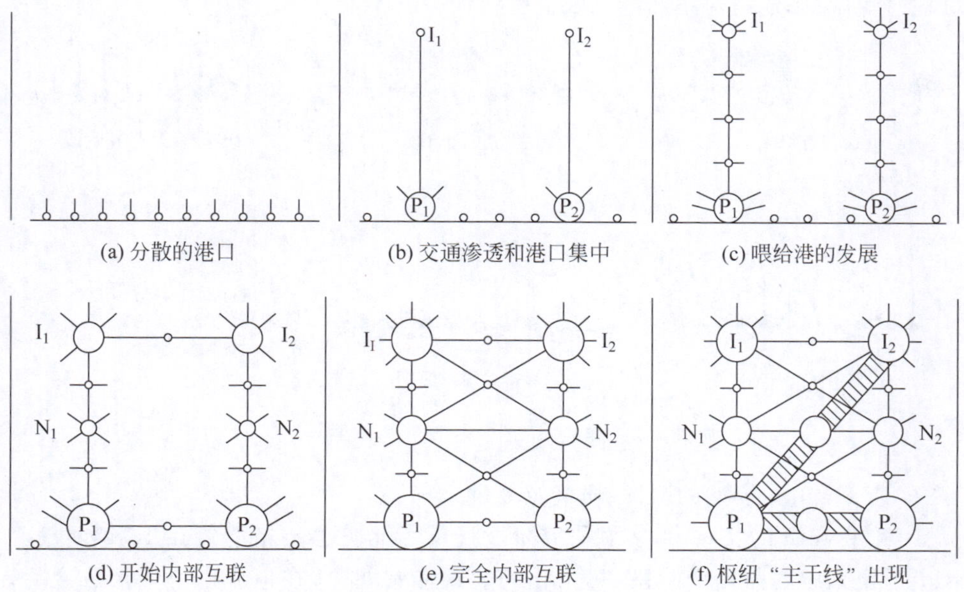

图 2.1 Taaffe-Morrill-Gould 模型——港口-腹地空间演化模型[16]

Hilling 模型修正了前两种模型中关于小港口的演化路径，认为小港口不会随着大港口的壮大而消亡，甚至会因为港口投资建设、港口合作或腹地经济等变故而取代大港[94]。

（3）Hayuth 模型——港口群空间系统演化。

Hayuth 五模型（假说）[17]及其衍生模型是应用较广泛的港口群空间系统演化模型。该模型提出了港口群空间系统演化阶段的假设，并分析了其内在动因机制，以美国集装箱港口 15 年间的历史演进验证了此假说，是该领域较为具有影响力的成果之一。

Hayuth 将港口群空间系统的演化分为 5 个阶段（如图 2.2 所示）：准备阶段、独立发展阶段、联合及合并阶段、枢纽中心港阶段、边缘港口挑战阶段。每个阶段都有较为明显的结构特征，每阶段港口发展及港口间的竞合关系都在不断变化升级。在 Hayuth 模型中，我们可以看到随着区域港口竞争愈演愈烈，港口之间的竞争逐渐演变成腹地空间袭夺。发展至最后一个阶段（边缘港口挑战阶段），Hayuth 模型认为具有强聚集性的枢纽中心港实际处在一个不平衡状态，将会由于空间局限、交通堵塞或货流分散等限制因素，发展逐渐变缓；而无法到达枢纽港的班轮活动则会被周边一些中小港口接手，使其因此发展壮大，导致货流开始反向分散，开始对枢纽港形成一定的挑战。后期一些其他研究[41]表明，如果枢纽港主动向周边中小港口以投资、兼并或建设组合港等方式寻求合作，即可很好地避免困境，还将对枢纽港的收益有所裨益。

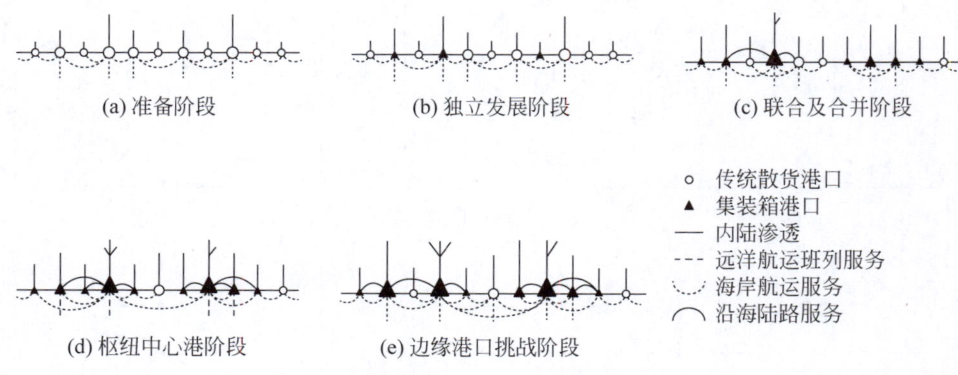

图 2.2 Hayuth 港口群空间系统演化模型[17]

（4）Hayuth 模型的验证、质疑及改进。

在 Hayuth 的文章中，实例研究阶段证实了北美集装箱港口在 15 年间已经经历了模型中的前 4 个阶段，集中化的表现非常明显，在枢纽中心港形成之后，出现了货流分散的现象。其他若干区域性的实证研究[95-97]基本或部分证实了 Hayuth 模型，它们从空间分布、竞争分析或产业聚集等多个角度出发，描述了这些来自发达国家或发展中国家的各种规模区域性港口群体系的历史演进过程，其中都确实有过明显的集中化趋势。James 的研究[98]进一步完善了 Hayuth 模型，发现一些全新的现象，即在港口系统集中化形成枢纽港的过程中，在中心枢纽港和边缘港之间出现了大型深水直挂港（Large Deep-Sea Direct-Callport）。

此外，Hayuth 模型也遭遇了一些实例研究未能证实该模型的情况。例如 Notteboom 对欧洲集装箱港口体系的研究[100]结论表明，港口联合或合并成为大型枢纽中心港的阶段没有出现，主要原因是欧洲各地刚性的物流需求、地方性政策保护措施等促使一些中小港在港口体系中保持一定的地位。随后 Notteboom 提出改进的模型（见图 1.2），增加了港口群空间演化的第 6 阶段：区域化阶段。

由以上港口群演化模型可以看出，一般来讲，在港口群形成的最初阶段，港口、经济腹地的范围交叉混乱，各个港口独立发展，与腹地关联程度小，港口选择具有较强的随机性，没有充分发挥港口能力，也不能完全地消化经济腹地货源；然而在形成高效的港口群系统之后，港口经济腹地范围清晰，各港口与腹地间关联紧密，且两者规模充分匹配，港口资源被充分利用，腹地货源得到充分消化，港口群形成一个有机的整体。我国各区域港口群具有后发优势，更应重视整体规划及系统性运作的重要性。

2) 区域港口群其他相关概念及理论

(1) 港口体系(Port System)。

港口体系,亦可称为港口系统,不同研究对港口系统的定义稍有差异。最早是 Robinson[100] 提出可以将港口概念化为一个运作系统,从而分析其对腹地的利用模式、腹地的演化过程及港口体系的形式演变。他提出可以按照不同复杂程度对港口系统进行建模,以此处理日益复杂的港口关系。另外还可将港口体系由内到外、由零到整分为 5 个层次:港口内部体系、港口-腹地体系、港口腹地-前地体系、区域港口体系和整体港口体系。目前一般将港口体系定义为,由多个不同层次的系统组成的,一定地域内不同类型、不同等级的港口的空间分布与组合。港口体系的变动必然和相邻港口之间的竞争有关。

(2) 港口地域组合。

受同一混合腹地影响,在发展规模与方向上相互制约而又各具特点,并在地域上较为相邻或相近的所有港口的总体,称为"港口地域群体",这些港口形成的空间组合称为"港口地域组合"[25]。在港口地域群体内,所拥有的港口数量,以及各自的规模、类型、地位与相互关系,即它们的具体组合特点与格局(又称港口群体结构),也因各地区域条件的千差万别而有很大不同。港口地域群体及其内部结构,决定着其中各港口如何进行角色定位、优势互补及战略规划,甚至对统筹规划各大区域或全国的港口布局都具有重要意义。

(3) 港口群(Port Group,Port Cluster)。

港口群,是近年来业界学者较为通用的概念。在中文文献中,港口群被定义为若干地理位置相近、拥有重合的腹地、全部或部分功能可以互相替代的个体港口组成的港口群体大系统[101]。外文文献提出了港口集群的理论[102]。

(4) 区域港口群、区域港口群竞合关系、区域港口群系统。

总结以上研究进展,在本书中,我们对现阶段区域港口群的概念做出一个界定:所谓区域港口群,是指在某个特定的地理或经济区域范围内,由若干地理位置相邻或相近,具有重合或交叉腹地范围,在规模和功能上合作又相互制约的港口群体。区域港口群内部同时存在竞争和合作关系,区域港口群及其内外部环境所构成的复杂系统称为区域港口群系统。

2.2 网络结构及演化

网络科学是一种发展迅速的交叉科学,它与数学、物理学、复杂性科学、非线性科学、系统科学、计算机与信息科学、生物科学、社会科学等众多学科广泛交叉,引起了国内外不同学科对网络科学的高度重视和普遍参与,它不仅将为人们提供认识真实世界复杂性的全新科学知识和视角，还将成为改造客观世界的新方法论和有力武器[59]。

网络科学有着独特的视角，它将自然界及人类社会中的复杂系统统一描述为实体节点及节点间关系的组合，通过分析节点、关系本身、网络结构特征统计量、社群关系及网络演进等，来挖掘自然及社会复杂系统的内涵、特征及发展演进规律。网络研究最初始于图论(数学)，网络研究的"三部曲"方法可总结为：图论(Graph Theory)、社会网络分析(SNA)及复杂网络(Complex Networks)，这三种研究网络的分析方法互有交集也各有千秋，共同书写了以网络视角观察及研究世界的宏伟篇章。

2.2.1 社会网络分析

除经典图论的研究方法之外，社会网络分析的主要分析手段还包括以下三方面。首先是建模方面，包括1-模关系网络、2-模关系网络、2-模数据转1-模数据、网络社群分析及可视化。其次是网络结构分析方面，包括关系强度测度(网络密度)、节点核心地位测度(中心性分析)等。最后是网络结构划分方面，包括对网络层次、派系、"社会圈"、网络成分(核心-边缘)的划分以及结构对等分析、结构洞分析等，如图2.3所示。

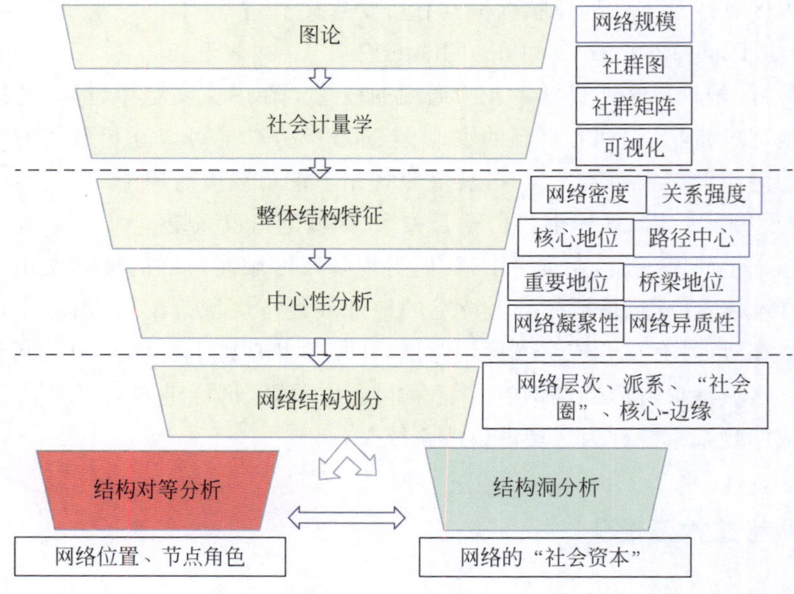

图2.3 社会网络分析

1）中心性分析(Centrality Analysis)

中心性分析是SNA研究者最早开始展开的内容，也是方法论中应用较广较受欢迎的部分。中心性分析最早始于Bavelas[103]对中心度形式特性的研究，随后大量各种类型的中心性测度开始出现，甚至一度引起该领域的混乱。经过几十年大量应用研究的沉淀，多数中心度测度的作用都可以被以下几个经典中心性测度替代：点度中心度(Degree)、中间中心度(Bewteeness)、紧密中心度(Closeness)、特征中心度(Eigenvector)。各种中心度测度的作用是从不同角度发现处于“核心”地位的网络节点。

2）网络结构划分

社会网络的子群结构分析利用聚类等方法将网络分割成若干凝聚子群(Cohesive Sub-Groups)，以及通过派系分析发现网络行动者之间的“非正式”联系，可以厘清庞杂网络结构的组成部分，是帮助研究者理解网络拓扑结构的重要手段。早期子群结构分析的经典案例是“霍桑实验”和“扬基城”的案例研究，论证的结果是任何组织中都存在的“非正式”组织，其中的关系呈现出复杂的社会网络特征。“非正式”社会关系网络将网络行动者连接成为具有共同行为规范和行为导向、共同价值观和共同非主流文化的凝聚子群——派系。派系将对群体行为产生巨大的影响，与正式组织结构产生的社会影响力平分秋色。实际上，之后的研究发现派系并不限于非正式的关系，也存在于正式社会组织中，包括政治派系、宗教派系、经济派系及利益群体等。总体来讲，网络中的派系是相互联系的个体群，是联系密度高的子群体。

一个相对密集的网络中产生的派系往往存在互相重叠的情况，许多点都是大量派系的成员。在这种情况下，分析这些重叠派系的密度及其重叠的情况具有很重要的意义。因此，在派系分析的基础之上，Alba[104]延引社会学中的词汇提出了“社会圈”(Social Circle)的概念。“社会圈”用来体现重叠的派系合并之后所组成的结构，除了组成成员之间的“面对面”接触，还体现出行动者连在一起的较短的关系，体现出未来有可能发展成为同一派系的其他成员。“社会圈”分析对于发掘潜在的派系成员，并预测未来派系发展走向具有重要贡献。

还有一种重要的子群结构分析为网络聚类分析，聚类分析是基于行动者属性的凝聚子群分析方法，它得到的结果是行动者节点的“相似”程度。聚类要根据节点在特征空间中的接近程度及各聚类之间的距离来决定节点是否属于某一个聚类。大部分聚类方法划分的聚类之间没有严格的分界线，而是需要研究者根据需要设置一定的聚类密度标准假设或设定所需的聚类数量。本书中所使用的聚类方法是聚集型层次聚类方法中的“Ward 聚类法”，是公认的聚类效果最好的一种网络层次聚类方法。

3）核心-边缘成分分析

对网络结构的核心-边缘成分划分大致分为两方面：一是根据网络的“核”(Core)确定成分的轮廓；二是通过核的塌缩分析“社会圈”成分。目前常用的是两种不同的核嵌套方法：一种是以节点的度作为测量核心程度的标准；另一种是用连线的权重作为测量核心程度的标准。前者确定的是“k-核”(k 为节点度)，后者确定的是“m-核”(m 为连线的权重)，本研究中主要运用的是 k-核分析。

k-核分析由 Seidman[105] 提出，是一种根据节点的度数对网络密度进行逐层划分的分析方法。首先依据节点度数的标准划分出核心成分和逐个边缘成分的边界，然后逐层嵌套。k-核分析划分成分的特点：越是接近核心的成分，网络密度越高，连接越紧密；越是边缘的成分，节点间的连接越稀疏。

4）结构洞分析

结构洞(Structural Holes)是指在整个网络中，不是所有行动者都联系紧密，存在着与其他网络行动者只是间接联系甚至隔绝的节点，使整个网络连接中出现了一个“洞”的现象。拥有结构洞的网络行动者，由于占据着其他节点相连的唯一通道，能够第一时间获取大量的冗余信息，因此也占据了重要的社会资本。

结构洞分析的特点在于集中关注“三人关系”，从“二人关系”只能分析“强弱”的层面，上升到了“结构”的层面。无论是通过分析结构中存在缺失的“洞”发现网络中具有“控制”和“信息”利益的“优势者”，还是分析高密度网络中的大量凝聚力冗余或结构对等位，都是将微观结构分析上升到宏观网络产出分析的过程，使得网络结构分析从节点的量化指标脱离，真正揭示了网络中“结构”的力量。

2.2.2 复杂网络拓扑结构特性及演化分析

许多实际的网络普遍有高度的复杂性，例如节点规模大、拓扑结构复杂或节点行为复杂。复杂网络的学术定义，我们引用钱学森先生的表述：复杂网络(complex network)可定义为具有自组织、自相似、吸引子、小世界、无标度中部分或全部性质的网络。其中，小世界特性及无标度特性的发现，使复杂网络研究进入了快速发展的阶段。

所谓复杂网络的小世界特性，是指大部分真实的复杂网络具有很短的平均路径距离，即任何两个节点间通过很少的邻居节点就能够相连。哈佛大学心理学教授 Milgram[106] 通过一个连锁信的实验证实了在通信网络社区中，与任何一个陌生人相连最多不超过 6 个中间人，这就是大家都不陌生的“六度分隔”理论。

所谓复杂网络的无标度性特性，是指许多的现实复杂都具有度分布分幂律特性，表现为其节点的度具有严重的不均匀分布的特性，如图 2.4 所示（度，是指网络中与之相连的节点的个数，即“邻居”的个数）。Barabási 小组[71]提出了 BA 无标度网络演化模型，假设每次演化新添加 m 条边，生成 BA 无标度网络，运用平均场理论（Mean Field Theory，MFT）分析可知，无标度网络节点度通常服从幂指数 2 到 3 之间的幂律分布 $P(k)=2m^2k^{-3}$，但具体值可以因网络的具体构造和生长机制的不同而有所不同，如图 2.5 所示。

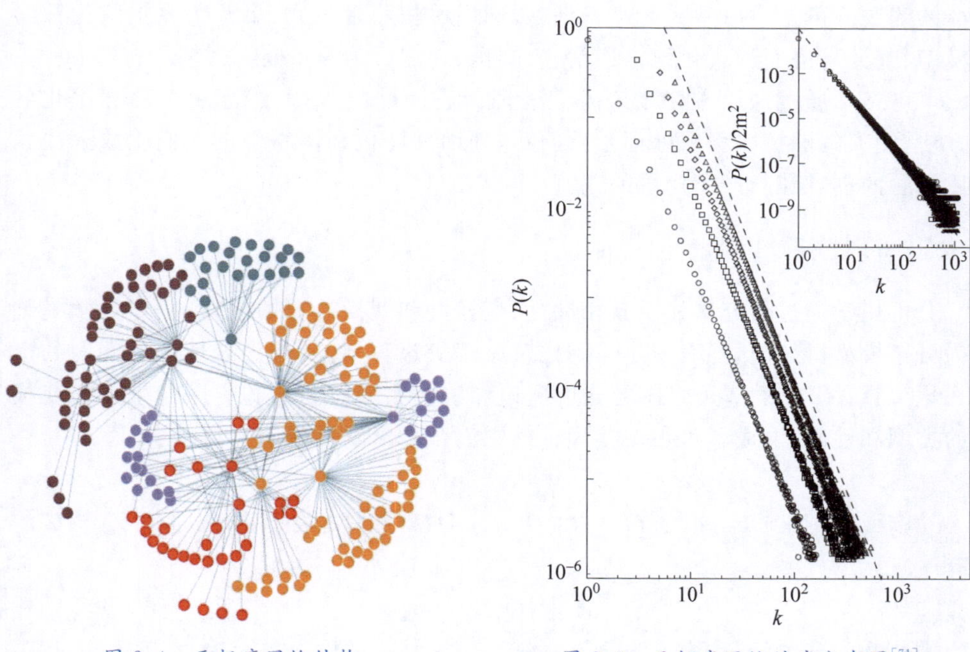

图 2.4 无标度网络结构

图 2.5 无标度网络的度分布图[71]

复杂网络的演化研究是通过研究网络的生成机制模拟真实网络的形成过程的，关键在于体现出真实网络中的主要拓扑结构特性。目前学术界很关注网络拓扑结构的复杂性研究，因为网络结构的特性决定了网络中节点的行为特性。因此目前大部分网络的演化模型都是基于点、边生成策略的。点、边生成策略是指在网络演化的过程当中，对网络中节点和边的增删进行仿真的演化模型，旨在最大化地保留真实网络拓扑结构特性。本书后续研究中将运用到的 BA 模型就是典型的点、边生成模型，主要基于增长和择优连接这两个基本原则，其中增长原理强调了网络节点的演化方向是不断递增，而择优连接的原则有助于实现网络边的无标度性和节点度的幂率特性。

2.3 可拓学基元理论

可拓学(Extenics),是以广东工业大学蔡文、杨春燕教授等为首的我国学者创立的横断学科。可拓学提供了一种模拟现实复杂系统的形式化、逻辑化及数学化的新范式,旨在处理矛盾问题,研究事物拓展的可能性和开拓创新的规律与方法。其研究对象矛盾问题的界定是,在现有条件下无法实现人们要达到的目标的问题。可拓学以基元为逻辑细胞,利用可拓集合将物、事及关系抽象为数学模型(基元),进而形式化地描述信息、知识、智能行为和策略。

可拓学通过探讨古往今来人们处理矛盾问题的规律,建立了一套程序化的方法,使人能够按照程序处理矛盾问题,利用计算机和网络帮助人们生成解决矛盾问题的创意和新产品构思的创意[107]。

2.3.1 基元理论

可拓学通过研究基元及其拓展性、变换性和变换运算的规律,拓广数学模型为可拓模型,形式化地表示矛盾问题及其解决过程,将其作为处理矛盾问题的形式化工具;研究了基元的拓展分析理论和物的共轭分析理论;探讨了可拓变换的类型和性质,形成了可拓变换理论。它们合称为基元理论。

1) 物元

物元的定义[107]:以物 O_m 为对象、c_m 为特征、O_m 关于 c_m 的量值 v_m 构成的有序三元组

$$\boldsymbol{M}=(O_m,c_m,v_m)$$

为描述物的基本元,称为一维物元。O_m、c_m、v_m 三者称为物元 $\boldsymbol{M}$ 的三要素,其中 c_m 和 v_m 构成的二元组 (c_m,v_m) 称为物 O_m 的特征元。方便起见,把物元的全体记为 $\pounds(\boldsymbol{M})$,物的全体记为 $\pounds(O_m)$,特征的全体记为 $\pounds(c_m)$。关于特征的取值范围记为 $\boldsymbol{V}(c_m)$,称为 c_m 的量域。

一般来讲,一物具有多个特征,与一维物元相仿,可以定义多维物元:以物 O_m,n 个特征 $c_{m1},c_{m2},\cdots,c_{mn}$ 以及 O_m 关于 $c_{mi}(i=1,2,\cdots,n)$ 对应的量值 $v_{mi}(i=1,2,\cdots,n)$ 所构成的阵列

$$\boldsymbol{M}=\begin{bmatrix} O_m, & c_{m1}, & v_{m1} \\ & c_{m2}, & v_{m2} \\ & \vdots & \vdots \\ & c_{mn}, & v_{mn} \end{bmatrix}=(O_m,\boldsymbol{C}_m,\boldsymbol{V}_m)$$

称为 n 维物元,其中,

$$\boldsymbol{C}_m = \begin{bmatrix} c_{m1} \\ c_{m2} \\ \vdots \\ c_{mn} \end{bmatrix},\quad \boldsymbol{V}_m = \begin{bmatrix} v_{m1} \\ v_{m2} \\ \vdots \\ v_{mn} \end{bmatrix}$$

例如，

$$\boldsymbol{M}_1 = \begin{bmatrix} \text{学生 A}, & \text{学号}, & 20063341 \\ & \text{性别}, & \text{女} \\ & \text{专业}, & \text{信息管理与信息系统} \\ & \text{班级}, & \text{四班} \end{bmatrix}$$

物元可拓网络能够较合理地描述实际复杂网络中节点的各类特征及其变化，从而能够形式化表示解决网络中矛盾问题即不平衡问题的过程[108]。

2）关系元

关系 O_r，n 个特征 $c_{r1}, c_{r2}, \cdots, c_{rn}$ 和相应的量值 $v_{ri}(i=1,2,\cdots,n)$ 所构成的 n 维阵列

$$\boldsymbol{R} = (O_r, \boldsymbol{C}_r, \boldsymbol{V}_r) = \begin{bmatrix} O_r, & c_{r1}, & v_{r1} \\ & c_{r2}, & v_{r2} \\ & \vdots & \vdots \\ & c_{rn}, & v_{rn} \end{bmatrix}$$

称为 n 维关系元，用于描述 v_{r1} 和 v_{r2} 的关系，因此也可记作 $\boldsymbol{R}(O_r, v_{r1}, v_{r2}, \cdots)$，一般来说 v_{r1} 为关系前项，v_{r2} 为关系后项，其中

$$\boldsymbol{C}_r = \begin{bmatrix} c_{r1} \\ c_{r2} \\ \vdots \\ c_{rn} \end{bmatrix},\quad \boldsymbol{V}_r = \begin{bmatrix} v_{r1} \\ v_{r2} \\ \vdots \\ v_{rn} \end{bmatrix}$$

分别称为关系 $\boldsymbol{O}_r$ 的特征及特征值。

同样，在关系元 $\boldsymbol{R}$ 中，若 $\boldsymbol{R}$ 表达的关系是某参数 t 的函数，则

$$\boldsymbol{R}(t) = \begin{bmatrix} O_r(t), & c_{r1}, & v_{r1}(t) \\ & c_{r2}, & v_{r2}(t) \\ & \vdots & \vdots \\ & c_{rn}, & v_{rn}(t) \end{bmatrix}$$

称为参变量关系元。参变量关系元描述了 v_{r1} 和 v_{r2} 之间的关系随参数 t 变化而变化。当 t 为时间参数时，则 $R(t)$ 表示 v_{r1} 和 v_{r2} 之间的关系随时间 t 而产生动态的变化，包括一系列关系特征的变化[108]。

2.3.2 基于基元网络的结构分析理论

可拓学研究学者杨春燕[109]提出了基于基元网的网络结构研究的总体框架。她提出了以基元为逻辑细胞，通过形式化研究社会网络，构建物元网，如图2.6所示，再利用可拓学基元分析、可拓变换及可拓评价等方法分析复杂社会网络结构和评价社会网络，为利用计算机技术研究复杂社会网络结构提供了一种新的可操作的方法，进而建立一种社会结构研究方法。

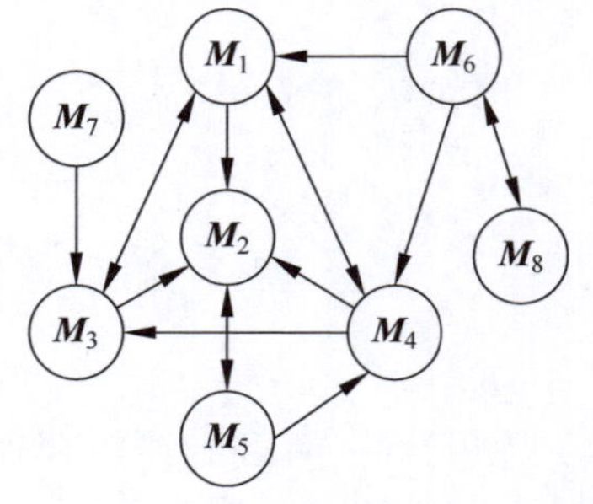

图2.6 物元网[109]

可拓变换理论和方法，包括基本变换、变换运算、传导变换、共轭变换及符合变换等。通过可拓变换导致的网络结构变换，可分析出网络节点对于某变换的敏感性等。基于可拓学关联函数的构建，还可以对社会网络成员的"聚类"或"分类"进行评价，可与"中心性"等社会网络评测指标相结合对社会网络进行综合评价。

2.4 博弈理论

博弈论(Game Theory)是一种定量决策方法，是通过建立数学模型，研究各个决策主体的行为策略直接相互作用时的结构，以及决策最优均衡问题的一门科学，或者说是研究有竞争对手存在或有冲突对抗条件时的策略选择及均衡问题的科学[110]。博弈论被认为是研究自然和人类社会中普遍存在的竞争合作行为最为有力的手段。

博弈研究的对象是博弈过程(Game)，详细来讲，是指在具有双方相互竞争对立的环境条件下，决策主体依靠所掌握的信息，在一定的规则约束下，选取不同策略并取得相应结果(或收益)的过程。定义一个博弈过程至少需包含以下3个要素：①博弈方(或称决策参与者)，至少有两个博弈方(decisio-maker/player/agent)参与博弈；②博弈方策略，各博弈方都有自己的博弈策略，指各博弈方考虑采取的待选行动策略，可以根据自身掌握的信息指定初始策略，也包括根据对方可能采取行动而制定合理对策；③博弈规则及收益，博弈方按照相应的博弈规则进行博弈后，将获得的收益或产生的结果。除以上要素之外，一般还包括博弈信息(information)、博弈顺序(order)及博弈均衡(equilibriums)等组成部分。

1) 经典博弈与演化博弈

在长期的发展中，博弈论形成了两个主要的研究方法：基于完全理性个体假设的经典博弈理论和基于有限理性个体假设的演化博弈理论。

经典博弈理论研究的基本假设是"完全理性",即决策参与者都是理性的,它们在面对一个决策问题和一个特定的场景时,能够在选择策略时具有明确的目标——使自己的利益最大化。"完全理性"要求博弈方始终以自身利益最大为目标,具有在确定和非确定环境中追求自身利益最大化的判断和预测能力,还要求博弈方相互信任对方的理性,有理性的公共知识。但在现实情况下,决策参与者大多不能真正地满足"完全理性"的要求。

演化博弈的基本假设是博弈方是"有限理性"的[111],即博弈者往往不能或不会采用完全理性条件下的最优策略,且博弈方之间的策略均衡往往是学习调整的结果而不是一次性选择的结果,而且即使达到了均衡也可能再次偏离。演化博弈适用于分析有限理性状态下的博弈方所组成的特定群体内成员间的反复博弈[112]。例如现实经济中大量个体间较长期的经济、交易关系,或小群体相邻个体间某种形式的互动。

2) 非合作博弈与合作博弈

通过研究行动者之间是否有一定的约束协议或规则,使得原本不能实现的合作方案得以实现,可以区分合作博弈和非合作博弈。这两种博弈之间有着紧密的联系,但两者之间也有着重要的区别而不能互相代替。区分两者的依据为,若行动者在开始互相作用时,已经达成了一个具有约束力的协议,则该博弈为合作博弈,反之为非合作博弈。非合作博弈关注的是行动者行为与利益所得之间的关系;合作博弈则是假定已有合作形成联盟的基础——协议或规则,该如何将联盟利益进行合理分配。在解决利益冲突时,人们的目的往往指向合作,达成合作的协议和规则成为解决矛盾问题的手段,此时合作博弈就能凸显其优势。

经典合作博弈主要关注多个局中人之间的联盟形成方式及联盟效用分配方案,即多人结盟合作博弈的解,在20世纪中叶,人们对此有过较多的研究,提出了一些重要的多人结盟合作博弈的解概念。目前,多人合作博弈的发展明显滞后于多人非合作博弈,经典合作博弈论的突出特征是局中人的完全理性假设以及理论体系的不完善,因而合作博弈还具有很广阔的研究空间[113]。

在博弈论发展中出现了很多的博弈模型,无法一一列举,接下来将介绍与本书研究相关的若干博弈模型及其均衡的分析方法。

3) 囚徒困境模型(Prisoner's Dilemma Games)

"囚徒困境"是非合作博弈中的经典案例,它的构建几乎奠定了非合作博弈的理论基础,且现实中许多现象都可以看作"囚徒困境"的缩影。

"囚徒困境"的情境是:两个嫌犯被警察隔离在两个不同的屋子里审讯,他们相互之间无法交流,无法达成有效的协议或契约。他们各自的律师为他们做了同样的分析：如果他们两人都坦白(confession,D 策略)，那么各判刑 5 年；如果两个人都抵赖(silence,C 策略)，由于证据不足，他们将各判 1 年；如果其中一个人坦白，而另一个抵赖，则坦白者将由于坦白从宽被释放，而抵赖者却会因为抗拒从严而被判刑 8 年。二者的博弈矩阵如图 2.7 所示。

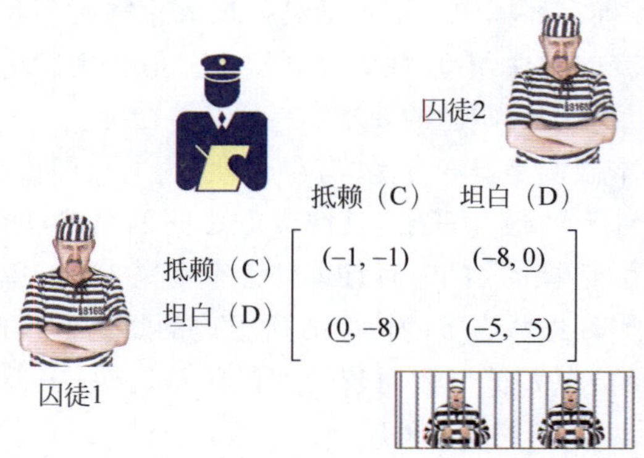

图 2.7 “囚徒困境”博弈矩阵及均衡解图示

根据以上分析所给出的博弈收益，两个囚徒会这样考虑自己的策略：如果对方选择抵赖，而我选择坦白的收益为 0，比选择抵赖的收益 −1 更好，我应该选择坦白；如果对方选择坦白，我选择坦白的收益为 −5，比选择抵赖的收益 −8 更好，我应该选择坦白。因此，最终两个囚徒都会选择坦白，因此该博弈的纳什均衡解为(坦白，坦白)策略组合。

“囚徒困境”揭示了“个人理性”与“集体理性”的矛盾：对于每个博弈方，他们做出了他们认为的最理性的选择，但是对于掌握所有信息的局外人，可以看出(抵赖，抵赖)才是集体收益达到最优的策略组合。造成“囚徒困境”的根源在于博弈方之间无交流。如果在审讯之前相互有交流的机会，或者其中有一人背叛(坦白)就会被惩罚，那么他们都会选择(抵赖，抵赖)的最优策略组合。因此，与对手的信息交流对于博弈方选择最优博弈策略是十分重要的，只有互相交流信息，合理利用商业资源，才能各自达到最高的利益以实现“共赢”。

从另一个角度来讲，由于“囚徒困境”中两个囚徒只有一次博弈机会，因此两个囚徒都不会冒险。如果这是一个无限次重复的“囚徒困境”问题，双方的决策行为将会完全不同。在博弈次数足够多和双方有足够耐心的前提下，(抵赖，抵赖)是一个子博弈精炼纳什均衡，从囚徒 A 和 B 双方的角度看，(抵赖，抵赖)也是一个帕累托最优解。

4) 经济体竞合经典博弈模型之古诺模型

在众多的社会和经济组织中，个体都面临着自身利益和集体利益的选择冲突。这种选择冲突在博弈论中被称为社会困境(Social Dilemma)。例如国家之间的贸易谈判、污染治理、知识共享、公共资源使用等都属于社会的两难选择问题。如果个体在两难冲突中选择了集体利益,则称其采取了合作行为;反之,则称其选择了背叛行为。

目前用于分析经济体竞合关系的经典模型包括古诺模型(Cournot Duopoly Model)、伯特兰德模型(Bertrand Duopoly Model)、豪泰林模型(Hotelling Model)及斯塔伯格模型(Stackelberg Leadership Model)等,这些模型从不同出发点、不同角度对参与者间的竞争合作及其影响因素、竞合平衡态及收益做出了清晰准确的分析。本书简介基本的古诺双寡头模型(Cournot Duopoly Model)。

古诺双寡头模型是经济博弈理论早期的寡头竞合模型,由法国经济学家古诺提出,又称为双寡头模型(Duopoly Model),是最早应用纳什均衡理论对同质产品的寡头垄断市场进行分析的经济学模型,被看作寡头理论分析的基本出发点,对经济学的理论发展具有重要影响。

古诺模型假设市场上有1、2两家生产企业,生产同质产品,还假设以下几点:其边际生产成本为零;其面临的市场需求曲线是线性的;两家企业都准确地掌握完全的市场信息(即需求曲线),且通过预计对方的产量调整自身的产量来达到获得最大利润的目的。设企业1的产量为q_1,企业2的产量为q_2,则市场总产量为$Q=q_1+q_2$。设市场出清价格为P,$P=A-AQ/B$,即图2.8所示AB为产品的市场需求曲线。两个企业的均衡产量$q_1^*=q_2^*=q_0=B/3$,该市场内的均衡总产量为$2B/3$。市场寡头的这种完全竞争行为生成的均衡结果称为古诺均衡。

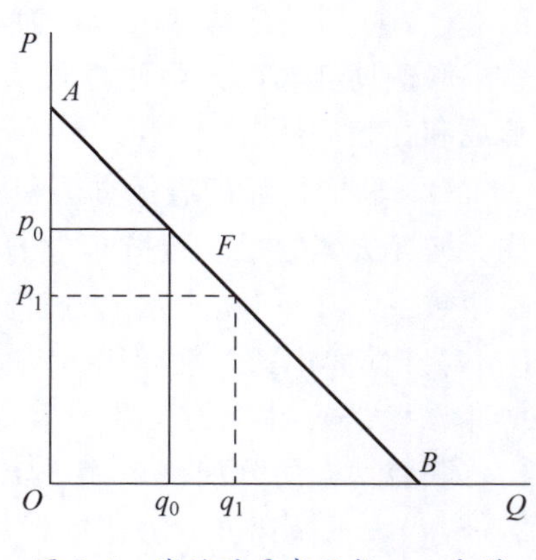

图2.8 线性的需求函数——古诺模型的假设之一

由双寡头模型可推广到由m个企业参与的竞争模型,可以得到古诺模型的一般结论:

(1) 每个寡头企业的均衡产量$=\dfrac{\text{市场总容量}}{m+1}$;

(2) 市场的均衡总产量$=\dfrac{\text{市场总容量}\times m}{m+1}$。

5) 合作博弈

联盟博弈就是指三个或三个以上的博弈方参与的多人合作博弈问题。联盟博弈是以形成联盟进行博弈的基本形式存在的，其中隐含的基本假设是联盟之间有着可以自由流动的资源（如货币，或者共享资源等）——可转移效用（Transferable Utility，TU），且各博弈方的效用与其线性相关。合作博弈问题的核心是博弈方如何结成联盟以及如何合理、公平地分配联盟收益。

必须要注意的是，合作博弈要求自身必须是一个帕累托改进，所有参与合作的博弈方收益都要有所增长或至少保持不变，这是合作博弈中个体理性（Individual Rationality）的基本要求。一方面，作为合作博弈的一种类型，联盟博弈的博弈方所收获的联盟利益，必须大于其单独行动所收获的利益；另一方面，合作博弈中的集体理性（Group Rationality），要求博弈方以追求集体效用最大化为博弈目标。一般来讲，合作博弈能够产生一种合作剩余，或者更大的收益，或者更低的成本，这也就是合作能够增进联盟成员效用的原因。因此，合作产生的效用剩余及其合理分配，既是合作博弈的前提条件，又是合作博弈最终生成的结果。

（1）联盟博弈与两人合作博弈的区别。

联盟博弈与两人合作博弈最大的区别在于必须研究博弈方集合内子联盟的形成和瓦解问题。

（2）联盟博弈的表示方法和主要概念。

博弈方集合是联盟博弈中的重要概念。设联盟博弈有 n 个博弈方，可以直接用数字 $1,2,\cdots,n$ 表示，它们构成集合 $N=\{1,2,\cdots,n\}$，N 的所有子集合记为 $P(N)$。博弈中的子联盟用 S 表示是 N 的子集，$S\subset N$，N 共有 2^n 个子集，因此博弈方集合 N 中共有可能产生有意义的子联盟 2^n-1 个（排除空集）。

联盟博弈的分配一般用 $x=(x_1,x_2,\cdots,x_n)\in \boldsymbol{R}^n$ 来表示，其中 $x_i(i=1,2,\cdots,n)$表示博弈方 i 的期望效用。联盟博弈的分配必须满足个体理性和集体理性的基本假设，满足这些要求的分配全体被称为联盟博弈的“可行分配集”。

合作博弈的集体理性体现在能够描述联盟整体效用的特征函数，特征函数是建立在子联盟的概念基础之上的，是反映子联盟价值和形成联盟基础的一个重要的概念。特征函数被定义为：对于 n 人联盟博弈中的子联盟 $S\in P(N)$，联盟成员通过协调行为可保证实现的最大联盟总效用成为联盟的“保证水平”，记为 $v(S)$，一个联盟博弈所有的联盟保证水平 $v(S)$，构成了一个 $P(N)\rightarrow R$ 的实值函数，该函数成为这个联盟博弈的特征函数。一般联盟博弈特征函数的计算方法如下：

$$v(S)=\max_{x\in x_S}\min_{y\in x_{N/S}}\sum_{i\in S}u_i(x,y) \tag{2.1}$$

其中，x_S 表示子联盟 S 中成员全部联合混合策略的全体，$x_{N/S}$ 表示 N/S 中成员全部联合混合策略的全体，$u_i(x,y)$表示博弈方 i 对应策略组合(x,y)的期望收益。现实中常常通过对博弈的直接分析得到特征函数值。

特征函数是衡量联盟价值的重要基础，其形成对合众联盟和博弈结果都有决定作用，因此在联盟博弈中有着重要的作用。事实上也正是因为这个原因，联盟博弈有时甚至被称为“特征函数型博弈”。联盟博弈也可表示为 $B(N,v)$，其中的 v 就是特征函数。

(3) 联盟博弈经典效用分配方法——Shapley 值法。

Shapley 值(Shapley Value)是 Shapley[114] 提出的，从另一个角度分析联盟博弈的解概念和分析方法。Shapley 还同时提出了作为 Shapley 值基础的 3 个公理：首先是对称公理，说明合作博弈的 Shapley 值与博弈方的排列次序无关；其次是有效公理，即全体博弈方的 Shapley 值之和能够完全分割相应联盟的价值；最后是加法公理，如果两个子联盟合并，则合并联盟的 Shapley 值是两个独立博弈 Shapley 值之和。

Shapley 值与两人讨价还价博弈的纳什解相似，也是一种公理化的分析方法。这种分配方式通过计算子联盟成员对联盟效用的边际贡献，以及与联盟外成员结盟可能带来的效用来分配成员的所得，相对公平合理，可操作性强，是一种分析静态合作博弈效用分配的理想方法。

本章小结

本章主要介绍了与本书研究相关的理论与方法的基本内容。区域港口群相关的理论和网络科学理论与分析方法为本书的研究提供了最基础和最重要的理论及方法模型，包括图论的基本思想、社会网络分析的一系列理论与方法体系以及复杂网络的现有模型和提出的主要主张；可拓学基元理论为区域港口群多重竞争合作关系网络的建模提供了巨大支持；博弈论为深度解剖竞争合作关系网络中的港口竞合行为提供了理论依据和研究的切入点。

第3章 基于基元的港口群复杂竞合网络模型构建

区域港口群内的关系是一种合作与竞争并存的关系，这种模式的形成是区域港口系统长期交通渗透、内部互联及演化兼并的结果。港口之间的竞合是具有高度兼容性且相互获益的策略：竞争促使港口不断改善经营策略，提升服务质量；合作策略比竞争策略更有吸引力，合作促使每个参与合作的港口的不同目标可以得到强化。

港口竞合关系连接形成的网络，是港口的功能及规模发展到一定阶段的产物。港口不再仅仅是一种自然资源的利用和管理，转而成为货物运输的一个节点，更是成为物流网络中至关重要的一环。在市场经济条件下，区域港口群内部复杂竞合网络中，各港口如何定位自身角色，进而如何规划协调发展竞合关系，涉及地区经济、技术和社会发展等各个领域，是十分复杂的大系统问题，并越来越受到港口企业、地方政府以及国家管理部门的重视和关注。

在本书中，为体现出港口之间复杂的、多重且异构的关系，首先界定了区域港口群内港口间的多重竞合关系，并研究如何将其量化抽象为网络点、线数据，以建立港口-港口复杂竞合网络模型。为解决最基本的多重关系问题，本章引入了可拓学基元理论，利用基元理论优势，为多重关系网络标准化和定量化的建模提出了一种解决方案，为之后的研究提供有效且高效的模型支撑。

3.1 多重竞合关系解析

首先，需要解析区域港口群内、港口间的竞合关系受哪些因素的驱动，及这些驱动因素最终导致的区域港口群竞合关系形成的主要内容。根据调查研究，港口复杂竞合网络形成及不断变化的驱动因素包括 5 方面：全球化和航运联盟的形成、船舶大型化和多式联运的发展、激烈的港口竞争、港口资源整合及区域经济协调发展。

3.1.1 驱动因素及竞合目标

1）经济全球化和航运联盟

经济的全球化，使得世界各国港口均处在一个全球市场的环境中竞争和合作。集装箱化货物贸易的增长和制造业的全球化为集装箱班轮公司带来了全球性服务的需求。为了满足这样的需求，集装箱班轮公司通过合并、联盟和收购等形式来拓展市场和降低成本，形成了能够提供全球经济贸易网络需求的大型承运人或航运联盟，使得它们能够在全球市场上自由地运输货物。最典型的有丹麦马士基航运、瑞士地中海航运、法国达飞和中国远洋海运等。

随着这些航运联盟的出现，它们对全球挂靠港口拥有了更大的选择权，掌握着更大的市场主动权。这些航运公司能够与港口经营人就服务收费、服务质量及条件进行谈判。由于其经营格局目前呈现重构、差异化和规模经济的趋势，港口需要寻求新的竞争合作方式来提升实力，与区域港口内其他港口实行联合以提供全球性服务。

2）船舶大型化和多式联运

国际海运的高速发展、油价的居高不下等因素，刺激了集装箱船的超大型化发展趋势。超大型集装箱船由于规模效应，成本低、效益高，导致船公司纷纷青睐超大型集装箱船舶。但由于港口水深、基础设施、装卸能力、航线等因素的限制，只有很少数的港口能够直接挂靠超大型集装箱船。这些港口的内陆腹地和前向腹地也因此得到拓展，促使港口倾向于通过区域港口群内部的合作来实现管理和经营的全球化。

此外，内陆地区多式联运枢纽的发展，能够使集装箱运输深入内陆腹地，与港口形成连接，也影响着港口的发展及港口在区域港口群中的竞合地位。

3）激烈的港口竞争

随着港口竞争的加剧，港口经营人寻求新的方式以为了从其竞争者中获取利益。大型班轮公司之间的兼并和联盟导致一些挂靠的支线港口转变为地区性枢纽港或者无挂靠的枢纽港降级为支线港。港口与区域内其他港口之间就相同的内陆腹地展开竞争。港口经营者意识到行业竞争的这种必然趋势，他们往往通过与其他竞争者之间形成合作联盟来实现双赢。即竞争促使合作，合作导致不同性质的全新的竞争关系。

4）港口资源整合

我国港口在改革与发展的过程中，面临着一些问题：码头重复建设现象严重，一般散货码头过剩；部分邻近港口间存在无序竞争现象，港口市场割据，地方保护严重，低价竞争，部分港口经营行为不规范，一定程度上削弱了企业的经济效益等。这些问题的原因包括：港口管理缺乏足够的法律依据，市场机制不够完善，未能充分打破行政划分的壁垒，港口间缺乏有规划的、有效的合作等[49]。

随着我国港口的不断壮大发展，区域港口群具有明显的竞合需求：①每个港口都有优势和劣势，需要通过相互合作以取长补短，减少重复投资和资源浪费，使港口群资源得到充分利用，提升整体竞争力；②通过港口群内部合作，形成推动打造统一港口群品牌合力；③通过资源整合，错位发展，减少共同损失，发挥各自优势，各港口都能突破自身局限进一步发展壮大。

5）区域经济协调发展

港口群是一个区域的战略资源，对区域经济发展有重要作用。港口群的发展极大地带动了辐射区域内产业链的发展，并且这种辐射形成“港口集群”，加快了区域经济的发展。港口群与港口城市群是一种相辅相成的关系，港口群对地区经济发展具有不可替代的作用。资源整合是一种国际趋势，整个区域的经济能量可通过港口网络在各城市间合理安排，从而促进资源的合理配置和城市群的协调发展。因此，为促使区域港口群走协调发展道路，政府应对其发展规划、建设管理等在政策法规上进行宏观调控[115]。

根据上述驱动因素的分析，区域港口群内港口竞合的目标在于：①错位发展，避免无序竞争，减少浪费；②发挥港口各自优势，最大程度地提升港口资源利用率；③拓展港口能力，提升港口服务水平；④形成合力，以基于业务联系的港口运输联盟等方式实现规模优势，分担风险，提升港口群整体竞争力及知名度，在应对投资壁垒、大型承运人和航运联盟方面有较强的讨价还价能力。

以达到竞合目标为出发点，我们可以分析出区域港口群内港口竞合多重关系的主要内容。

3.1.2 多重竞合关系主要内容

由于区域港口群内部港口之间的竞争与联合方式策略多种多样，因此港口的竞合内容与趋势也有所不同，总体来讲可以分为两种类型：横向竞合与纵向竞合。横向竞合主要指港口之间为了各自利益最大化而在港口自身层面进行的竞合模式，最直接的体现就是港口对交叉腹地的竞争关系。纵向竞合主要指港口之间为了构建一套完整的物流运输网络而形成的竞合模式，最实质且最终的体现就是港口之间的货物喂给和货物集散关系。

1）交叉腹地竞合

港口对交叉腹地的竞合是一种普遍存在的港口竞合形式。港口经济腹地，又称为港口吸引范围，指港口集散旅客和货物的服务地区范围。更广义地，它还是港口的配套服务、劳动力、技术、信息、资金的供给方。因此有了辽阔且经济实力雄厚的腹地做支撑，才能有更丰富的货源、更密集的航线、更强大的集疏运体系，以及对中转货物更大的吸引力。

港口经济腹地的范围受自然因素、社会因素、经济因素及港口性质的影响。通过 2.1 节中的分析，我们可以看出港口的发展史实际上就是一部港口和经济腹地依存模式的发展史。港口-腹地关联系统是一个复杂的关系，其间生产要素的流动是港口、港城及腹地紧密联系的纽带，但在生产要素流动的背后还有深刻而复杂的社会经济背景[116]。港口与内陆地区联系的交通运输网络越发达，港口腹地就越大，反之亦然；腹地经济越发达，对外经济联系越频繁，对港口的运输需求也就越大，由此推动港口规模扩大和结构演进；港口的发展又为腹地经济发展创造条件，可促使港口腹地范围的进一步扩展。港口和其腹地间的这种关系，对以港口为中心的区域经济发展具有重要意义。

港口经济腹地从是否交叉的角度可以分为直接腹地（单纯腹地）和混合腹地（交叉腹地）：直接腹地指一港独有的腹地，该区域内所需水运的货物都经由本港；混合腹地指两个或两个以上的港口共同拥有的腹地，即数港吸引范围相互重叠的部分。本书从货源的流向角度将港口经济腹地划分为前方腹地和后方腹地，后方腹地又划分为直接腹地、交叉腹地及中转腹地，见表 3.1。

表 3.1 港口经济腹地的分类及定义

港口腹地分类		定 义
后方腹地	直接腹地	货物或旅客可以通过各类运输工具直达港口，且只服务于此港口的地区范围
	间接腹地	货物或旅客可以通过各类运输工具直达港口，或通过内陆干港转运到达港口，且服务于其他港口的地区范围
	中转腹地	货物或旅客需要通过其他水运港口进行转运才能到达的地区范围
前方腹地	前方腹地	货物运达的腹地

区域港口群内各类港口与经济腹地之间的关系如图 3.1 所示。

在区域港口群内，有相同间接腹地、中转腹地或前方腹地的港口之间必然存在对交叉货源的竞合关系。

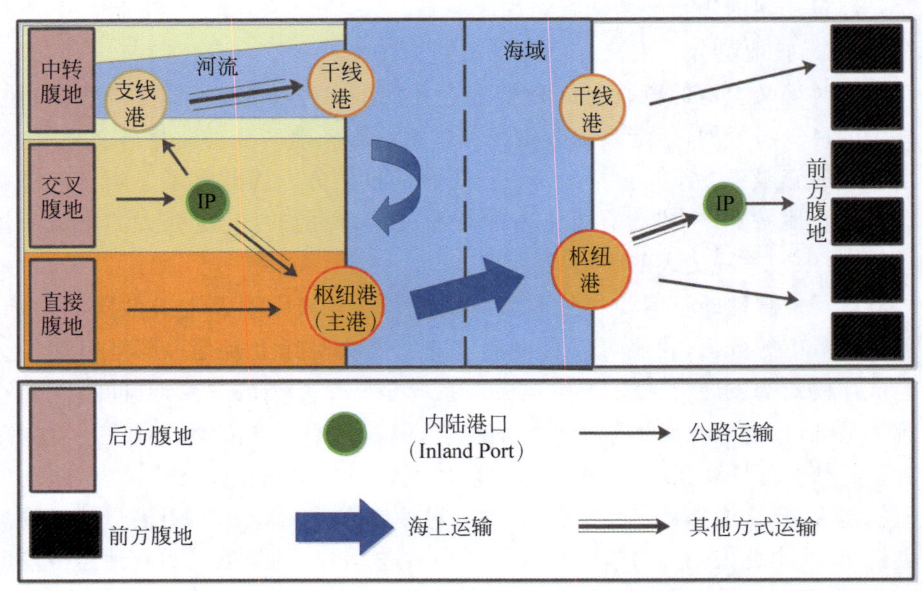

图 3.1 区域港口群内各类港口与经济腹地之间的关系

2）货种结构竞合

港口对腹地竞争的同时,港口会根据自身条件及功能特点,承揽各类腹地的“现实货源”,对潜在的“战略货源”开展竞争。针对不同的货物种类,港口之间可能会对相同货种的业务展开激烈的竞争(更可能产生在同一层次的港口之间);也能与其他港口开展相同货种的运输合作,整合形成区域港口群内腹地货源的运输网络,并逐步确认自身在区域港口群内的分工,确保自身在港口群内处于不可替代的位置,形成分工良好、合作紧密的合作局面(主要产生在不同层次的港口之间)。区域港口群货种结构的竞合关系主要体现在各港口的业务范畴所包含的不同货种是否有重叠和交叉上,对于有重叠交叉货种的港口,关系是竞争还是合作与港口是否处在同一规模层次上有着很大关系。

3）货物喂给合作

港口间的货物喂给合作关系,是区域港口群内部最直接的合作关系,如图 3.2 所示。在一个母港和其喂给港体系中,母港往往是国际性或地区性的枢纽港,往返于母港之间的航线大多是国际性的远洋航线或近洋航线,如珠三角地区港口群中的香港港、深圳港和广州港,长三角地区港口群中的上海港、宁波港以及环渤海地区港口群中的青岛港、天津港和大连港。一方面,由于母港与产业腹地之间往往有些距离,所有的货源也不可能都集中在母港附近,所以喂给港实现的是将产业腹地的货源源源不断地通过小型驳船或中小型海轮运达母港或将母港货物进行疏散，通过母港实现进出口的功能；另一方面，由于航道条件的限制和成本的限制，国际大船公司不可能将万吨级货轮开向产业腹地的内河或沿海小港，因此喂给港也需要依靠母港，提高自身的吞吐量水平。

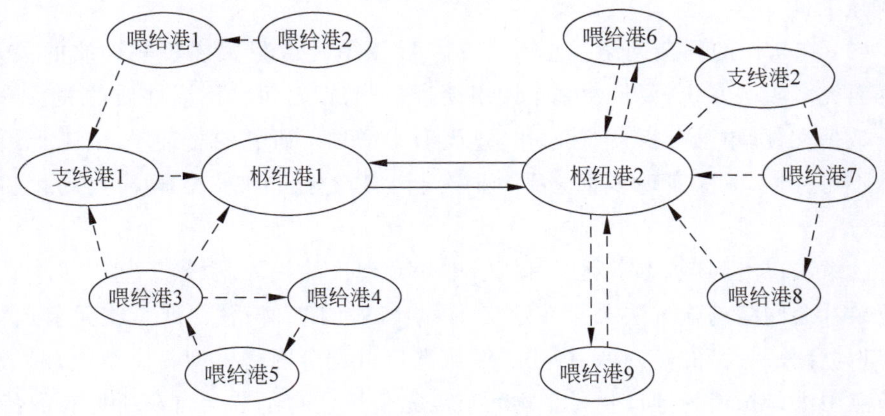

图 3.2 港口间的货物喂给合作关系

近来，各沿海枢纽港也十分重视培养自身的支线港和喂给港体系，培育货源"大后方"的方式多种多样，或投资扩建码头，或航运参股，或参与物流运输，最终的目标是形成一个完善、便捷的物流网，借助与支线港、喂给港在资本、业务等方面的合作，将自身腹地深入内陆，并形成合力。这种喂给合作关系最终体现在区域港口群之间的喂给航线网络上。

3.2 多重复杂竞合网络建模

由 3.1 节中对区域港口群内部港口之间多重竞争合作关系的解析，我们可以建立基于多重竞合关系的网络模型。与以往网络模型不同的是，本研究中网络节点为港口物元，网络连线为港口间竞合关系元。引入基元理论建立网络模型的主要原因包括以下几点：

(1) 在以往的网络模型中，网络研究者往往只关注节点间的关系，却忽视了丰富的节点属性对节点行为、网络结构形成的影响，忽视了具有能动性的网络节点在网络结构动态演化中的重要作用[117]。本书引入港口物元节点定义的目的就在于建立起节点的现实意义与节点间竞合关系分析的桥梁。

(2) 3.1 节解析了港口竞合关系的多重性，这一性质与复杂网络中节点间"关系的多重性"[118]属性一致。复杂网络模型中，"关系的多重性"被定义为：相同的一组行动者节点，可从不同角度出发，拥有多种不同的关系类型。

以往研究中，节点间关系数据只停留在"有"(1)、"无"(0)或某个程度(权值)。将"关系"拓展为"关系元"，可表示关系的多种特征及其特征值，充分体现出复杂网络中关系的"多重性"。因此关系元是描述复杂网络中多重关系的最优形式化工具。

(3) 在常用的复杂网络模型[119-122]中，网络研究者只关注单一性质的关系，若需研究多重关系，需要构建多个网络模型，且需针对每种不同性质的关系单独制作数据文件，单独分析，单独输出，这无形中增加了研究的复杂度、人工干预程度和不可控性，无法实现多重关系同时分析，以及分析的输入、输出自动化和程序化。

为解决以上问题，本书利用可拓学中基元理论的优势，引入了基于多维基元的复杂社会网络构建方法[108]，在定义了"港口群网络物元"、"港口物元节点"及"港口竞合关系元"的基础上，构建了区域港口群竞合网络模型。模型中，网络中的节点由港口拓展为港口物元。物元节点完整地包含了节点自身所拥有的特征属性信息；连线由港口之间的单一关系拓展为港口竞合关系元，包含多种类型的竞合关系。港口之间的竞合关系影响因素复杂，都可以包含在关系元的定义当中。本书关注区域港口群网络的横(主要指经济腹地竞合和货种结构竞合)、纵向(主要指货物喂给竞合)竞合关系。

3.2.1 物元节点

首先根据物元的定义，来定义"网络物元节点"的概念。

定义 以网络中的节点实体 O_m 为对象，n 个特征 $c_{m1},c_{m2},\cdots,c_{mn}$ 以及 O_m 关于 $c_{mi}(i=1,2,\cdots,n)$ 对应的特征值 $v_{mi}(i=1,2,\cdots,n)$ 所构成的阵列称为 n 维节点物元，用 $\boldsymbol{M}$ 表示，作为网络的基本组成部分之一。

$$\boldsymbol{M}=\begin{bmatrix} O_m, & c_{m1}, & v_{m1} \\ & c_{m2}, & v_{m2} \\ & \vdots & \vdots \\ & c_{mn}, & v_{mn} \end{bmatrix}=(O_m,\boldsymbol{C}_m,\boldsymbol{V}_m)$$

由以上定义，首先建立区域港口群的港口物元节点。设区域港口群有 n 个港口对象，分别为 $P_i(i=1,2,\cdots,n)$，则港口节点实体对象 P_i 的特征向量 $\boldsymbol{C}_m$ 及其对应的特征值向量 $\boldsymbol{V}_{mi}$ 构成了港口物元节点，表示为

$$\boldsymbol{M}_i=\begin{bmatrix} P_i, & \text{货物吞吐量}, & v_{m1} \\ & \text{生产性泊位数}, & v_{m2} \\ & \text{所属港口层次}, & v_{m3} \\ & \text{度数中心度}, & v_{m4} \\ & \vdots & \vdots \end{bmatrix}=(P_i,\boldsymbol{C}_m,\boldsymbol{V}_{mi})(i,j=1,2,\cdots,n)$$

港口物元节点的表达方式全面体现了港口节点的实体特征及网络结构属性的特征。具体的特征向量包括哪些可根据研究的实际需求进行调整。

3.2.2 多重竞合关系元

根据 3.1.2 小节中关于区域港口群网络的横、纵向竞合多重关系的分析我们可以得到：区域港口间的横向竞合主要体现为港口对交叉腹地的竞争和货种结构的竞合；纵向竞合主要体现在货物的喂给航线竞合。我们尝试将这两方面的竞合关系分别进行定量化分析，利用关系系数来体现其内涵。

1. 基于港口-腹地灰色关联度的交叉腹地竞合关系子网

目前随着我国立体交通的建设及发展，港口间接腹地不断扩大，深入内陆，距离对连接港口和腹地来讲已影响甚微。另外，区域港口群各港口的腹地交叉纵横，随着时间不断地在变化，港口与腹地之间的关系变已得十分错综复杂，如果想要清晰明确地划分某港口的腹地几乎是不可能的。因此，以往严格划分腹地范围的定性分析方法不适用于分析区域港口群网络中的港口-腹地关联关系。

因此我们选用灰色关联度法来衡量港口和腹地两个系统的时间、空间关联特性。所谓灰色关联度，是指两个系统中有一些关键的因素，这些因素随时间或不同对象而变化的关联性程度。若两个因素变化趋势具有一致性则两个因素关联程度高，综合所有因素的关联程度，即可得到这两个系统之间的关联程度。

这种定量分析港口-腹地关联关系的方法具有以下优越性：腹地对于港口并不是严格的从属关系，使用灰色关联度度量这种关系，充分体现出这种“部分关联”的关系；灰色关联度包含对时间维度的分析，将港口-腹地联系程度的动态变化考虑在内，更加严谨和精确；用量值准确体现港口-腹地关联程度，也为之后的一系列网络分析提供了依据和基础。具体步骤包括 5 步：一是建立灰色关联度指标集；二是指标无量纲化；三是计算单个港口与单个腹地的灰色关联度；四是计算港口-腹地灰色关联度 2-模关联矩阵；五是生成港口-港口交叉腹地竞争关系 1-模关联矩阵。

1）建立灰色关联指标体系

本书主要考虑港口发展水平与腹地经济因素、社会因素及交通运输发展水平相关联的程度，从这三方面选取的灰色关联度指标集如表 3.2 所示。

表 3.2 港口-腹地灰色关联度指标集

指标集	指标变量	指标释义
港口系统指标集	x_1	货物吞吐量
	x_2	集装箱吞吐量
	x_3	旅客吞吐量
腹地系统指标集	x_4	GDP
	x_5	第三产业 GDP 占比
	x_6	固定资产投资额
	x_7	当年实际利用外资额
	x_8	第三产业从业人员
	x_9	货运总量
	x_{10}	客运总量
	x_{11}	人均城市道路面积
	x_{12}	规模以上工业总产值(当年价格)

2）指标无量纲化

灰色关联度指标通常有着不同的量纲和数量级，因此需要将原始指标数据规范化处理为无量纲值。本书采取均值化处理(或称极大-极小值法)，相对于其他无量纲化方法，均值化处理后的数据与原始数据相比，变异系数不变，保留了各指标相互影响程度的信息，得到的结果更准确。

使用 $x_i(t)$来表示指标变量 x_i 在 t 时刻的变量序列值，则均值化后的各指标值 $X_i(t)$计算如下：

$$X_i(t)=\frac{x_i(t)}{\bar{x}_i} \quad (i=1,2,\cdots,12) \tag{3.1}$$

其中，

$$\bar{x}_i=\frac{1}{T}\sum_{t=1}^{T}x_i(t) \quad (i=1,2,\cdots,12) \tag{3.2}$$

3）计算单个港口与单个腹地的灰色关联度

计算某港口的指标 $X_i(i=1,2,3)$与某港口的腹地指标 $X_j(j=4,5,\cdots,12)$在 t 时刻的灰色关联系数 $\xi_{ij}(t)$：

$$\xi_{ij}(t)=\frac{\Delta_{\min}+\rho\Delta_{\max}}{\Delta_{ij}(t)+\rho\Delta_{\max}} \quad (i=1,2,3;\ j=4,5,\cdots,12;\ t=1,2,\cdots,T) \tag{3.3}$$

其中：t 为时间参数，取 $1\sim T$（时间上限）的整数；ρ 为分辨系数，一般在 $0\sim1$，用来削弱 Δ_{max} 过大而使关联系数失真的影响，人为引入这个系数是为了提高关联系数之间的差异显著性。

为使得灰色关联系数取值区间的长度尽可能地为 1，本书取 ρ 的值为 0.05[123]。

$\Delta_{ij}(t)$为 t 时刻指标差：

$$\Delta_{ij}(t)=|X_i(t)-X_j(t)| \tag{3.4}$$

Δ_{min} 为两级最小差：

$$\Delta_{min}=\min_t \min_j \Delta_{ij}(t) \tag{3.5}$$

Δ_{max} 为两级最大差：

$$\Delta_{max}=\max_t \max_j \Delta_{ij}(t) \tag{3.6}$$

接下来，在灰色关联系数的基础之上，计算均值灰色关联度，如式(3.7)所示。灰色关联度可以综合港口指标与各个腹地指标间的灰色关联系数，反映某港口与对应某腹地之间的关联的程度。

$$r=\frac{1}{3\times9\times T}\sum_{i=1}^{3}\sum_{j=4}^{12}\sum_{t=1}^{T}\xi_{ij}(t) \tag{3.7}$$

其中：$r\in(0,1]$，r 越大，说明该港口和该腹地之间的关联程度越强。

4）生成港口-腹地系统关联度 2-模网络

由第 3)步，可依次求得各港口与各腹地之间的灰色关联度，形成港口-腹地灰色关联度 2-模关联矩阵，记为 $\boldsymbol{R}$，表示的是腹地“部分关联”于某港口。所谓 2-模(2-Mode)矩阵或 2-模网络，是社会网络分析方法中的概念，指两种不同类型的实体之间的关系。这种矩阵行和列表达的是不同的实体集合，所以行和列一般数目不等，是一类长方形矩阵。

5）生成港口-港口交叉腹地竞争关系 1-模网络

一个 $m\times n$ 的 2-模矩阵可以转换为一个 $m\times m$ 的 1-模矩阵和一个 $n\times n$ 的 1-模矩阵。对于规模较大的网络，由 2-模网络转换为 1-模网络的方法包括两种。

(1) 对应乘积法(Cross-Product Method)。

该方法使用行动者 1 所在行的每一项分别乘以行动者 2 的对应项，然后加总。通常这种方法适用于二值网络(只有 0、1 数据)，乘积为 1 表示“共同发生”，为 0 表示没有“共同发生”。所以乘积之和代表着“共同发生”的次数的累加。从而测量了关系的强度。

(2) 最小值法(Minimums Method)。

当网络是多值网络时，该方法更常用，即考查每个时间上的两个行动者的每一项，并选择出最小值。该方法更适用于多值数据：两个行动者之间的关系等于二者与其他事物之间关系的最小值。

由于港口-腹地灰色关联 2-模网络是多值网络，因此采用最小值法，可从 $\boldsymbol{R}$ 推导出港口-港口 1-模(1-Mode)网络，并对其进行[0,1]标准化，在这个新的网络中，每个具体的网络元素都展示了港口之间由于拥有共同的交叉腹地而彼此产生的竞合引力。与腹地关联度都相当高的港口，产生了更高的竞合关系系数；与腹地关联度都很低的港口，产生了更低的竞合关系系数；与腹地关联度一高一低的港口，也产生了较低的竞合关系系数。这种 1-模网络比 2-模关联网络更明显地阐明了港口与港口之间表现出的竞合社会属性的结构特性。

网络邻接矩阵记为港口-港口的交叉腹地竞合关系矩阵 $\boldsymbol{R}^h$，矩阵元素 $r_{ij}^h \in [0,1](i,j=n)$（$n$ 为港口数）定义为基于港口-腹地灰色关联度的交叉腹地竞合系数，系数越大，竞合关系越强。该矩阵 $\boldsymbol{R}^h$ 代表的 1-模网络，称为基于港口-腹地灰色关联度的交叉腹地竞合关系子网，该子网按照图论中对简单图的分类属于一个全连接图。

2. 基于港口-货种分布的货种结构竞合关系子网

区域港口群货种结构的竞合关系主要体现在各港口的业务范畴所包含的不同货物种类的分布上。建立港口-货物的 2-模发生网络，设网络邻接矩阵为 $\boldsymbol{R}'$，港口数为 n，货物种类为 m，其中矩阵元素为

$$r_{ij}^t = \begin{cases} 0, & \text{当港口 } P_i \text{ 业务不包含第 } j \text{ 种货物种类时} \\ 1, & \text{当港口 } P_i \text{ 业务包含第 } j \text{ 种货物种类时} \end{cases}$$

$(i=1,2,\cdots,n;\ j=1,2,\cdots,m)$。

由于港口-货物 2-模网络为二值网络，采用对应乘积法将区域港口群区内港口-货物 2-模网络转换为港口-港口基于货物种类相同的 1-模竞合网络。其原理是如果两个港口都有某个货种的运输业务，它们之间就有可能产生竞争或者合作，强度为他们货种结构的重合程度。

以较为简单的 4 个港口 1、2、3、4 涉及 5 个货种 A、B、C、D 和 E 业务的 4×5 关联矩阵为例，如图 3.3(a)所示。计算港口 1、2、3、4 中涉及的共同货种的个数可以得到基于行(Row Mode)的 4×4 港口-港口货种竞合矩阵，如图 3.3(b)所示。如港口 1 和港口 2 将就 3 类货种 A、B、C 展开竞合。

由此我们可以得知哪些港口之间存在着相同货种结构以及其重叠的程度，体现出了港口间货种结构的竞合关系。设生成的港口-港口货种结构复杂竞合网络的邻接矩阵为 $\boldsymbol{R}^t$，其中元素为 r_{ij}^t 定义为基于港口-货种分布的货种结构竞合系数。该矩阵 $\boldsymbol{R}^t$ 对应的网络，称之为基于港口-货种分布的货种结构竞合关系子网。

		货种				
		A	B	C	D	E
港口	1	1	1	1	1	0
	2	1	1	1	0	1
	3	0	1	1	1	0
	4	0	0	1	0	1

(a) 港口-货种2-模隶属矩阵

对应乘积法

		港口			
		1	2	3	4
港口	1	—	3	3	1
	2	3	—	2	2
	3	3	2	—	1
	4	1	2	1	—

(b) 港口-港口货种结构竞合系数1-模邻接方阵

图 3.3 港口-货种 2-模隶属矩阵向港口-港口 1-模邻接方阵的推导举例

3. 基于喂给航线网络的货物喂给合作关系子网

区域港口群内喂给航线主要指枢纽港与支线港、喂给港之间的内外贸运输航线，包括沿海支线运输、内河支线运输。沿海支线运输是指国内沿海港口之间的内支线运输；内河支线运输是指内河港口至内河港口或至沿海港口之间的内支线运输[124]。它们主要包括干散货船、油轮、班轮和驳船等运输方式。

由区域港口群内喂给航线可以确定哪些港口之间存在着货物喂给合作关系，设这种关系属于有向关系，从喂给港指向被喂给港口。设港口数为 n，网络邻接矩阵为 $\boldsymbol{R}^f$，其中矩阵元素为 r_{ij}^f，为港口 P_i 到港口 P_j 基于区域港口群内喂给航线网络的货物喂给合作关系系数，r_{ij}^f 被定义为

$$r_{ij}^f=\begin{cases}0, & \text{当港口 } P_i \text{ 到港口 } P_j \text{ 不存在喂给航线时}\\ \text{航线数量}, & \text{当港口 } P_i \text{ 到港口 } P_j \text{ 存在喂给航线时}\end{cases}\quad (i,j=1,2,\cdots,n)$$

该矩阵 $\boldsymbol{R}^f$ 对应的网络称为基于区域港口群内喂给航线网络的货物喂给合作关系子网，如图 3.4 所示。

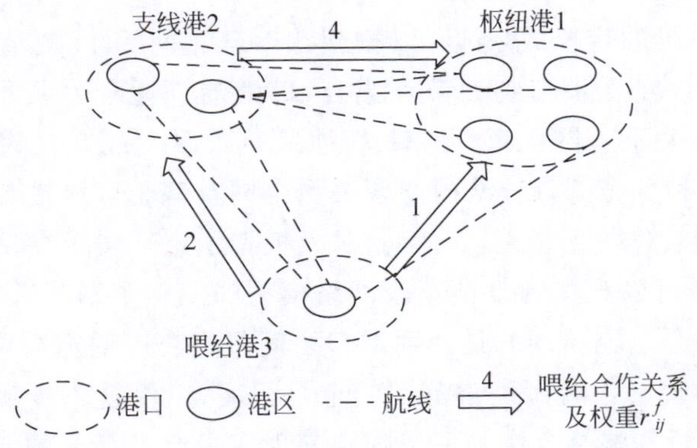

图 3.4 基于区域港口群内喂给航线网络的货物喂给合作关系子网

4. 多重竞合关系元的定义

根据以上分析定义区域港口群网络中港口与港口之间的竞合关系元，应包括三重关系：港口-港口关于交叉腹地的竞合关系，港口间货种结构竞合关系以及港口之间的货物喂给合作关系。

根据关系元的定义及表示方法的规范，两个基元之间的关系用关系元 $\boldsymbol{R}_{ij}$ 表示，关系元可存储港口各类竞合关系的特征及其特征值。关系的密切程度可以用竞合系数衡量。竞合系数就包括以上分析到的交叉腹地竞合系数 r_{ij}^h，货种结构竞合系数 r_{ij}^t 及货物喂给合作系数 r_{ij}^f 三部分。港口竞合网络中用于描述港口 P_i 与港口 P_j 之间多重竞合关系的多维竞合关系元可表示为如下阵列：

$$\boldsymbol{R}_{ij}=\begin{bmatrix} P_iP_j\ \text{竞合关系}, & \text{前项}, & P_i \\ & \text{后项}, & P_j \\ & \text{交叉腹地竞合系数}\ c_r^h, & r_{ij}^h \\ & \text{货种结构竞合系数}\ c_r^t, & r_{ij}^t \\ & \text{货物喂给合作系数}\ c_r^f, & r_{ij}^f \end{bmatrix} \quad (i,j=1,2,\cdots n)$$

交叉腹地竞合系数普遍存在于每一个港口对之间，更加强调体现竞合关系的强烈程度；货种结构竞合系数存在于货种结构有重叠的港口之间，更加强调货种的相似性，且是竞争还是合作关系的性质取决于港口是否处于同一港口层次，同层次港口货种结构竞合系数更倾向于竞争性质，不同层次港口货种结构竞合系数更倾向于合作性质；货物喂给合作系数是现实中实际存在于港口间的航线连接关系，更加强调以运输形式表现出的港口合作关系及其强度。

3.2.3 网络建模及其可视化

参照图论中图的定义，我们可以构建出基于基元的区域港口群竞合网络 $G=\langle \boldsymbol{M},\boldsymbol{R}\rangle$，其中 $\boldsymbol{M}$ 为港口物元节点集合，$\boldsymbol{R}$ 为港口竞合关系元集合。该网络模型包含了三重关系子网：基于港口-腹地灰色关联度的交叉腹地竞合关系子网、基于港口-货种分布的货种结构竞合关系子网及基于区域港口群内喂给航线网络的货物喂给合作关系子网。构建过程及模型示意图如图 3.5 所示。

从图 3.5 中可以观察到复杂竞合网络模型的三重子网具有极高的异质性，交叉腹地竞合关系子网体现的是两两港口之间具有灰度的竞合强度；货种结构竞合关系子网体现出各港口经营范围的重合程度，以便进一步观察合作的可能或竞争的趋势；货物喂给合作关系子网则是现实中已经存在的航线联系。多重异质网络的建模有助于更全面地分析区域港口群内部形成的网络结构及演化特征。

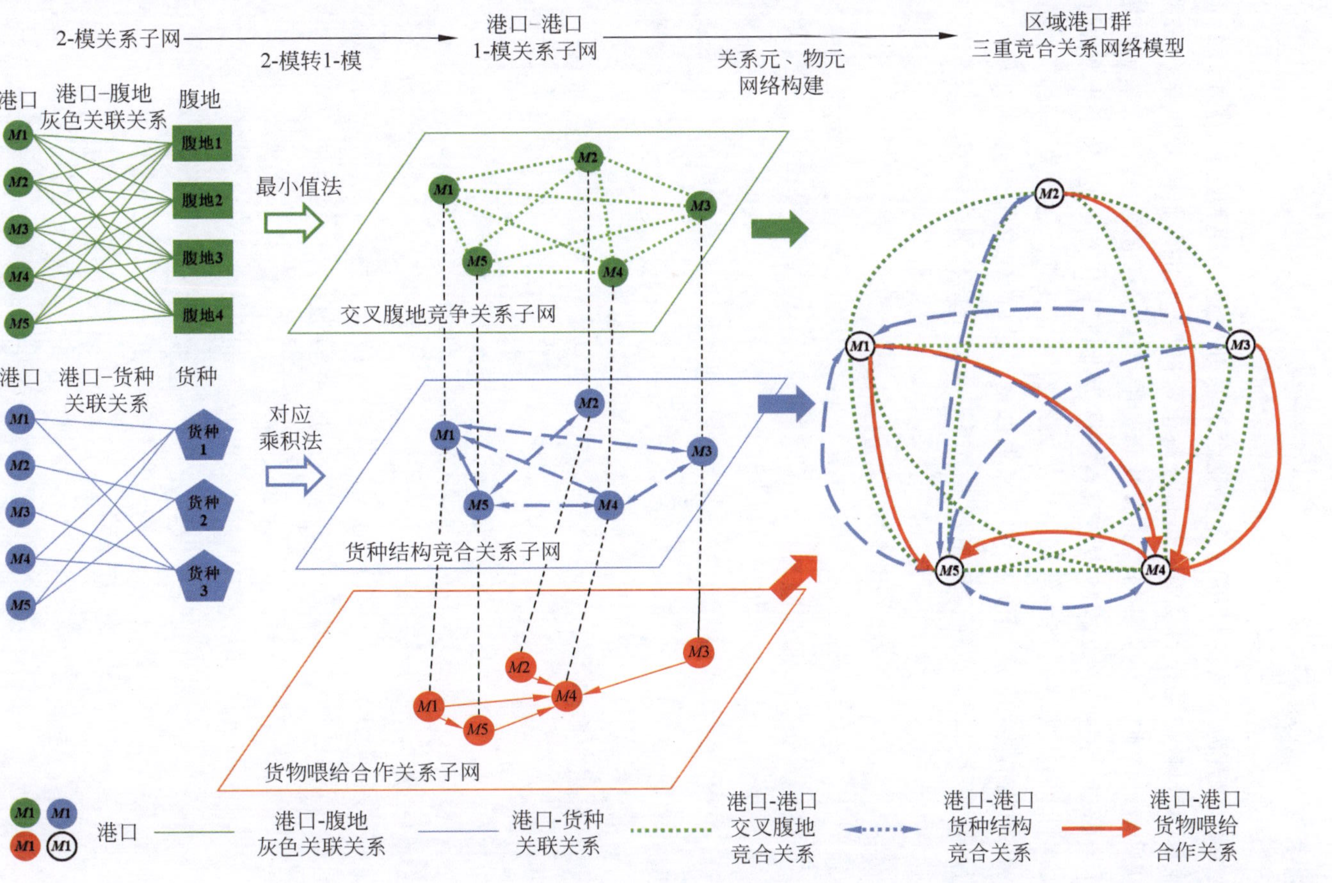

图 3.5 基于基元的区域港口群竞合网络构建过程及模型示意图

本章小结

本章围绕着为区域港口群的多重竞合关系建立网络模型的问题展开。首先，对区域港口群的竞合网络要素进行了解析，得出区域港口群内港口竞合关系主要包括交叉腹地竞合、货种结构竞合及货物喂给合作三方面。其次，基于可拓学基元的思想，将一般网络模型中的节点拓展为港口节点物元，包含了丰富的节点现实属性和结构属性；将一般网络中的关系连线拓展成为竞合关系元，为多重关系的规范化描述和同时分析提供了解决方案。最后，建立了包含港口物元节点集合和港口竞合关系元集合的区域港口群三重复杂竞合网络模型。

第4章

区域港口群复杂竞合网络的结构特性分析

为使区域港口群内港口能够了解自身优势，准确定位港口，错位发展，避免无序竞争，形成层次分明、分工明确的区域港口群体系结构，我们对区域港口竞合网络的结构特性进行了分析。对比国内外以往研究，运用了网络结构对等分析、结构洞分析等较为深入的结构研究方法，全面展开。

本章内容主要包括对网络的整体拓扑特征分析，对网络中的层次、派系、"社会圈"及核心成分进行结构划分，对港口物元节点在网络中所处的地位、角色以及结构对等性进行分析等，最后还进行了网络中结构洞的辨识、港口间限制度的计算等，如图 4.1 所示。用到的方法主要来自复杂网络的拓扑结构测度及社会网络分析法，分析过程利用 MATLAB 或社会网络分析工具软件 Ucinet 实现[125]。

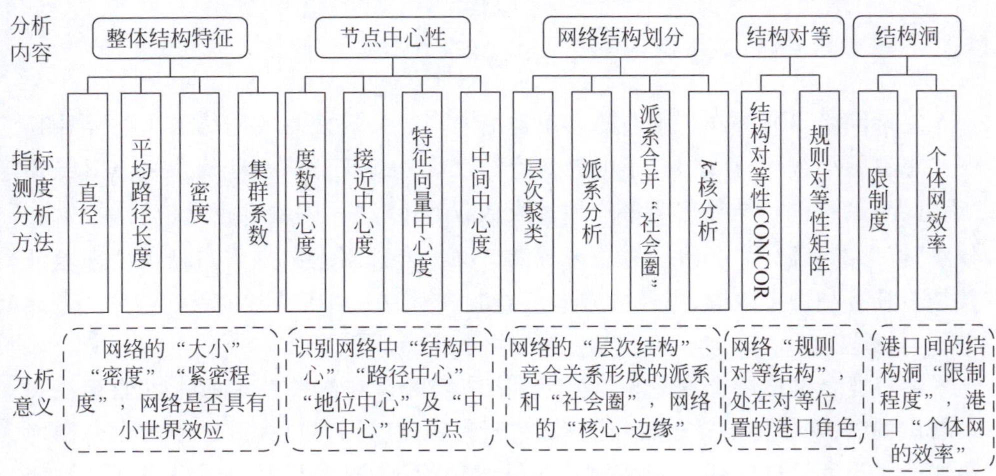

图 4.1　区域港口群复杂竞合网络的结构特性分析

4.1 整体结构特征

1）直径分析

区域港口群竞合网络中两个港口节点之间的距离(Distance)是它们之间最短路径的长度。如果这两个港口在网络中不存在连通路径，则它们之间的距离无穷大。距离的概念引出了网络的一个结构特征：直径(Diameter)。一个网络的直径是网络中两个节点之间距离的最大值，即是指从一个节点到另一个节点必须经过的最大顶点数目（回溯路径、迂回路径或回路均排除在外）。网络的直径表明了网络的连通性和可达性，是路径长度的指标之一。

区域港口群竞合网络的直径分析，可以得出网络中港口与港口连接的可达性及其程度，从可达性的角度上来分析港口连接的紧密程度，即网络“最大有多大”。

2）平均路径长度

港口竞合网络的直径指出了任意两个港口节点间距离的上限，而网络的平均路径长度(Average Path Length)Pl 则是所有港口节点对之间距离的平均值，它描述了网络中港口节点间的分离程度，即网络有多小。

设 $d(i,j,G)$是网络 G 中 i 和 j 之间的距离（最短路径的长度），如果节点之间没有连线则定为无穷大。因此，Newman 对常用的平均路径长度公式做出了如下改进：考虑的不是平均路径长度，而是路径长度倒数平均值的倒数，如式(4.1)所示。取二重倒数的结果有点类似于平均路径长度，但是运用了倒数消除了无穷大路径长度的影响，因此该计算方法不论对何种网络结构都能可行。

$$\mathrm{Pl}^{-1}=\frac{1}{\frac{1}{2}n(n+1)}\sum_{i\geqslant j}d(i,j,G)^{-1} \tag{4.1}$$

复杂网络研究中一个重要的发现是绝大多数大规模真实网络的平均路径长度比想象的小得多，称之为“小世界效应”[126]。这一提法来源于著名的 Milgram “小世界”试验[106]，结果表明平均传过人数仅为 6，这一试验也正是流行的“六度分离”概念的起源[127]。可以利用区域港口群竞合网络上的平均路径长度来验证其是否具有小世界效应，以及区域港口群港口间的平均可达程度。

3）密度

港口竞合网络的密度分析，是指网络中实际存在的关系占所有可能存在关系的比例，表明了港口竞争合作关系的“密集程度”，因此过大或过小的竞合网络密度都代表港口群内部竞合结构并非最优化，有向网络及无向网络密度计算如式(4.2)和式(4.3)所示。

$$\Delta_{\text{directed}}=\frac{\sum_i\sum_j r_{ij}}{n(n-1)} \tag{4.2}$$

$$\Delta_{\text{undirected}}=\frac{2\sum_i\sum_j r_{ij}}{n(n-1)} \tag{4.3}$$

4）集群系数

集群系数(Overall Clustering Coefficient)用来描述区域港口群竞合网络中节点的内聚和紧密程度，指的是一个港口节点的邻居也互为邻居的比例。它体现了竞合网络中，港口节点有着强烈的形成团体的倾向，这个倾向的特征就是有着相对高的集群系数。最基本的集群度是按照式(4.4)计算的：观察所有的从相同节点出发的两条连线的另一端节点相互连接的概率。如关系 $\boldsymbol{R}_{ij}$ 和 $\boldsymbol{R}_{ik}$ 都从节点 $\boldsymbol{M}_i$ 出发，那么 $\boldsymbol{R}_{jk}$ 出现在该网络中的概率为

$$\mathrm{Cl}(g)=\frac{\sum_i |\{r_{jk}\neq 0 \mid k\neq j, j\in N_i(G), k\in N_i(G)\}|}{\sum_i |\{r_{jk} \mid k\neq j, j\in N_i(G), k\in N_i(G)\}|} \tag{4.4}$$

其中，$N_i(G)$是指节点 i 在网络 G 中的邻接点集合。

显然，只有在全连通网络(每个节点都与其余所有的节点相连接)中，集群系数才会等于1，一般均小于1。在完全随机网络中，假设网络规模为 n，则 $\mathrm{Cl}\sim n^{-1}$，然而实证结果却表明大部分大规模真实网络中的节点倾向于聚集在一起，节点度分布严重不平均，即网络具有无标度特性。此时，尽管集群系数 Cl 远小于1，但都远大于 n^{-1}[71]。

对于区域港口群竞合网络，如果其平均集群系数显著高于同规模随机网络，且平均路径长度与相应规模的随机网络相近，那么区域港口群竞合网络就具有小世界特性。

5）竞合网络整体结构特征实例演算

在图4.2中的两个港口网络节点的平均度均为2，但网络的直径却有很大区别。网络1是圈，节点间最大的路径长度为 $n/2$ 或$(n-1)/2$，即其直径为6；网络2则是一个二叉树，其直径为3，显然第一个网络边界更大。

根据式(4.1)计算图4.2中两个港口网络的平均路径长度分别为3.5和1.789，第2个港口网络的竞合关系可达性显然更好。

根据式(4.3)计算图4.2中两个港口网络的密度分别为0.154和0.135，竞合密度相差不大，但都较低。

根据式(4.4)计算图4.2中两个港口网络的集群系数分别都为0，即两个网络中都不存在竞争或合作的“小团体”，集群倾向都非常小。

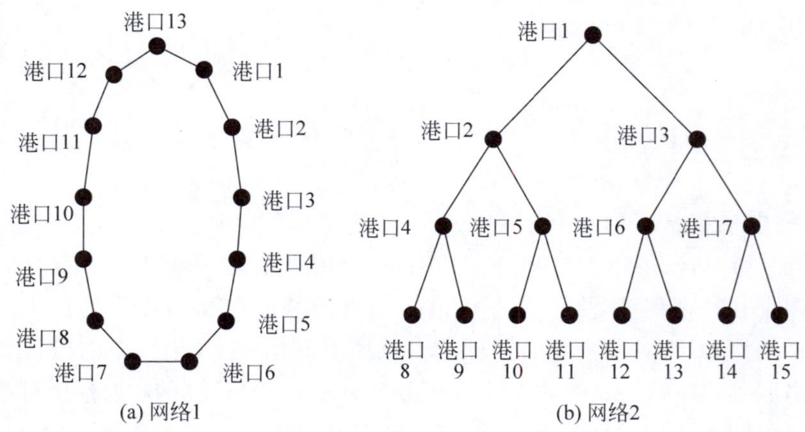

图 4.2 整体结构特征实例

4.2 网络结构划分

在区域港口群中,具有显著的规模经济性、垄断性和网络外部性特征。因此,区域港口群中的子群识别分析对于认识其拓扑结构十分重要。子群识别分析可以从横向、纵向、中心辐射 3 个维度展开。从横向来划分,区域港口群可以根据港口的节点属性从层次上被划分为不同规模、不同功能并在区域港口群中扮演不同角色的港口子群,例如枢纽港、支线港及喂给港等,这种规模和业务上的差异性有助于形成港口群集群优势;从纵向来划分,可以针对区域港口群竞合网络中的港口连接,将港口群划分为不同派系,派系合并后又形成港口竞合"社会圈",识别出已初步形成港口物流运输系统的港口子群,为进一步的分析打好基础。

4.2.1 层次结构

港口网络层次结构是指在区域港口群网络中,根据自然条件、腹地经济、基础设施和港口吞吐量等条件,将港口划分为由全球枢纽港、区域枢纽港、支线港或喂给港等的层次结构,它们之间是互相联系、协调发展的[110]。

本书利用社会网络分析中的网络层次聚类法来划分港口群中的港口层次格局,聚类对象是港口物元节点。利用一般分类效果最好的"Ward 法"(离差平方和法)结合欧氏距离进行聚类分析[129]。该方法的思想源于方差分析,如果分类正确,则同类样本间的离差平方和应当更小,同时类与类之间的离差平方和法应该更大。

1) 聚类指标

港口规模的评价指标主要包括港口基础设施、自然情况、腹地经济、吞吐量等方面，本文选取“最大吃水泊位水深”“港口所在城市 GDP”“生产性码头泊位数”“货物吞吐量”“集装箱吞吐量”5 个港口规模聚类指标，从港口物元节点中提取相应的特征及特征值。

2）参数设置

n 为港口数量；

G 为在某一个聚类阶段聚类的个数；

C_k 为当前(阶段 G)的第 k 个聚类；

X_{ik} 为第 k 个聚类中第 i 个港口物元节点样本；

N_k 为 C_k 中的样本个数；

$\overline{X}_k$ 为均值向量，$\overline{X}_k$ 为聚类 C_k 中的重心；

$S_k=\sum_{i}^{N_k}[(X_{ik}-\overline{X}_k)'(X_{ik}-\overline{X}_k)]$ 为聚类 C_k 的类内离差平方和；

D_{kl} 为第 G 阶段的类 C_k 和类 C_l 之间的平方距离(非相似性测度)。

3）聚类过程[129]

(1) 从 n 个港口物元节点提取聚类指标特征值，形成 n 个港口样本记为 X_1，X_2，…，X_n，初始时每个港口自成一聚类，可表示为 C_1，C_2，…，C_n。

(2) 假设 C_m 为聚类 C_k 和聚类 C_l 合并之后形成的聚类，即 $C_m=C_k\cup C_l$。计算聚类之间的“平方距离”D_{kl}，计算如式(4.5)所示，得到聚类间平方距离矩阵 $\boldsymbol{D}_0$，其中元素为 D_{kl}，由于距离没有方向性，因此 $\boldsymbol{D}_0$ 为对称矩阵。

$$D_{kl}^2=S_m-S_k-S_l=\frac{N_kN_l}{N_m}(\overline{X}_k-\overline{X}_l)'(\overline{X}_k-\overline{X}_l) \tag{4.5}$$

(3) 在 $\boldsymbol{D}_0$ 中选取最小非零元素，将这两个聚类归并成为一类，记为 C_m。此时新聚类 C_m 与其他聚类 C_j 的距离计算如式(4.6)所示：

$$D_{jm}^2=\frac{N_j+N_k}{N_m+N_j}D_{jk}^2+\frac{N_j+N_l}{N_m+N_j}D_{jl}^2-\frac{N_j}{N_m+N_j}D_{kl}^2 \tag{4.6}$$

(4) 重复步骤(2)、(3)直到所有聚类合并为一类。

(5) 根据可接受的类间距离或类别个数，选取截断点，得出港口群系统的 K 个层次，记为 Lev_1，Lev_2，…，Lev_K。

4.2.2 派系及“社会圈”

对区域港口竞合网络的派系分析，可得出基于紧密竞合关系连接的港口派系，深入地解析区域港口群中的隐藏组分——哪些港口从网络的连接层面自然而然地结成一派。“社会圈”分析则可找出各个派系的重叠部分，分析出组成港口派系的“积极成员”，以及预测未来有可能产生更紧密联系的港口及有可能产生的新派系。

1）派系(Clique)分析

在无向网络中的派系被定义为“弱派系”，是一个网络中至少包含3个节点的最大完备子网(两两节点之间都存在连线)。其中包含3个重要的条件。第一，必须包含3个或3个以上的节点，这是为了强调2个节点组成的互惠关系不能构成一个派系；第二，派系是“完备子网”，即子网中的每两个节点之间都是邻接的；第三，派系是“最大的”完备子网，即派系不能被其他派系所包含。在有向网络中的派系被定义为“强派系”，其条件是行动者之间必须存在双向的互惠关系。如图4.3所示，图中为规模分别为3、4、5的全连接派系结构。

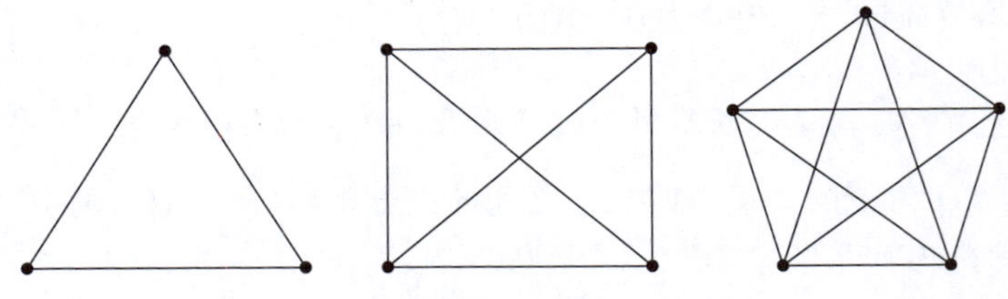

图4.3　规模分别为3、4、5的派系

强派系的概念过于严格，几乎现实网络中很少存在如此紧密联系的团体，因此，本书中选用的是“弱派系”的分析方法，即将区域港口群竞合关系元中的关系系数进行对称化处理，再进行派系分析。

2）“社会圈”(Social Circle)分析

一个相对密集的网络中产生的派系往往都有一定互相重叠的情况，分析这些重叠派系的密度及重叠的情况具有很重要的意义，这就是“社会圈”分析。“社会圈”用来体现重叠的派系合并之后所组成的结构，由于它建立在一种间接的联系之上，所以凝聚性较之派系关系更小。“社会圈”关系往往更难被发现却更加重要，因为它体现了派系的重叠，发现了组成各个派系的“活跃分子”，而且还发现了未来有可能合并成为同一派系的各个成员。派系的分析和“社会圈”的合并可以同时进行。

4.2.3　核心-边缘结构

运用k-核(k-Cores)分析法，对区域港口群竞合网络进行核心-边缘成分划分，可以从关系连接的角度划分出网络的“核心成员”和“边缘成员”，从而一层层地分离出从边缘到核心的港口物元节点。

k-核是指，如果网络的一个子群中所有的节点都至少与该子群中的k个其他点邻接，则称该子群为网络的k-核。因此一个k-核必须包含至少$k+1$个节点[130]。

根据定义，一个“1-核”就是指网络中的联通子网，“1-核”中不存在孤立点；一个“2-核”就要进行核的塌缩(Core Collapse)，去除“1-核”中度数为1的节点，由剩余节点及其之间的关系组成；同理，“3-核”就要从“2-核”塌缩，去除度数为2的节点，以此类推。图4.4中，{港口1，港口2，…，港口6}与{港口7，港口8，…，港口16}分别为一个“3-核”，若在港口4和港口9之间增加一条关系连线，则该网络整体成为一个“3-核”。

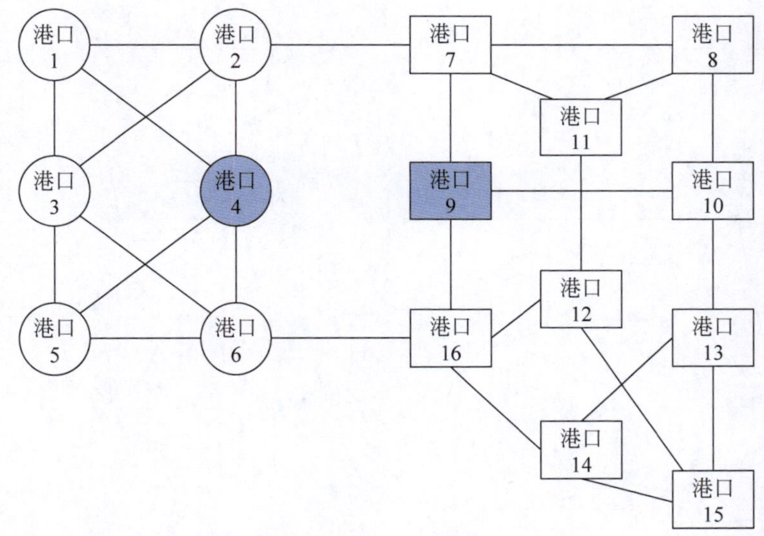

图4.4　两个3-核网络

一个k-核中的网络节点可以分成两个集合：在$(k+1)$-核中的节点和不在$(k+1)$-核中的节点，Seidman[105]将后者称为k-剩余集合(k-Remainder)。在任意的核中，k-剩余集合都由那些在k增加1之后消失的节点组成，正是这些度数相对较小的点才导致了塌缩的形成。Seidman提出利用塌缩序列(Core Collapse Sequence)来显示一个网络在k-核分析中的成分变化。所谓塌缩序列，就是由k-剩余集合中的元素个数除以网络规模所组成的一个序列。具体计算方法在实例演算中进行说明。

4.2.4　复杂竞合网络结构划分实例演算

1）派系及社会圈的划分

如图4.5中所示网络，可以确定规模为3的1-派系有5个：$\{A,B,C\}$，$\{B,C,D\}$，$\{B,D,E\}$，$\{B,E,G\}$及$\{B,F,G\}$。第一步，选取有至少2/3港口相同的派系进行合并，产生的结果为：“社会圈”$\{A,B,C,D,E\}$和$\{B,E,F,G\}$。这一

步分析的结果是两个“社会圈”，在更普遍的情况向有可能是一个或多个圈，以及一些独立的派系和孤立点。第二步，剩余的派系可能会合并到另一些圈中，按照Alba的建议用于比较的重叠度可以较低一些，比如本例中，孤立派系可以选取有1/2港口相同的圈进行合并，且合并的顺序也可以由研究者按照特定的应用背景中是否有意义来确定，因此本例中第二步可将两个“社会圈”合并成为$\{A,B,C,D,E,F,G\}$。

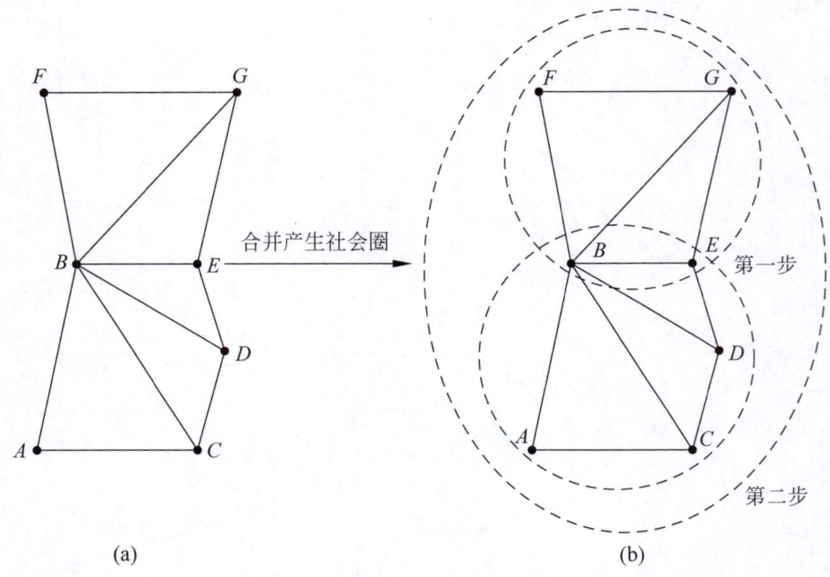

注：(a) 1-派系：$\{A, B, C\}$，$\{B, C, D\}$，$\{B, D, E\}$，$\{B, E, G\}$，$\{B, F, G\}$
(b) 第一步产生“社会圈”$\{A, B, C, D, E\}$和$\{B, E, F, G\}$；第二步产生“社会圈”$\{A, B, C, D, E, F, G\}$

图4.5 派系分析及“社会圈”分析实例

2）k-核塌缩过程

以图4.6所示网络为例，演示k-核塌缩过程，塌缩过程及塌缩序列如表4.1所示。

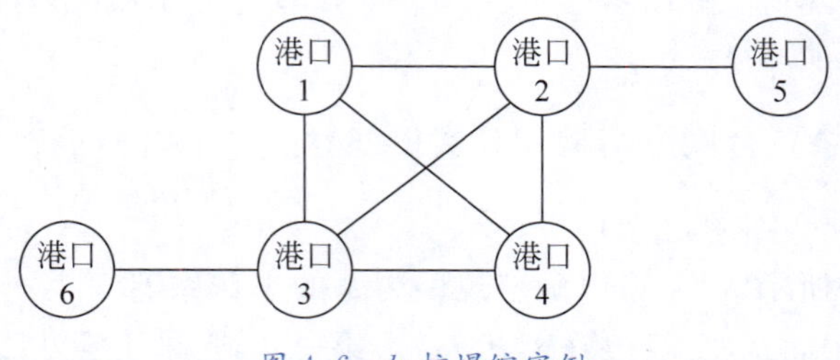

图4.6 k-核塌缩实例

表 4.1 k-核塌缩过程及塌缩序列

k	k-核	k-剩余集合	塌缩序列(剩余点比例)
0	{港口 1,港口 2,港口 3,港口 4,港口 5,港口 6}	∅	0
1	{港口 1,港口 2,港口 3,港口 4,港口 5,港口 6}	{港口 5,港口 6}	1/3
2	{港口 1,港口 2,港口 3,港口 4}	∅	0
3	{港口 1,港口 2,港口 3,港口 4}	{港口 1,港口 2,港口 3,港口 4}	2/3
4	∅	—	—

首先 0-核包含所有港口节点,当 k 由 0 增加到 1 时,由于网络中不存在孤立港口节点,因此不会有消失的港口节点;当 k 由 1 增加到 2 时,会出现 1-剩余集合{港口 5,港口 6},此时剩余港口节点比例为 1/3,2-核为{港口 1,港口 2,港口 3,港口 4};k 由 2 增加到 3 时,由于 2-核中的点度数都为 3 所以不会有消失的港口节点;k 由 3 增加到 4 时,3-核中所有港口节点都会消失,因此 3-剩余集合为{港口 1,港口 2,港口 3,港口 4},塌缩比例为 2/3,从而形成了塌缩序列为(0,1/3,0,2/3)。

最后,可以根据分析结果构建如图 4.7 所示的网络成分嵌套图。

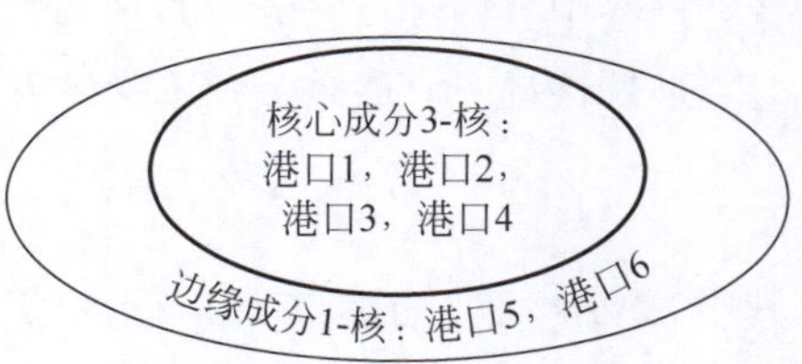

图 4.7 核分析网络成分嵌套图

4.3 节点影响力分析

港口群竞合网络中,每个港口节点扮演着不同的角色,对网络中其他成员的“影响力”也有着巨大的差异[129]。复杂网络分析中的度分布分析,社会网络分析中的节点“中心性”分析、结构对等性及角色辨识等理论及方法,能够帮助我们认识港口节点在竞合网络中在等级、核心程度、优势及位置等方面的差异,加深对港口节点的权利、资源、角色及位置的量化认识[131]。

4.3.1 度数中心度

度数中心度(Degree Centrality),体现了以港口 P_i 为对象的港口物元节点 $\boldsymbol{M}_i$ 在竞合网络结构中的“核心”程度,记为 $C_D(P_i)$。从港口的中心度分析中可以得出各港口对竞合关系网结构的影响程度,分辨出扮演“结构中心”角色的港口。本书研究主要选用由 Freeman(1979)[132] 提出的相对度数中心度(标准化度数中心度),其大小不受网络规模的影响,即使在不同性质的网络之间也可进行,有向网络的度数中心度分为入度中心度和出度中心度,计算如式(4.7)及式(4.8)所示。

$$C_{\mathrm{D}}(P_i)_{\mathrm{in}}=\frac{d_{\mathrm{in}}(P_i)}{n-1}=\frac{\sum_j r_{ij}}{n-1} \tag{4.7}$$

$$C_{\mathrm{D}}(P_i)_{\mathrm{out}}=\frac{d_{\mathrm{out}}(P_i)}{n-1}=\frac{\sum_i r_{ij}}{n-1} \tag{4.8}$$

无向网络:

$$C_{\mathrm{D}}(P_i)=\frac{d(P_i)}{n-1}=\frac{\sum_i r_{ij}}{n-1}=\frac{\sum_j r_{ij}}{n-1} \tag{4.9}$$

4.3.2 接近中心度

港口竞合网络中节点的接近中心度(Closeness Centrality)是指港口物元节点与竞合网络中其他港口物元节点的捷径距离之和,表明了港口到达其他港口要走的“步数”。接近中心度是一种不受他人控制的程度的测度。计算如式(4.10)所示。

$$C_{\mathrm{C}}^{-1}(P_i)=\sum_{j=1}^{n} d(P_i,P_j) \tag{4.10}$$

其中,$d(P_i,P_j)$为港口 P_i 与港口 P_j 在竞合网络中最短路径的长度。需要注意的是公式中-1次幂的含义,接近中心度是一个路径长度的计量指标,因此其数值越大,代表该节点距离其他节点路径越长,距离越远,并非直接相连,该节点越不是“核心”节点。相对接近中心度如式(4.11)所示。

$$C'_{\mathrm{C}}(P_i)=C_{\mathrm{C}}^{-1}(P_i)/(n-1) \tag{4.11}$$

接近中心度是发现网络中“信息传播关键节点”的重要度量,如果一个点与网络中所有其他点的距离都很短,则该点是一个“信息传播关键节点”。另外,一般意义上来讲,某网络节点与信息传播关键节点距离越远,那么它在信息资源获取、网络控制权力、声望以及影响力方面则越弱。

4.3.3 特征向量中心度

特征向量中心度(Eigenvector Centrality)找到的是网络中“幕后高手”,其计算原理是,如果一个节点与具有较高特征向量中心度的节点相连接,其“重要程度”就会很高[133]。特征向量中心度的计算基于网络邻接矩阵,过程相对较为复杂。第一,对网络邻接矩阵进行特征分解的计算;第二,选择有最大特征值的特征向量;第三,第 i 个节点的特征向量中心度等于特征向量中的第 i 个元素,即式(4.12)。

$$C_E(P_i)=\lambda^{-1}\sum_j r_{ij}C_E(P_j) \tag{4.12}$$

其中,r_{ij} 是网络的邻接矩阵,λ 为常数。

特征向量中心度可以认为是度数中心性的改进,具有高特征向量中心度的港口节点连接的重要节点最多,系统地位最为突出,信息交互能力最强。

4.3.4 中间中心度

中间中心度(Betweenness Centrality)可以发现区域港口群竞合网络中的"桥梁节点",这些港口出现在其他港口间互连的最短路径上的频率更高。这些港口在网络中扮演经纪人的角色,它处在网络内许多港口节点交往的路径上,因此,它具有控制其他人交往的能力。中间中心度也是港口是否占据结构洞"中间人"的重要指标,有关结构洞的分析见4.5节。中间中心度的计算如式(4.13)所示。

$$C_B(P_i)=\sum_{j<k} g_{jk}(P_i)/g_{jk} \tag{4.13}$$

无向网络标准化后的中间中心度计算如式(4.14)所示。

$$C'_B(P_i)=\frac{2\sum_{j<k} g_{jk}(P_i)/g_{jk}}{(n-1)(n-2)} \tag{4.14}$$

有向网络标准化后的中间中心度计算如公式(4.15)所示。

$$C'_B(P_i)=\frac{\sum_{j<k} g_{jk}(P_i)/g_{jk}}{(n-1)(n-2)} \tag{4.15}$$

其中,g_{jk} 是连接节点 P_j 和节点 P_k 的最短路径数,$g_{jk}(P_i)$则是包含节点 P_i 的最短路径数。

4.3.5 复杂竞合网络节点中心性实例演算

1) 度数中心度

图4.8中的有向港口网络,网络规模 $n=15$,港口1和港口7显然具有较高的度数中心度,由于港口7连接的港口数目更多,因此其具有最高的度数中心度,是网络中的"结构中心",港口1属于网络中的"局部结构中心"或"子群结构中心"。

2) 接近中心度

图4.9中的港口网络,网络规模 $n=9$,港口1、港口4与港口7具有相等的度数中心度 $C_D(P_1)=C_D(P_4)=C_D(P_7)=\frac{3}{8}$,但接近中心度却是港口4最低。原因是港口4相比港口1和港口7到达其他港口的路径更短,因此港口4更处于港口节点交流的"路径中心"。

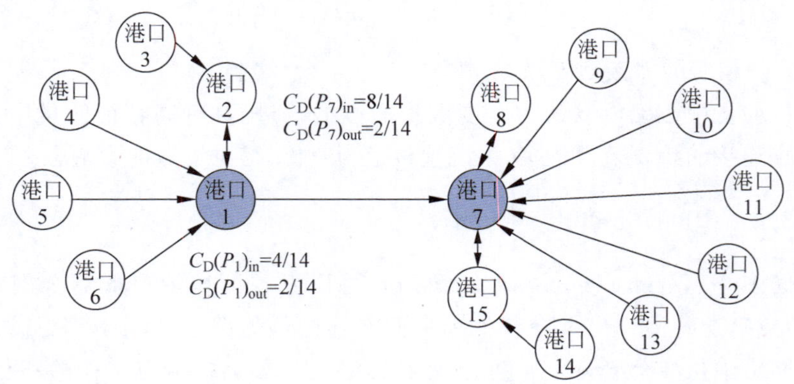

图 4.8　度数中心度实例

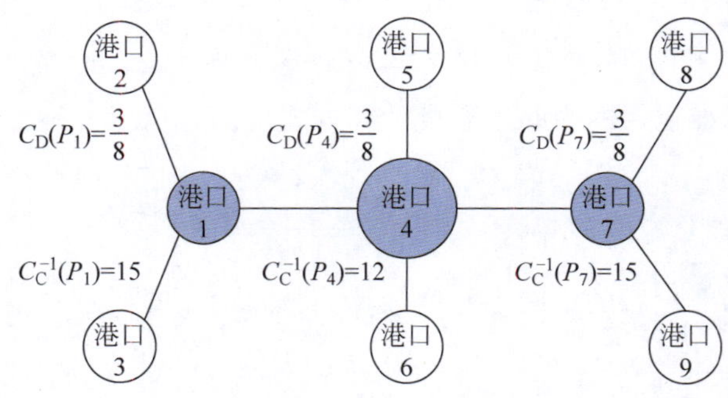

图 4.9　接近中心度实例

对于区域港口群竞合网络来说，在“合作”性质的网络中，港口节点的接近中心度越高，表明一个港口节点与其他点越接近，这个节点在合作网络中传递信息就越方便。但是，在“竞争”关系性质的网络中，接近中心度的含义却截然相反。若某喂给港或支线港节点处在竞争关系网络的“路径中心”，从一定程度上讲说明了该港口有着“定位不明确或过度竞争”的可能性。例如，若区域内一种货源港口运输能力已然饱和，但某港口仍然盲目地扩展这一方面的业务范围，与周边多个同一规模层次的港口产生了直接或间接的竞争关系，造成了市场产能过剩，不但浪费了企业资源，还可能造成市场内的恶性竞争。

3）特征向量中心度

图 4.10 中的港口网络，网络规模 $n=11$，根据公式(4.12)计算各港口节点特征向量中心度，如图 4.10 中所标注。首先很明显港口 7 无论是从连接的度数角度还是路径角度都处于网络的“中心”地位；其次，我们注意到，同样度数为 1 的港口 1、港口 8、港口 10 及港口 11 却有着相差悬殊的特征向量中心度，主要是由

于港口 8 虽然处于网络的边缘，却连接着网络的中心节点港口 7，是典型的“幕后高手”，在网络中依然具有较高的“重要程度”。

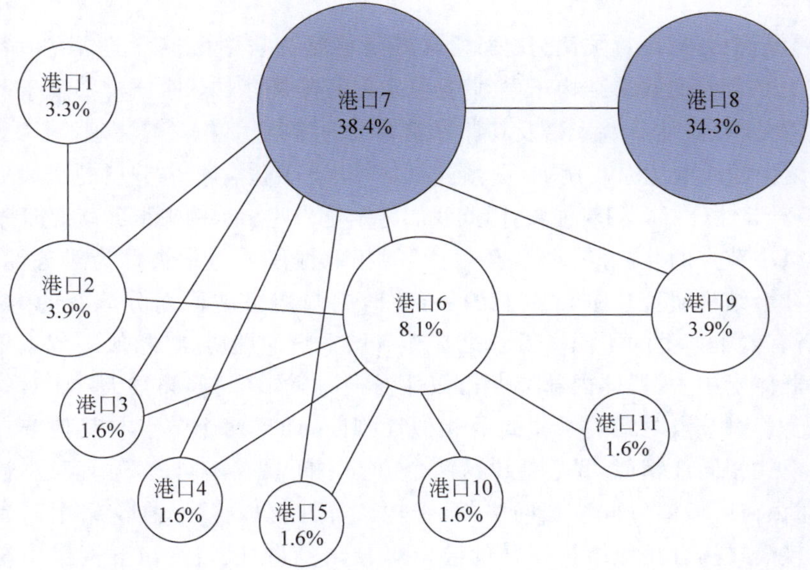

图 4.10　特征向量中心度实例

4）中间中心度

根据公式(4.13)计算图 4.11 中的港口网络各港口节点的中间中心度，并标注在图中。港口 2 具有最高的中间中心度，它处在港口 1 与港口 3、港口 4 和港口 5 沟通路径的“路口”，控制着整个网络的信息和资源流通，具有“中间人”这种重要的“社会资本”，对其他港口有着更强的限制性和控制能力。

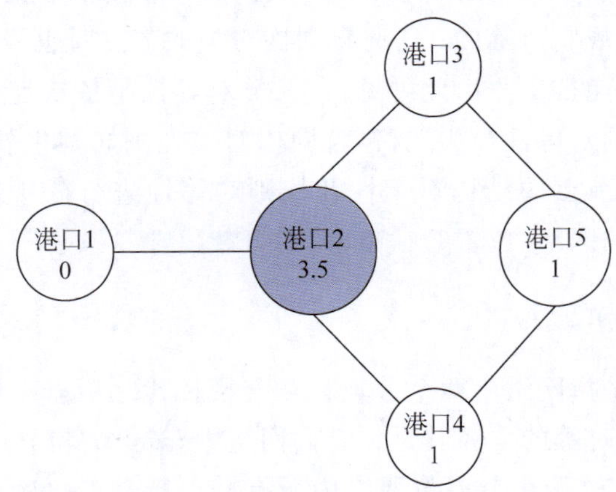

图 4.11　中间中心度实例

4.4 对等性分析

社会结构分析一直被认为是社会与经济网络分析中最核心的研究内容[134]。无论是4.2节中的网络结构子群划分还是4.3节中的中心性分析都属于网络的社会结构分析，虽然有些术语及其计算相对较为复杂，但相对容易理解，因为它们来自网络中的社会关系。例如，派系就是一个"至少包含3个节点的最大完备子图"。但对等性分析就相对抽象，因此我们将结合一些小示例来帮助读者理解。

网络中节点的"位置"及"社会角色"的相似性研究通常被称为对等性研究，是网络社会结构研究中非常重要的一部分，它与网络结构划分涉及的"凝聚子群"分析有着本质上的不同。后者是基于节点本身的性质，将相似的节点划分到互斥的群体当中去，群体内部节点相似性强，各群体之间差异很大；而对等性分析则是基于对节点之间关系模式的相似性判断，如果两个节点与其他节点之间的关系模式相同或相似，我们就说这两个节点之间具有相同的"位置"或"社会角色"。那么在区域港口群竞合网络中，结构对等性可以得出，在网络中与其他港口的连接模式具有相似结构特征的港口集合，它们在区域港口群网络中扮演相似的"角色"，甚至可以互相替代。港口物元节点的"位置"表明了嵌入竞合网络中的具有相同地位的港口节点，是剥离了港口本身性质而剩下的结构特性[135]；港口物元节点的"角色"，是指在网络中它与其他"位置"连接的集合或子集具有某种特征，是存在于位置之间的某些关系模式。

对等性根据理解角度的不同，可以分为三类，结构对等性（Structural Equivalence）、自同构对等性（Automorphic Equivalence）及规则对等性（Regular Equivalence）。三类对等性之间的关系是：任何两个节点，若是结构对等的，就一定是自同构对等和规则对等的；任何自同构对等的节点对也一定是规则对等的；以上两点反之则不能推出。由此可见，这三类对等性是依次递进的关系，规则对等性最为宽松，结构对等性最为严格，自同构对等性则居其中。本书主要对区域港口群竞合网络中节点的结构对等性及规则对等性进行分析，考察在两种衡量标准下，港口节点的网络"位置"及"角色"的可替代性。

4.4.1 结构对等性

结构对等性，是指网络中两个节点相互交换替代之后整个网络结构不变，这两个节点就是结构对等的。尤其是在有向网络中，节点 i 和节点 j 结构对等要满足三个条件：一是，这两个节点与网络中所有其他行动者之间的关系完全相同；二是，节点 i 和节点 j 之间要么存在双向关系，要么无关联；三是，节点 i 和节点

j 与自身都相连或都不相连，即两个节点与自身的关系模式也相同。以图 4.12 为例，港口节点 4 与 5 都有两条分别指向港口 1 与港口 2 的关系，它们与网络中其他港口节点之间的关系模式完全相同，因此港口 4 与港口 5 在该网络中是结构对等的，此时交换两港口的位置，网络结构不会发生任何变化。同理，港口节点 1 与 2，都有两条来自港口 4 和港口 5 的关系，有一条指向港口 3 的关系，且两港互相之间存在双向关系，同时与自身都无连线，符合有向图中结构对等的三个条件，两者可以完全相互替代，如果将两港编号去掉，我们甚至无法区别到底哪个是港口 1，哪个是港口 2。港口节点 3 则与网络中任何节点都无结构对等。我们还可以将结构对等进一步推广到赋权网络中，那些以相等值与其他节点连接的节点在结构上对等。

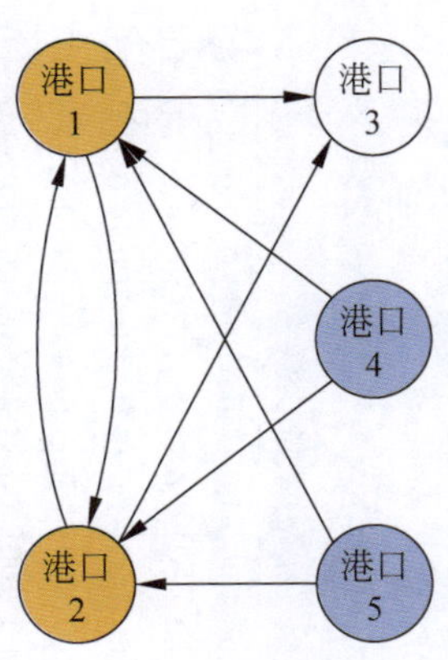

图 4.12　结构对等性算例

可以看出，结构对等的条件是非常苛刻的，尤其是对于有向网络，现实中的网络几乎是不能满足完全结构对等的。因此我们往往只能计算节点间结构相似的程度，即两个节点在多大程度上具有结构对等性。一种简单的结构对等计算方法是共邻系数，其原理是，如果两个节点在网络中拥有很多相同的相邻节点，那么这两个节点就有一定的结构相似性(Structure Similarity)。令 $N(M_i)$ 为港口节点 M_i 在网络中的邻居节点集合，则节点 M_i 与节点 M_j 的共邻数量为 $\sigma(ij)=|N(M_i)\cap N(M_j)|$。共邻数量 $\sigma(ij)$ 就是度量节点结构等价的定量指标。其他更加复杂的计算方法和测度还包括皮尔逊相关系数法、欧氏距离法、完全匹配比例法(适用于关系数据为分类数据时)及雅克比系数法等。最终从宏观角度总体上描述结构对等性分析结果，一般采用 CONCOR 块模型、主成分分析和 Tabu 搜索。本书选用 CONCOR 块模型算法，其分析结果更详细，可视化程度高，更有利于进一步解析分析结果。

CONCOR(Convergence of Iterated Correlation)法是一种迭代相关系数收敛法。第一步是利用皮尔逊相关系数计算网络中所有点对之间的关系，经过多次重复计算，得到节点间的相关系数方阵，其中有完全相同隶属关系的节点间相关系数为+1，有完全不相关的隶属关系的节点间相关系数为−1；第二步是通过矩阵聚类法，根据相似性将节点划分为结构等价的子集分区；第三步继续运用 CONCOR 对已有的块继续进行分解，直到块的规模小到一定的临界值，或分解深度达到一定要求，比如每个块中的节点元素数目都大于或等于 3 个或分解了 6 次。这样就形成了一个“块矩阵”，可以画出如图 4.13 所示的“块矩阵”图。

初始相关系数矩阵

	−0.20	0.08	0.08	−0.19	−0.19	0.77	0.77	0.77	0.77	−0.26	−0.26	−0.26	−0.26
−0.20		−0.19	−0.19	0.08	0.08	−0.26	−0.26	−0.26	−0.26	0.77	0.77	0.77	0.77
0.08	−0.19			−1.00	−1.00	0.36	0.36	0.36	0.36	−0.45	−0.45	−0.45	−0.45
0.08	−0.19			−1.00	−1.00	0.36	0.36	0.36	0.36	−0.45	−0.45	−0.45	−0.45
−0.19	0.08	−1.00	−1.00			−0.45	−0.45	−0.45	−0.45	0.36	0.36	0.36	0.36
−0.19	0.08	−1.00	−1.00			−0.45	−0.45	−0.45	−0.45	0.36	0.36	0.36	0.36
0.77	−0.26	0.36	0.36	−0.45	−0.45					−0.20	−0.20	−0.20	−0.20
0.77	−0.26	0.36	0.36	−0.45	−0.45					−0.20	−0.20	−0.20	−0.20
0.77	−0.26	0.36	0.36	−0.45	−0.45					−0.20	−0.20	−0.20	−0.20
0.77	−0.26	0.36	0.36	−0.45	−0.45					−0.20	−0.20	−0.20	−0.20
−0.26	0.77	−0.45	−0.45	0.36	0.36	−0.20	−0.20	−0.20	−0.20				
−0.26	0.77	−0.45	−0.45	0.36	0.36	−0.20	−0.20	−0.20	−0.20				
−0.26	0.77	−0.45	−0.45	0.36	0.36	−0.20	−0.20	−0.20	−0.20				
−0.26	0.77	−0.45	−0.45	0.36	0.36	−0.20	−0.20	−0.20	−0.20				

多次重复计算并划分分区

1.00	1.00	1.00	1.00	1.00	1.00	1.00	−1.0	−1.0	−1.0	−1.0	−1.0	−1.0	−1.0
1.00	1.00	1.00	1.00	1.00	1.00	1.00	−1.0	−1.0	−1.0	−1.0	−1.0	−1.0	−1.0
1.00	1.00	1.00	1.00	1.00	1.00	1.00	−1.0	−1.0	−1.0	−1.0	−1.0	−1.0	−1.0
1.00	1.00	1.00	1.00	1.00	1.00	1.00	−1.0	−1.0	−1.0	−1.0	−1.0	−1.0	−1.0
1.00	1.00	1.00	1.00	1.00	1.00	1.00	−1.0	−1.0	−1.0	−1.0	−1.0	−1.0	−1.0
1.00	1.00	1.00	1.00	1.00	1.00	1.00	−1.0	−1.0	−1.0	−1.0	−1.0	−1.0	−1.0
1.00	1.00	1.00	1.00	1.00	1.00	1.00	−1.0	−1.0	−1.0	−1.0	−1.0	−1.0	−1.0
−1.0	−1.0	−1.0	−1.0	−1.0	−1.0	−1.0	1.00	1.00	1.00	1.00	1.00	1.00	1.00
−1.0	−1.0	−1.0	−1.0	−1.0	−1.0	−1.0	1.00	1.00	1.00	1.00	1.00	1.00	1.00
−1.0	−1.0	−1.0	−1.0	−1.0	−1.0	−1.0	1.00	1.00	1.00	1.00	1.00	1.00	1.00
−1.0	−1.0	−1.0	−1.0	−1.0	−1.0	−1.0	1.00	1.00	1.00	1.00	1.00	1.00	1.00
−1.0	−1.0	−1.0	−1.0	−1.0	−1.0	−1.0	1.00	1.00	1.00	1.00	1.00	1.00	1.00
−1.0	−1.0	−1.0	−1.0	−1.0	−1.0	−1.0	1.00	1.00	1.00	1.00	1.00	1.00	1.00
−1.0	−1.0	−1.0	−1.0	−1.0	−1.0	−1.0	1.00	1.00	1.00	1.00	1.00	1.00	1.00

简化块模型

+1	−1
−1	+1

图 4.13 相关系数矩阵的计算过程例图[136]

对于区域港口群竞合网络的 CONCOR 分析来说，除了关注形成的“块矩阵”和画出“块矩阵”图，我们还关注“块”中的元素，即扮演同样“角色”，占据同样“位置”的港口都有哪些，占据同样“位置”的港口具有更大的服务替代率(服务替代率在 5.3 节博弈模型中具有重要作用)。

4.4.2 规则对等性

结构对等性要求两个节点与其他成员之间具有完全相同的关系模式，这样严苛的要求使得甚至无法在现实网络中找到一对结构完全对等的节点。那么结构对等性在多大程度上能够反映“角色”的概念，很多学者提出了疑问。而在现实网络中，实际的情况往往是网络中一些节点，虽然在网络中不存在太多共同的邻居节点，却在网络中扮演着相同的角色。它们有着相同的经验或机会，且其邻居节点也具有高度的“角色”对等性。例如，两位“祖父”、两个不同公司的 CEO、区域港口群内的两个国际枢纽港，即社会“角色”的对等性就是规则对等性。规则对等性的节点与其他集合中的某些节点之间具有相似的关系，且占据相同位置的节点与另一些占据其他位置的节点之间的关系也是对等的。如图 4.14 所示，如果关注规则对等性，那么我们能得到三组结构对等的节点{港口 5，港口 6}、{港口 7，港口 8}和{港口 9，港口 10，港口 11}，但我们发现这种结构对等的范围非常局限，较微观。实际上，明显地还可以按照{港口 1}，{港口 2，港口 3，港口 4}及{港口 5，港口 6，港口 7，港口 8，港口 9，港口 10，港口 11}来划分，这就是三组该网络中规则对等的港口节点。

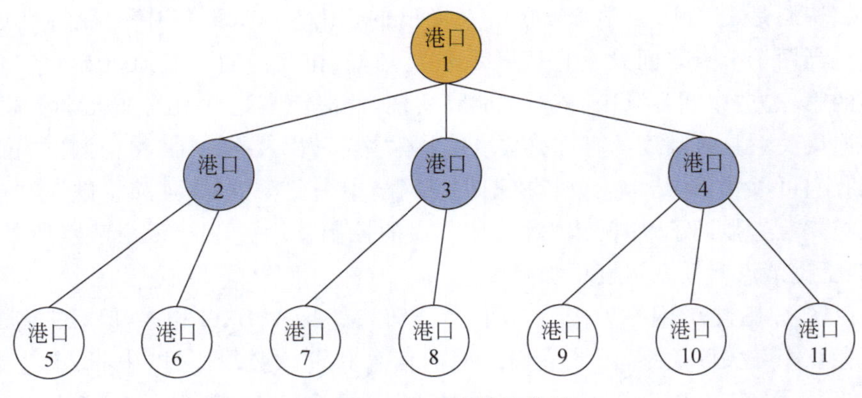

图 4.14 规则对等性算例

从以上可以看出，规则对等相对灵活，但规则对等要求节点的邻居节点也具有规则对等性，是一个自参考的概念，它的计算应具有递归的性质。为了计算这一复杂度量，学者们将节点相似度的计算进行了扩展。常用的规则结构等价分析方法是经典的连续 REGE 算法，其他还包括分类 REGE 等。

REGE 算法适用于整数赋值的网络，尤其是有向关系数据，比如 3.2.3 小节中定义的区域港口群货物喂给航线合作关系网就是有向整数赋值网络。这种算法有四个基本概念：第一，“源节点”是指只向外发送关系而不接收关系的点；第二，“转发节点”是指及向外发送关系也接收关系的点；第三，“终点”是指只接受关系但不向外发送关系的点；第四，REGE 算法中的“孤立点”意通网络中的“孤立点”，是指度为零的节点，“孤立点”不参与任何关系，因此在计算结构等价性时，它们与其他节点的相似度通常为零。它是一种零点搜索算法，最初会把每个网络节点分组到“源节点”、“转发节点”或“终点”中的一组，然后通过不断迭代，计算同组中两个节点与其他组的节点对之间的关系在多大程度上“相匹配”，逐步合并分组，具体计算过程[137]较为复杂。REGE 算法最终会求得一个两两节点间的规则对等相似矩阵，相似性在 0～1(一般显示为百分数)。最后通过依次合并相似性较高的节点，最终形成规则对等的网络节点分组。

4.5 结构洞分析

区域港口群竞合网络中的结构洞分析，是基于各港口节点个体网(Ego Network)的分析，能够识别出区域港口群中的结构洞，并找出各结构洞中的“中间人”——关键港口，并计算出在存在结构洞的基础上各港口节点受“中间人”港口节点的限制程度——限制度。

结构洞是由美社会学家 Burt[138] 提出的，用来表示网络中一种特殊的结构——当两个节点之间没有直接联系时，它们的相互沟通只有通过与它们直接相连的第三方“中间人”(Broker)才能够实现，此时三者之间具有非冗余关联，即这些连接关系具有高度的存在必要性，且该“中间人”占据一个“结构洞”的位置。由此我们可以看出，结构洞分析挖掘出了网络中一些关键的“连接空缺”及“中间人”位置节点，强调了“中间人”对其他节点的控制作用。Burt 认为节点所处“位置”甚至比节点间关系强度更加重要。

以图 4.15 中的网络为例，“中间人”分别与节点 A、B、C 相连，但后三者之间却不存在相互关联关系，因此它们之间的信息和资源必须经过“中间人”节点才能够流通，图 4.15 中存在着三个结构洞 AB、BC 和 AC，而“中间人”就是结构洞的占据者。结构洞是一种重要的社会资本，结构洞中的“中间人”有着更强的“信息利益”和“控制利益”，比网络中其他位置上的成员更具有竞争优势。

结构洞的主要计算指标包括两类：一类是 4.2.4 小节中已经讨论过的中间中心度指标；第二类是 Burt 本人给出的结构洞指数。Burt 结构洞指标中以限制度(Constraint)指标和个体网效率指标应用最为广泛[138]，本书主要运用这两个指标，对区域港口群竞合网络进行结构洞分析。港口受到的限制度，是指该港口在竞合网络中拥有的运用结构洞的能力。根据 Burt 给出的限制度定义，港口 P_i 受到 P_j 的限制度指标如式(4.16)[129]。

$$C_{ij} = \left(p_{ij} + \sum_q p_{iq} p_{qj}\right) \tag{4.16}$$

其中，p_{ij} 是指港口 P_i 与 P_j 的关系占 P_i 总关系的比例，q 是除 P_j 之外与 P_i 相连的港口节点，p_{iq} 是在港口 P_i 的全部关系中，投入 q 的关系占总关系的比例，也可表述为 C_{ij} = 直接投入 + 间接投入[129]。

另外还有各港口节点的个体网效率指标。个体网中的节点是连接港口 i 的各节点，关系连线是除去与港口 i 连接的关系之后剩余的其他关系连接。个体网规模 n' 是指个体网中的节点个数，设 t 为个体网中所包涵的关系数，则港口节点 i 冗余度被定义为 $2t/n$，个体网效率被定义为有效规模与实际规模的比，如式(4.17)所示。

$$\frac{n' - 2t/n'}{n'} \tag{4.17}$$

竞合网络结构洞实例演算示例如下。

假设某区域港口群之间关系如图 4.16 所示，根据式(4.16)与式(4.17)计算各港口间限制度及各港口个体网效率，结果如表 4.2 所示。

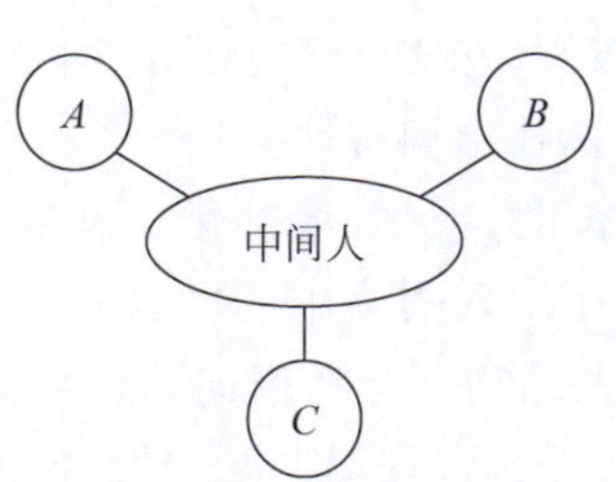

图 4.15　结构洞示意图

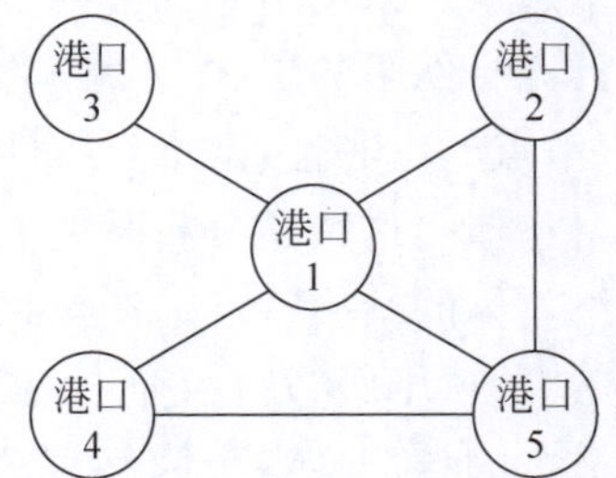

图 4.16　结构洞演算实例

表 4.2　图 4.16 中实例结构洞分析限制度及各港口个体网效率

	港口 1	港口 2	港口 3	港口 4	港口 5	个体网效率
港口 1	0	0.11	0.06	0.11	**0.25**	**0.75**
港口 2	**0.56**	0	0	0	**0.56**	0.5
港口 3	**1**	0	0	0	0	**1**
港口 4	**0.56**	0	0	0	**0.56**	0.5
港口 5	**0.44**	0.20	0	0.20	0	0.56

限制度的计算以港口1为例。在港口1的邻居节点中，港口5与网络中其他港口之间的直接连接关系是最多的，可以直接进行沟通，导致港口5与港口1关于“中间人”的位置有一定的竞争关系，因此较其他节点来讲港口5对港口1的限制最强，此时港口5若对港口1提出一些要求，则这些要求将是港口1最难以回避的；从港口3的角度来看，目前港口1是港口3与其他港口交流的唯一“中间人”，如果港口3想与其他港口进行资源或信息的互通，除非重新花费大量成本构建直接联系，否则必须通过港口1才能实现，即它与港口1个体网中的其他成员之间是完全隔离的，因此港口3对港口1的限制性最小，它的要求也是具有最大可协商性的。

在所有港口的个体网中，港口3的个体网具有最高的效率，因为港口3唯一与港口1相连，实际上它的个体网冗余度为0，故个体网最有效；效率第二的是港口1的个体网。港口1个体网如图4.17所示，关系冗余度为1，个体网效率为3/4。

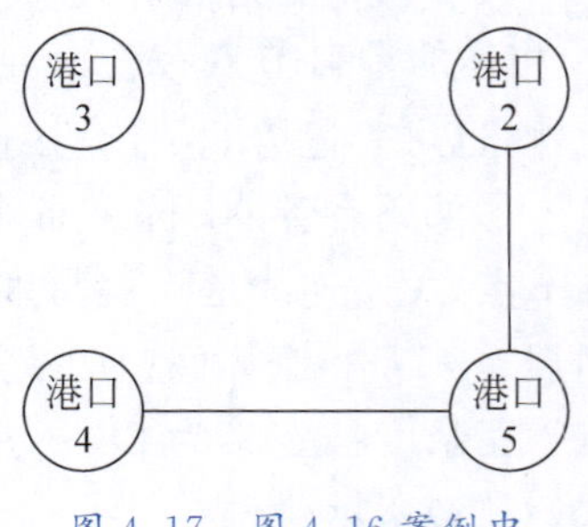

图4.17　图4.16案例中港口1的个体网

本章小结

本章运用复杂网络及社会网络分析中的拓扑结构分析方法全面地解析了区域港口群竞合网络的层次、派系和“社会圈”及核心-边缘结构的划分，网络整体结构特征，节点的中心性，网络对等性及结构洞等拓扑结构特性。

网络整体结构特征分析从直径、平均路径长度、密度、集群化程度等方面解析了网络整体的结构特性；节点中心性分析旨在发现网络中的“结构中心”、“路径中心”、“地位中心”及“中介中心”港口；网络的结构划分从横向的角度，基于港口物元节点的特征将竞合网络划分为国际枢纽港、区域枢纽港、支线港、喂给港等规模层次，从纵向角度将网络划分为若干紧密连接的派系团体或“社会圈”，从中心辐射角度将网络划分为核心-边缘成分；结构对等性分析顾名思义旨在识别网络中的对等结构和对等位置上的港口节点；结构洞分析冗余关系角度分析了港口物元节点获得社会资本——“信息利益”和“控制利益”的竞争力强弱。

第5章

区域港口群复杂竞合网络的博弈行为分析

在全面解析了区域港口群竞合网络的结构特性之后，我们从经济博弈的角度来解析在区域港口群形成的竞合网络之上，应该采取何种交互方式即竞合策略来保证自身及区域港口群网络整体的效用最优化，形成最优的"博弈格局"。博弈论是一种研究博弈方行为的相互作用及其均衡态的理论方法，分析竞合，必谈博弈。博弈论分析可以助力港口在网络化的竞合大环境下，更透彻地分析区域内其他竞合对象的决策行为，来指导自身的战略决策，洞察竞合行为更深刻的含义，为自身赢得最大的市场利益。

5.1 问题重述

1）网络视角下区域港口群竞合博弈过程及问题界定

区域港口群内的港口竞合博弈问题，从微观静态的角度来讲，是一个"完全信息静态博弈"问题，处在竞合网络中的港口，两两之间进行静态博弈。各港口从不同的方面，如价格、装卸时间和宣传力度等，采取竞争或者合作的策略来提升自己的效益。从博弈论角度来讲港口采取竞争或合作的策略，对港口收益会产生不同的影响。

从演化的角度来讲，港口之间的单次静态博弈均衡并不能代表港口长期的选择，港口的完全信息静态博弈会重复进行，通过建立一定奖惩机制，港口间的竞争和合作会在长期的演化当中形成一定的模式，这是一个基于时间序列的"演化博弈问题"。本书基于"一报还一报"(tit-for-tat，TFT)策略，分析了当出现"合作触发者"时，区域港口群内部的重复博弈过程、其均衡态及竞合关系的走向。

从宏观的角度来讲，如果港口之间的竞合长期缺乏一定的整体目标和管理机制，港口的竞合模式也随时会被打破，形成的自主合作也很难维持稳定的状态。因此有必要建立合理的、公平的合作机制，以及正式的合作协议，以激励港口间形成稳定的联盟，获得更多更稳定的收益，使得港口复杂竞合网络也维持在更稳定的状态。此时，区域港口群内港口竞合博弈问题的关注点转移到了如何在正式合作联盟中公平合理地分配联盟收益上，这是典型的“合作博弈”问题。

综上，如图 5.1 所示，区域港口群网络上的竞合博弈过程从微观到宏观，从单次到重复，从短期到长期，分别可以用“完全信息静态博弈”“重复演化博弈”“合作博弈”三类模型来描述。

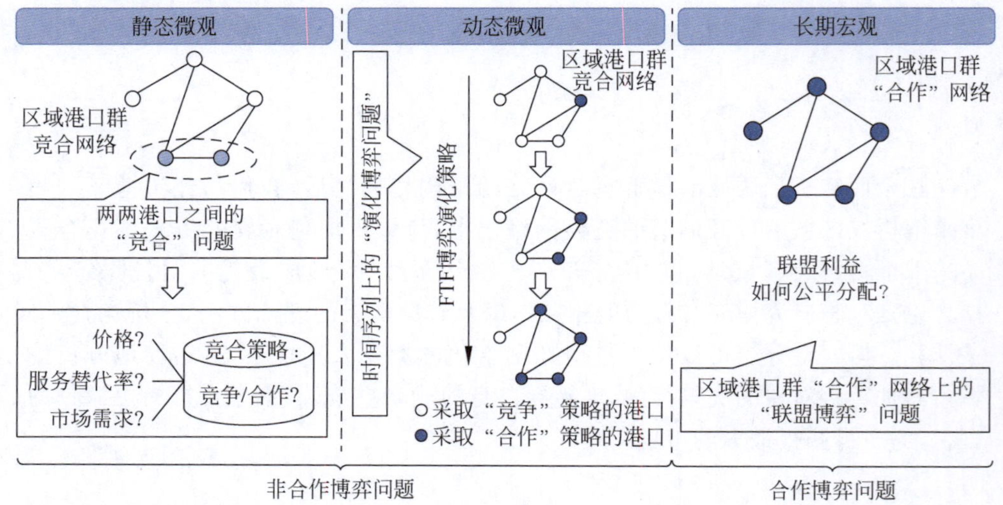

图 5.1　区域港口群网络上的竞合博弈过程及问题界定

2）网络视角下区域港口群博弈模型的特点

（1）完全信息静态博弈模型的特点。

第一，在区域港口群网络中，发货人对港口的选择主要取决于港口价格及港口服务质量两方面，而发货人的这种选择具有网络外部性，即发货人会优先选择已有业务量较大的港口。网络的外部性使得大港业务量保持增长，而为满足客户不断增长的需要，大港将不断从提高集疏运效率、减少服务时间及提升服务质量等方面改善港口服务现状，给发货人和港口都带来额外的增益；进一步地，鉴于规模经济效应，港口愿意进一步调低各种收费，从而降低了货主产品的成本，使得所有的货主都受益，形成良性循环。港口价格和服务质量在网络外部性影响下具有极大的相关性，可选择其中一个作为博弈策略参数。第二，在区域港口群竞合网络中，港口节点由于结构的对等性所产生的可替代因素（服务替代率），会使得可替代性强的港口更倾向于选择竞争以争夺市场。

基于以上特点，本书在5.2节建立的港口基于价格策略的完全信息静态博弈模型，分析了港口采取不同的价格策略时港口的收益，并通过服务替代率参数的分段分析，得出该博弈模型的纳什均衡解。

(2) 重复演化博弈的特点。

但完全信息静态单次博弈很难获得全局意义上的最优均衡，容易陷入"囚徒困境"，从港口竞合的角度上讲，容易陷入低质价格战。

因此从演化的角度，基于TFT策略，一旦区域港口群网络中出现一个"合作触发者"，情况将发生较大变化，港口为规避"双输"的风险，将跳出单次非合作博弈，选择合作策略，从而触发整个网络保持(合作，合作)策略的选择趋势，取得双赢。

基于以上特征，本书在5.3节中，建立了区域港口群竞合网络内部基于TFT策略的重复博弈分析，通过分析贴现系数δ，尝试证明了面向未来考虑长期利益且贴现系数较大时，港口将服从集体利益选择长期合作策略，且竞合博弈发展终将形成分工合理、联系紧密、层次分明的竞合共存良性关系。

(3) 合作博弈模型的特点。

基于网络视角的区域港口群合作博弈模型，相比一般合作博弈有四个特点。第一，以往的模型中，将研究的全体作为博弈方集合；而网络上的合作博弈集合，可以基于网络的结构划分结果("社会圈"子群)，将更可能产生合作博弈的港口子群作为初始合作博弈研究对象，不是完全虚拟或随机的，更加精确，更加具有现实可参考性，得到的研究结果也更加合理。第二，港口竞合网络中的关系连接强度尤其是合作关系连接强度对子联盟效用有较大影响，竞合系数越大，对联盟的效用贡献越大。第三，若子联盟中的港口在对应子网络中为孤立港口，则这些港口节点不能产生对联盟的边际贡献，即边际效用为0。第四，网络合作博弈的特征函数中，除了包括港口设施等资源效用，还应包含港口"网络地位"等重要的"隐形"社会资本(Social Capital)效用。

基于以上特征，本书在5.4节中建立的区域港口群竞合网络交流合作博弈模型改进了港口集合的界定、特征函数的建立方法及Shapley值分配方法，研究了港口联盟如何在协议条件下在网络环境中进行联盟效用分配，实现了嵌入区域港口群竞合网络的港口合作博弈分析与效益分配计算。

5.2 完全信息静态博弈分析

5.2.1 参数系统及基本假设

1) 博弈方

假设区域港口群网络中有n个港口，它们共同为客户提供服务。选取区域港口群网络中的两个港口组成的港口对作为非合作博弈的分析对象。

2）服务价格及需求函数

对于客户来讲，港口服务最重要的体现是港口服务价格，设港口 i 的服务价格为 $p_i(i=1,2,\cdots,n)$。根据基本的价格-需求原理，港口需求与自身服务价格负相关，除此之外还与区域内其他港口的服务价格正相关。假设该港口的需求函数为线性函数，则可设为式(5.1)。

$$q_i=a-p_i+f(p_1,p_2,\cdots,p_{i-1},p_{i+1},\cdots,p_n) \tag{5.1}$$

其中，参数 $a>0$。设港口 i 的固定成本为 c_i，单位可变成本为 α_i，由于区域港口群内港口地理位置相近，经济环境较为一致，因此假设 $\alpha_1=\alpha_2=\cdots=\alpha_n=\alpha$，则港口利润函数为式(5.2)。

$$u_i=(p_i-\alpha)q_i-c_i \tag{5.2}$$

3）港口服务替代系数

设区域港口群内两个港口，港口 1 和港口 2，我们定义港口服务替代系数为 λ，$\lambda\in[0,1]$，λ 越大，表明两个港口的服务替代性越强。在网络分析结果中我们不难找到与服务替代率含义类似的网络结构参数——结构对等性分析中的皮尔逊相关系数。

在 4.4.1 节中，我们分析了区域港口群竞合网络中的结构对等性，对于结构对等程度高的港口，它们与网络中所有其他行动者之间的关系相似性高，如果处于同一层次或较接近的港口层次，则其可以相互替代实现相同的服务目标。此时，港口间服务替代系数可由结构对等性分析中的皮尔逊相关系数矩阵中的对应元素代替(出现负值时，可设置为 0)。

这两个港口的需求函数可分别表示为 $q_1=a-p_1+\lambda p_2$，$q_2=a-p_2+\lambda p_1$。因此，两个港口的利润函数为式(5.3)、式(5.4)。

$$u_1=(p_1-\alpha)q_1-c_1=(p_1-\alpha)(a-p_1+\lambda p_2)-c_1 \tag{5.3}$$

$$u_2=(p_2-\alpha)q_2-c_2=(p_2-\alpha)(a-p_2+\lambda p_1)-c_2 \tag{5.4}$$

4）完全信息假设

假设港口 1 与港口 2 具有相互的完全信息，即完全了解彼此的成本信息，且在不存在主从关系的前提下，会同时分别做出竞争或者合作的决策。

5.2.2 博弈策略集及收益分析

1）完全信息下的(竞争，竞争)策略及其收益

此种策略是港口 1 和港口 2 同时分别做出了对另一方采取竞争的决策。此时港口分别以自身利润最大化为目标，则港口的价格决策和利润分别可以从式(5.5)、式(5.6)解得。

$$\frac{\partial u_1}{\partial p_1}=a-2p_1+\lambda p_2+\alpha=0 \tag{5.5}$$

$$\frac{\partial u_2}{\partial p_2}=a-2p_2+\lambda p_1+\alpha=0 \tag{5.6}$$

解得港口 1 和港口 2 的定价相同 $p_1^*=p_2^*=(a+\alpha)/(2-\lambda)$。因此，该策略下港口 1 和港口 2 的收益为

$$u_1^*(竞争,竞争)=\frac{(a+\alpha\lambda-\alpha)^2}{(2-\lambda)^2}-c_1,\quad u_2^*(竞争,竞争)=\frac{(a+\alpha\lambda-\alpha)^2}{(2-\lambda)^2}-c_2$$

2) 完全信息下的(合作，竞争)策略及其收益

此种策略是港口 1 和港口 2 同时做决策，却选择了相反的策略，港口 1 的决策基于合作的原则，即以两个港口利益之和最大化为目标；而港口 2 的决策则是基于竞争的原则，以其本身利益最大化为目标，则两个港口的价格决策和利润可分别从式(5.7)、式(5.8)解得。

$$\frac{\partial(u_1+u_2)}{\partial p_1}=a-2p_1+2\lambda p_2+\alpha-\alpha\lambda=0 \tag{5.7}$$

$$\frac{\partial u_2}{\partial p_2}=a-2p_2+\lambda p_1+\alpha=0 \tag{5.8}$$

解得港口 1 和港口 2 的定价分别为

$$p_1^*=\frac{a(\lambda+1)+\alpha}{2-\lambda^2},\quad p_2^*=\frac{(a+\alpha)(\lambda+2)-\alpha\lambda^2}{2(2-\lambda^2)}$$

因此，该策略下港口 1 和港口 2 的收益分别为

$$u_1^*(合作,竞争)=\frac{(a+\alpha\lambda-\alpha)^2(\lambda+1)}{2(2-\lambda^2)}-c_1$$

$$u_2^*(合作,竞争)=\frac{(a+\alpha\lambda-\alpha)^2(\lambda+2)^2}{4(2-\lambda^2)^2}-c_2$$

3) 完全信息下的(竞争，合作)策略及其收益

此种策略是港口 1 和港口 2 同时分别做出了(竞争，合作)的决策，港口 2 的决策基于合作的原则，以两个港口利益之和最大化为目标；而港口 1 的决策则是基于竞争的原则，以自身利益最大化为目标。与(合作，竞争)策略求解同理可得港口 1 和港口 2 的定价分别为

$$p_2^*=\frac{a(\lambda+1)+\alpha}{2-\lambda^2},\quad p_1^*=\frac{(a+\alpha)(\lambda+2)-\alpha\lambda^2}{2(2-\lambda^2)}$$

该策略下港口 1 和港口 2 的收益分别为

$$u_1^*(竞争,合作)=\frac{(a+\alpha\lambda-\alpha)^2(\lambda+2)^2}{4(2-\lambda^2)^2}-c_1$$

$$u_2^*(\text{竞争,合作})=\frac{(a+\alpha\lambda-\alpha)^2(\lambda+1)}{2(2-\lambda^2)}-c_2$$

4）完全信息下的（合作，合作）策略及其收益

此种策略是港口1和港口2同时分别做出决策，都同样基于合作的原则，以两者利润之和最大化为目标，则两个港口的价格决策和利润分别可以从式(5.9)、式(5.10)解得。

$$\frac{\partial(u_1+u_2)}{\partial p_1}=a-2p_1+2\lambda p_2+\alpha-\alpha\lambda=0 \tag{5.9}$$

$$\frac{\partial(u_1+u_2)}{\partial p_2}=a-2p_2+2\lambda p_1+\alpha-\alpha\lambda=0 \tag{5.10}$$

解得港口1和港口2的定价分别为 $p_1^*=p_2^*=[a+\alpha(1-\lambda)]/2(1-\lambda)$。因此，该策略下港口1和港口2的收益分别为

$$u_1^*(\text{合作,合作})=\frac{(a+\alpha\lambda-\alpha)^2}{4(1-\lambda)}-c_1$$

$$u_2^*(\text{合作,合作})=\frac{(a+\alpha\lambda-\alpha)^2}{4(1-\lambda)}-c_2$$

经过以上求解，可以得到区域港口群内部，完全信息条件下，两个港口竞合的效用矩阵，如表5.1所示。令 $(a+\alpha\lambda-\alpha)^2=X$，且 $X\neq 0$ 即 $\alpha\neq a/(1-\lambda)$，则 $X>0$。

表5.1 完全信息下单对港口竞合博弈效用矩阵

		港口2	
		竞争(D)	合作(C)
港口1	竞争(D)	$\frac{X}{(2-\lambda)^2}-c_1,\frac{X}{(2-\lambda)^2}-c_2$	$\frac{X(\lambda+2)^2}{4(2-\lambda^2)^2}-c_1,\frac{X(\lambda+1)}{2(2-\lambda^2)}-c_2$
	合作(C)	$\frac{X(\lambda+1)}{2(2-\lambda^2)}-c_1,\frac{X(\lambda+2)^2}{4(2-\lambda^2)^2}-c_2$	$\frac{X}{4(1-\lambda)}-c_1,\frac{X}{4(1-\lambda)}-c_2$

5.2.3 均衡态解析

由 $X>0$ 及 $0\leqslant\lambda\leqslant 1$，可以得到 $\frac{X}{(2-\lambda)^2}>\frac{X(\lambda+1)}{2(2-\lambda^2)}$，同样也可证明 $\frac{X}{(2-\lambda)^2}<\frac{X}{4(1-\lambda)}$。但是需要分区间讨论 $\frac{X(\lambda+2)^2}{4(2-\lambda^2)^2}$ 与 $\frac{X}{4(1-\lambda)}$ 之间的大小关系。

1）港口服务替代系数 $\lambda\in[(\sqrt{5}-1)/2,1)$

当以上条件成立时，有 $\frac{X(\lambda+1)}{2(2-\lambda^2)}<\frac{X}{(2-\lambda)^2}<\frac{X(\lambda+2)^2}{4(2-\lambda^2)^2}\leqslant\frac{X}{4(1-\lambda)}$，则对于港口 1，$u_1^*$（合作，竞争）$<u_1^*$（竞争，竞争）$<u_1^*$（竞争，合作）$<u_1^*$（合作，合作）；对于港口 2，$u_2^*$（竞争，合作）$<u_2^*$（竞争，竞争）$<u_2^*$（合作，竞争）$<u_2^*$（合作，合作）。在收益矩阵中使用划线法可求得该博弈的纯策略均衡解，如表 5.2 所示。

根据划线法，得到两个港口间的完全信息竞合博弈有两个 PNE（Pure Strategy Nash Equilibrium，纯策略均衡解），为（竞争，竞争）、（合作，合作），即在服务替代率较高时（大于或等于$(\sqrt{5}-1)/2\approx0.618$），在给定的信息情况下，如果每个港口只选择一种特定行为，则可能出现以上两个较优的纯策略均衡解，但博弈具体会达到哪个结果并不确定。

表 5.2 划线法求解港口服务替代系数 $\lambda\in[(\sqrt{5}-1)/2,1)$ 时的均衡解

		港 口 2	
		竞争（D）	合作（C）
港口 1	竞争（D）	$\frac{X}{(2-\lambda)^2}-c_1,\frac{X}{(2-\lambda)^2}-c_2$	$\frac{X(\lambda+2)^2}{4(2-\lambda^2)^2}-c_1,\frac{X(\lambda+1)}{2(2-\lambda^2)}-c_2$
	合作（C）	$\frac{X(\lambda+1)}{2(2-\lambda^2)}-c_1,\frac{X(\lambda+2)^2}{4(2-\lambda^2)^2}-c_2$	$\frac{X}{4(1-\lambda)}-c_1,\frac{X}{4(1-\lambda)}-c_2$

为实现一定的预测效果，我们同时求得一个 MNE（Mixed Strategy Nash Equilibrium，混合策略均衡解）。在混合策略均衡解中，港口 1 和港口 2 做出竞争或合作决策的概率分别为 P_1（竞争，合作）和 P_2（合作，竞争）。

$$P_1(\text{竞争，合作})=\left(\frac{\lambda^2(2-\lambda)^2}{2(1-\lambda)^2(2-\lambda^2)+\lambda^2(2-\lambda)^2},\frac{2(1-\lambda)^2(2-\lambda^2)}{2(1-\lambda)^2(2-\lambda^2)+\lambda^2(2-\lambda)^2}\right)$$

$$P_2(\text{合作，竞争})=\left(\frac{(\lambda^2+\lambda-1)(2-\lambda)^2}{2(1-\lambda)(2-\lambda^2)+(\lambda^2+\lambda-1)(2-\lambda)^2},\right.$$
$$\left.\frac{2(1-\lambda)(2-\lambda^2)}{2(1-\lambda)(2-\lambda^2)+(\lambda^2+\lambda-1)(2-\lambda)^2}\right)$$

2）港口服务替代系数 $\lambda\in[0,(\sqrt{5}-1)/2)$

当以上条件成立时，有 $\frac{X(\lambda+1)}{2(2-\lambda^2)}<\frac{X}{(2-\lambda)^2}<\frac{X}{4(1-\lambda)}<\frac{X(\lambda+2)^2}{4(2-\lambda^2)^2}$，则对于港口 1，$u_1^*$（合作，竞争）$<u_1^*$（竞争，竞争）$<u_1^*$（合作，合作）$<u_1^*$（竞争，合作）；对于港口 2，$u_2^*$（竞争，合作）$<u_2^*$（竞争，竞争）$<u_2^*$（合作，合作）$<u_2^*$（合作，竞争）。在收益矩阵中使用划线法可求得该博弈的纯策略均衡解，如表 5.3 所示。

表 5.3 划线法求解港口服务替代系数 $\lambda\in[0,(\sqrt{5}-1)/2)$ 时的均衡解

		港口 2	
		竞争(D)	合作(C)
港口 1	竞争(D)	$\frac{X}{(2-\lambda)^2}-c_1,\frac{X}{(2-\lambda)^2}-c_2$	$\frac{X(\lambda+2)^2}{4(2-\lambda^2)^2}-c_1,\frac{X(\lambda+1)}{2(2-\lambda^2)}-c_2$
	合作(C)	$\frac{X(\lambda+1)}{2(2-\lambda^2)}-c_1,\frac{X(\lambda+2)^2}{4(2-\lambda^2)^2}-c_2$	$\frac{X}{4(1-\lambda)}-c_1,\frac{X}{4(1-\lambda)}-c_2$

结果就是，当两港服务替代率较低(小于$(\sqrt{5}-1)/2\approx0.618$)时，两个港口之间的完全信息竞合博弈仅存在一个 PNE，为(竞争，竞争)。

3) 均衡解的解析

(1) 由于 $X=(a+\alpha\lambda-\alpha)^2$ 随着参数 a 的增大而增大，由博弈收益函数我们可以得出，在其他参数不变的情况下，两港的收益也将随着参数 a 的增大而增大。当 $\alpha>a/(1-\lambda)$ 时，求解所得的港口服务价格为负，所以这种情况排除在外不考虑；当 $\alpha<a/(1-\lambda)$ 时，X 随着 α 的增大而减小，即港口收益随着单位可变成本的增加而减少。参数 a 和可变成本 α 对博弈均衡的确定和求解都没有影响，但参数 λ 对均衡解有着显著影响。

(2) $\lambda\geqslant(\sqrt{5}-1)/2\approx0.6180$，其他参数不变时，博弈存在两个 PNE(竞争，竞争)、(合作，合作)和一个 MNE。这说明在两个港口服务替代率相对较大(大于或等于 0.618)时，它们之间的博弈均衡是采取与对方港口相同的竞合策略。

同时，我们很容易注意到收益矩阵中，无论对于港口 1 还是港口 2，(合作，合作)都是收益相对最高的博弈策略，在两个 PNE 中是总体帕累托效率明显更好的一个均衡态，即帕累托上策均衡。因此在区域港口群中，如果两个港口同时追求可能的最高利益，且两者服务替代率相对较大(大于或等于 0.618)，它们就应该同时积极采取互相合作的策略。

但在现实情况中，当博弈双方港口都将风险因素加入决策当中，两个港口博弈的结果往往是另一种 PNE，即(竞争，竞争)策略，陷入囚徒困境。博弈双方会不得不放弃帕累托上策均衡中的合作策略。原因也非常现实，因为决策方港口若采取了合作策略，一旦对方港口不选择合作而是采取竞争策略，选择合作策略的一方收益将有较大损失。因此，在双方没有协议约定、没有违约条款的前提下，(竞争，竞争)策略成为一个风险上策均衡。

以上理论分析与港口在现实情况中的选择相符，当两个港口服务替代率很高时，它们处于区域港口群竞合网络中的对等位置，可替代性强，有着相同角色的港口在未有合作协议、不知道对方采取什么行为的情况下，往往都将选择竞争

策略以规避风险，反而陷入囚徒困境，无法获得收益的帕累托最优。

(3) $\lambda<(\sqrt{5}-1)/2\approx0.6180$，其他参数不变时，博弈只存在一个 PNE(竞争，竞争)。这说明当两个港口服务替代率系数相对较小时，港口的完全理性条件使得两个港口都只会选择(竞争，竞争)策略。

我们可以看到，无论参数 λ 如何改变，在没有约束机制或合作协议的情况下，港口的完全理性使港口始终选择了一种港口收益处于劣势的局部最优博弈策略(竞争，竞争)，而无论 λ 处于哪个区间，都有 u_1^*(竞争，竞争)$<u_1^*$(合作，合作)且 u_2^*(竞争，竞争)$<u_2^*$(合作，合作)，港口的决策将因信任危机陷入著名的囚徒困境，陷入个体理性和集体理性的矛盾当中。

5.3 基于 TFT 策略的重复博弈分析

从以上分析可以看出，单次非合作博弈的结果很难产生全局最优结果，港口缺乏达成合作、组成联盟的驱动力。从博弈论的角度来讲，首要问题就在于如何冲破港口采取风险上策均衡——两方竞争，转而采取协同合作的策略。我们的解决方法是跳出单次非合作博弈，而采取重复博弈，并加入 TFT 机制，为港口规避风险，从而转变均衡态。区域港口群内港口间竞合博弈并非单次博弈，而是长期且重复进行的无限次重复博弈，此时一旦区域港口群网络中出现一个“合作触发者”，则情况将会发生变化。

对此我们引入著名的 TFT 策略，采用该策略的博弈方港口——“合作触发者”首先试图合作，选择符合双方利益的行为，如果对方港口也选择与之合作，则前者将在之后的博弈中坚持选择合作策略，之后两个港口则一直保持(合作，合作)策略选择趋势；一旦对方港口选择竞争(背叛)策略，则触发者在下一次博弈中也会选择竞争来应对，则双方将会保持(竞争，竞争)均衡。

仍以 5.2 节中的港口 1 与港口 2 的博弈为例。首先我们定义一个贴现系数 $0<\delta<1$，是指将未来收益折算成现值的利率，一般设当时的零风险利率为贴现率，但并不是绝对的。其次假设 u_2^*(竞争，竞争)$=A$，u_2^*(竞争，合作)$=B$，u_2^*(合作，竞争)$=C$，u_2^*(合作，合作)$=D$，则有 $\lambda\in[(\sqrt{5}-1)/2,1)$时，$B<A<C<D$；$\lambda\in(0,(\sqrt{5}-1)/2)$时，$B<A<D<C$。当港口 1 开始触发合作策略时，如果港口 2 选择合作，则其未来收益计算如式(5.11)所示。

$$D(1+\delta+\delta^2+\cdots)=D/(1-\delta) \tag{5.11}$$

如果港口 2 依旧选择竞争，则其未来收益计算如式(5.12)所示。

$$C+A(1+\delta+\delta^2+\cdots)=C+A\delta/(1-\delta) \tag{5.12}$$

显然，当 $D/(1-\delta)>C+A\delta/(1-\delta)$ 即 $\delta>(C-D)/(C-A)$时，选择合

作策略将是港口 2 在此时利益最大化的最优决策。这说明,在面向未来考虑长期利益,贴现系数较大时,港口 2 将因为具有较为可观的长期收益,而选择与港口 1 长期合作,服从集体利益,不会为了短期的自身收益而坚持局部风险上策均衡。

由以上分析,总结区域港口群竞合博弈发展的一般规律,如图 5.2 所示。

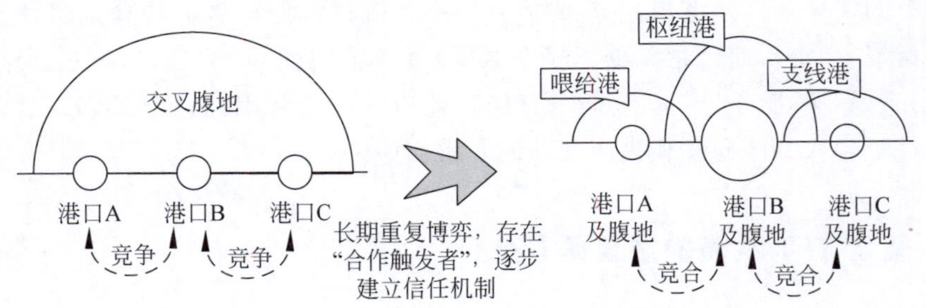

图 5.2 区域港口群竞合博弈发展的一般规律

(1) 最初阶段,港口孤立、零散、无序地进行两两博弈,港口之间不存在信任机制,关系是疏远的,以竞争为主。

(2) 在不断的发展壮大中,港口之间产生了重合腹地,竞争更加激烈;但是在不断地重复博弈中,合作触发者出现,已有港口也在规模上出现了差距,一些港口甚至在功能分工上产生了质的变化。

(3) 最后,无论是通过沟通协调,还是政府干预方式,产生了约束机制或者合作协议之后,经过一定的分工或规划,区域港口群发展形成联系紧密、层次分明、相互制约又有一定职能分工的竞合共存的良性关系。

在"合作触发者"的坚持下,在长期重复多次合作博弈行为后,区域港口群内各港口节点大多会考虑贴现因子放弃眼前的既得局部最优,转而选择长期获益的行为,使得单次博弈中不可能实现的(合作,合作)变成首选。可见,"合作触发者"的出现非常重要,且所有的港口联盟都是在长期的合作伙伴关系下形成的,如果进一步事先进行信息交流,建立具有强制性约束的协议机制,且规范化合作利益分配,就会形成更加牢固的港口合作联盟关系。

由此可见,从长期角度来看,现实中区域港口群网络上的竞合博弈过程最终会停留在"合作博弈"的状态,区域港口群网络上竞合博弈的终极问题是在合作联盟中如何进行利益公平分配的问题,这是保持港口联盟合作意向的关键。该问题属于合作博弈范畴我们将在 5.4 节进一步讨论。

5.4 竞合网络的交流合作博弈分析

以上对非合作博弈模型的分析表明，建立合作关系对于港口来讲属于上策均衡，具有很大的实质意义，且经过长期重复博弈，港口建立合作关系是可能实现的。一旦联盟建立，问题又有了实质性转变：各个港口在联盟中地位不同，贡献不同，所得利益也必然不同。此时，建立相对公平的利益分配机制来保证港口合作联盟的稳定性就非常必要，这正是合作博弈方法所关注的问题。

5.4.1 参数系统及基本假设

1）博弈方：港口集合 N

在某一特定区域港口网络中，依据 4.2.2 小节中对港口网络“社会圈”的划分结果，来确定区域港口中博弈方港口集合。之所以选择“社会圈”，是因为相比派系内港口已经形成的紧密合作联系，“社会圈”内港口具有合作倾向但并未完全实现，更需要合作博弈模型的研究，来确定其加入联盟的必要性，以及观察建立合理的联盟利益分配机制的过程和预期收益。

在区域港口群网络合作博弈模型中，假设网络社会圈划分结果中港口集合内港口个数为 n。以简易为原则，我们将第 i 个港口物元节点 $\boldsymbol{M}_i$ 简化表示为 i，则博弈方港口集合 N 用 $N=\{1,2,\cdots,n\}$来表示。其中，博弈方 $i\in N$ 表示港口节点 i 来自集合 N。

2）合作可能假设

本模型中博弈方为港口“社会圈”，同一“社会圈”内港口之间联系紧密但又非全连接，虽未完全形成合作关系，但有很大可能为形成联盟而产生合作博弈，港口之间存在广泛合作的可能性。

3）子联盟：S

整个区域内港口集合中的 n 个具有合作可能性的港口形成的联盟称为大联盟，部分港口之间构成的联盟称为子联盟。空联盟（不包含任何博弈方）的个数为 1 个，则所有可能出现的子联盟个数为 2^n 个，子联盟集合记为 2^N，实质性的子联盟个数为 2^n-1 个。将任意一个子联盟记为 $S\in 2^N$，用 $|S|$ 表示子联盟 S 所包含的港口的个数。

4）子联盟特征向量：$\boldsymbol{e}^S$

一般情况下，S 泛指任何子联盟，区分子联盟不同之处的关键是它们包含了哪些港口。利用 n 维特征向量(Characteristic Rector) $\boldsymbol{e}^S$ 来指示子联盟 S 中有哪些港口成员，它的第 i 个元素定义如式(5.13)。

$$e_i^S = \begin{cases} 1, & i \in S \\ 0, & i \in N \backslash S \end{cases} \tag{5.13}$$

式(5.13)中，记号 $i \in N \backslash S$ 是合作博弈中常用的记号，表示港口 i 来自港口集合 N 但是不属于子联盟 S。

5）特征函数：$v(S)$

特征函数，又称集值函数，与普通函数的自变量为数值不同的是，其自变量为一个集合——子联盟集合，函数值是联盟所能达到的最大效用。它将每一个子联盟 $S \in 2^N$ 与 S 中的成员共同努力所能获得的最大共同效用值联系起来。特征函数表示 S 中的成员无须求助于 $N \backslash S$ 中的局中人所能达到的可转移效用或盈利总量；同时 $N \backslash S$ 中的任何博弈方或联盟也不能阻止获得 $v(S)$。

6）合作博弈：$\langle N, v \rangle$

特征函数形式的合作博弈是一个有序对偶 $\langle N, v \rangle$，它包含了所有局中人集合 N 和从 $2^N \rightarrow \mathbf{R}$(实数)的特征函数 v。

在本书中，每一个由不同港口构成的港口子联盟 $S \in 2^N$ 构成了区域港口群合作博弈问题的一个博弈策略，因此博弈策略空间相对来讲规模较大。但因为有了特征函数的映射关系，相较于非合作博弈，合作博弈可以直接关注最后结局中的效益，而简化了"策略空间"这一概念，简化了期待结局过程中具体的细节，直接获得从联盟到效用的分析结果。

7）效用假设

关于特征函数，需要其正常发挥作用，必须进行以下三方面的假设。

(1) 零效用假设。首先定义空集网络效用为 0，即 $v(\varnothing)=0$。其次假设没有与其他港口合作的孤立港口特征函数为 0。只有与其他港口有合作关系，即存在网络连接，这个港口才对所在子联盟有效用贡献。

(2) 效用可转移假设。假设各联盟效用 $v(S)$ 是可转移的，即可以将联盟效用以任意方式分给联盟内部的各个港口，要注意的是，联盟效用也可以指成本(负效用)，意味着联盟内部港口有时也需要共同承担一部分成本。

(3) 效用超可加性假设。任意港口联盟的特征函数满足超可加性原理。假设若 S、T 是两个不相交的子联盟，则它们联合在一起时的效用至少会与它们单独行动时各自所得效用持平，即 $v(S \cup T) \geqslant v(S)+v(T)$，其中 $S \cap T=\varnothing$。

8）节点网络效用特征向量：$\boldsymbol{e}^{SG}$

值得着重指出的是，针对港口竞合网络合作博弈效用函数的零效用假设，即孤立港口节点不能产生效用贡献的特征，理论源于 Myerson[139] 提出的一个合作博弈子类——交流博弈。区域港口群竞合网络中的合作博弈非常符合交流博弈提出的观点：子联盟只能在它们可以沟通交流的条件下发挥作用。图 5.3 中，网络上的博弈方集合为{1,2,3,4,5,6,7,8,9,10}。子联盟{1,4,5}能够起作用是因为在节点1、4、5组成的子网络中，各博弈方是互相连通的，每个节点都有着对子联盟的效用贡献；相比之下，子联盟{1,3,4}只能部分地起作用，因为在节点1、3、4组成的子网络中，节点1是一个孤立节点，它无法与节点3、4建立联系，也无法为子联盟{1,3,4}做出贡献。因而，节点1的效用为0，即 $v(\{1,3,4\})=v(\{3,4\})$；而 $v(\{1,2,6,7\})=0$，因为在对应子网中这些博弈方节点没有任何联系。

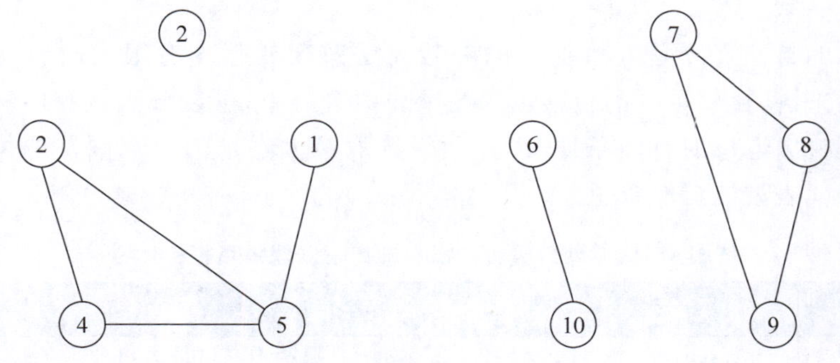

图 5.3　网络上的交流博弈示例

因此，我们还需要定义一个子联盟中港口节点的效用特征向量，来体现这一特征。设由 $N=\{1,2,\cdots,n\}$ 中的港口节点构成的合作网络为简单图 $G=(N,E)$，节点为港口节点，边为港口间合作性质的关系——货物喂给合作关系，边的权重为3.2.1小节中定义的货物喂给合作系数 r_{ij}^{f}。根据竞合关系元定义(3.2.1小节)，我们可以确定边集 E 中的元素：当且仅当货物喂给合作系数值 $r_{ij}^{f}\neq 0$ 时，边 $ij\in E$。

因此，设子联盟中港口节点的效用特征向量为 $\boldsymbol{e}^{SG}$，在网络合作博弈中，它的第 i 个元素定义如式(5.14)所示。

$$\boldsymbol{e}_i^{SG}=\begin{cases}1, & \text{如果 } i\in S\text{，且存在 } j\in S(i\neq j)\text{，有 } ij\in E\\ 0, & i\in N\backslash S \text{ 或 } i\in S\text{，但对于任意 } j\in S(i\neq j)\text{，有 } ij\notin E\end{cases} \tag{5.14}$$

5.4.2　合作子联盟网络效用解析

要建立区域港口群合作博弈特征函数，必须对子联盟网络可能产生的相关效用及价值进行解析。经过大量文献研究及调研，本书认为港口合作博弈产生的联盟效用主要包括四个核心要素：港口资源共享、港口服务提升、港口竞合网络中地位的攀升以及生态环境污染(负效用)。前两者属于增强港口竞争力的客观成果，而后两点则属于港口运作中不能显而易见的“隐形”结果。我们还需要将这些要素进一步解析为可具体衡量的指标参数，指标参数及其含义可总结为表 5.4。

1）港口资源 R_i

港口联盟内部的资源共享是港口合作的基本条件。港口资源包括了所有为促进港口业务发展而拥有的或建设的要素，具体由自然资源、基础设施、集疏运系统、资金、人员及品牌资源等要素组成，本书中重点分析容易量化的前 3 种要素。

港口的自然资源是港口拥有的一般无法改变或很难有很大改善的天然条件。相对来讲，比较重要的包括水深及岸线两个因素，可以分别从纵向和横向两个维度反映出港口的自然条件，因此我们选取最大吃水泊位水深及泊位长度两个指标来代表港口自然资源。

表 5.4　区域港口群合作博弈港口子联盟效用指标体系

联盟效用	效用要素	效用指标	运作机理
港口资源 R_i	自然资源	最大吃水泊位水深	限定了港口最大可通航船舶的级别，因此也限定了港口在港口联盟中所扮演的角色
		泊位长度	指港口泊位总长度，决定了可以布置多少泊位岸机
	基础设施	生产性码头泊位数	泊位数目越多，可同时服务的客户越多
		万吨级泊位数	反映港口的大型化、规模化的程度
		港航固定资产投资额	反映港口在建的基础设施投资力度
	集疏运系统	港口城市货运总量	反映直接腹地的货物集散能力
港口经营服务 S_i	腹地货源	港口城市 GDP	反映港口直接腹地的经济发展和货源生成能力
		港口城市限额以上贸易业商品销售总额	反映腹地贸易状况的活跃程度和货源生成能力
	装卸能力	堆场装卸机械数量	机械化水平影响港口装卸效率
	后方场所	堆场面积＋生产用仓库面积	港口后方场所制约情况
	货物吞吐能力	港口货物吞吐量	在一段时间内（通常指一年）内输出、输入港区并经过装卸作业的货物吨位或数量，是反映港口生产能力、生产效率及服务能力的最综合体现

续表

联盟效用	效用要素	效用指标	运作机理
网络地位 C_i	货物喂给合作网络	货物喂给合作特征向量中心度	反映港口在区域港口群货物喂给合作网络中的重要程度
		货物喂给合作中间中心度	反映港口在区域港口群货物喂给合作网络中的“信息利益”及“控制利益”的占据程度
生态环境污染 E_i	废水	港口城市工业废水排放量	反映港口城市水污染的程度
	废气	港口城市工业二氧化硫排放量	反映港口城市有害气体污染的程度
	烟尘	港口城市工业烟(粉)尘排放量	反映港口城市颗粒物污染的程度

港口基础设施是指码头泊位、防波堤、集疏运道路、堆场装卸机械及其轨道等港口生产与生产辅助设施设备。其中码头泊位数，是衡量港口基础设施规模的重要指标，数量越多，意味着可同时在港口挂靠、装卸的船舶就越多，港口服务等待时间就越少，成本就越低，效率则越高。近年来伴随着港口超大型化的趋势，拥有万吨级泊位的数量则反映了港口现代化、大型化的程度。因此，本书采用生产性码头泊位数、万吨级泊位数及港航固定资产投资额来代表已有及在建基础设施的情况。

港口集疏运系统的能力和效率也是港口资源中非常关键的一个因素，它决定着港口是否能够将货物及时地周转，以降低单位货物的存储及运输成本，大大提升对腹地货源的吸引力。我们选用港口城市货运量作为反映港口集疏能力的一个指标。以上 6 个指标分别记为 R_{i1}、R_{i2}、R_{i3}、R_{i4}、R_{i5} 和 R_{i6}。

2）港口经营及服务 S_i

首先港口的经营环境最主要表现为腹地经济发展状况，腹地货源是港口作为运输终端的业务源头，腹地经济发展水平较高，则货源生成充足，贸易活动活跃，物流、资金流密度较高。选取反映腹地综合能力的港口城市 GDP 指标及反映腹地贸易状况的港口城市限额以上贸易业商品销售总额指标，作为港口经营环境的重要指标。

港口服务主要指货物集散及装卸活动，这两者关乎船舶在港停泊作业时长，以及货物运输成本，是货主、船东选择挂靠港口时主要关注的要素之一。更短的装卸时间意味着更短的停泊时间，更长的运输时间，更高的船舶利用率及更好的资金运作。本书选取了堆场装卸机械数量、堆场面积加生产用仓库面积及港口吞吐量来反映一个港口的服务水平。以上 5 个指标分别记作 S_{i1}、S_{i2}、S_{i3}、S_{i4}

和 S_{i5}。

3）网络地位 C_i

网络地位是指港口在区域港口群网络中的核心程度、重要程度，是港口在各子联盟中具有的"隐形"社群资本效用。本书将最主要的两方面纳入效用范畴：港口重要程度及"控制"其他港口的能力。本书选取港口货物喂给合作子网中各个港口的特征向量中心度及中间中心度指标来反映港口的网络地位。特征向量中心度高的港口节点连接的重要节点最多，系统地位最为突出，信息交互能力最强；中间中心度高的港口占据着"结构洞"的位置，处于信息和资源流通的桥梁位置，具有较强的"信息利益"及"控制利益"[129]。以上两指标分别记为 C_{i1}、C_{i2}。

4）生态环境污染 E_i

在我国港口业和航运业高速发展的同时，其带来的环境污染问题也成了我国港口综合竞争力提升的最大阻碍。船舶使用的原油燃料所产生的细微颗粒物、臭氧、氮和硫的污染物对港口城市的空气造成了污染；水陆联运、船舶装卸、中转集输等港口作业产生了大量废弃物及生活垃圾，导致水质恶化和海洋生态环境遭到破坏；同时，港口城市人口密集，业务繁忙，生产、制造和服务类企业众多，加重了废水、废气等污染物的排放。因此，在分析港口子联盟效用时，我们必须将环境对污染的承载力考虑在内。本书选取港口城市工业废水排放量、港口城市工业二氧化硫排放量及工业烟(粉)尘排放量作为港口城市对生态环境污染的衡量指标，分别记作 E_{i1}、E_{i2} 和 E_{i3}。需要注意的是，生态环境污染效用为负效用，即联盟内的环境污染将对联盟总获益产生负面效用。

5.4.3 合作子联盟网络特征函数定义

根据以上解析结果，特征函数的构建也必须体现表 5.4 中的各核心要素指标。首先是标准化后的各港口效用指标将有可能贡献于所在港口子联盟；为确定博弈方港口节点 i 在联盟 S 中是否具有有效的效用贡献，必须考虑其效用特征向量 $\boldsymbol{e}_i^{SG}$，见式(5.14)。其次，港口子联盟效用还与联盟内部港口之间的连接紧密度有关，每个港口都基于自身在子联盟网络中与其他港口的连接紧密程度来贡献自身的效用，当这个连接存在时($\boldsymbol{e}_i^{SG}=1$ 时)，说明港口间存在喂给航线关系，那么港口间的联系紧密程度就可以选用港口-港口腹地竞合系数 r_{ij}^h，即当两个港口与相同腹地的关联更加紧密时，港口间联系就更加紧密，子联盟内与其他港口联系更紧密的港口对效用的贡献则越大。

按照上述分析，港口联盟网络效用示意图如图 5.4 所示。根据这些原则建立区域港口群合作博弈的特征函数，定义如式(5.15)所示。

$$v(S)=\sum_{S:\,i\in S}\frac{\boldsymbol{e}_i^{SG}R_iS_iC_i\sum_{j\in S}r_{ij}^h}{E_i} \tag{5.15}$$

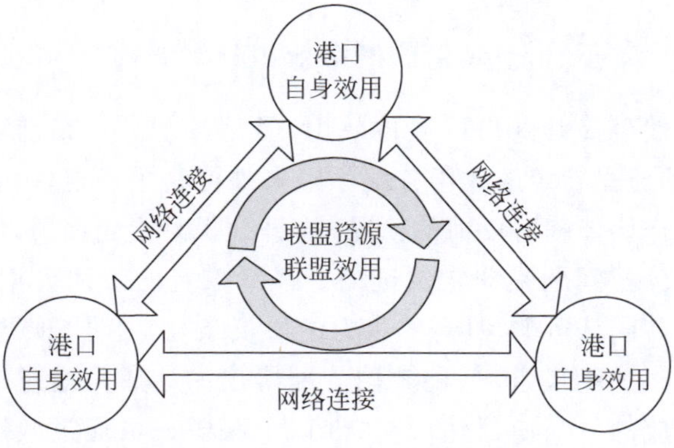

港口
自身效用
网络连接
网络连接
联盟资源
联盟效用
港口
自身效用
港口
自身效用
网络连接

图 5.4 港口联盟网络效用示意图

其中，$\boldsymbol{e}_i^{SG}$ 为博弈方港口节点 i 的网络效用特征向量，当 i 在子联盟网络中为孤立节点时，该向量为 0；非孤立点港口的 $\boldsymbol{e}_i^{SG}$ 为 1。$\sum_{j\in S}r_{ij}^h$ 中的 r_{ij}^h 是港口间基于交叉腹地的竞合系数，即港口 i 通过交叉腹地的竞合与其他子联盟内部港口产生的相互联系，决定了该港口对港口子联盟的网络效用的贡献程度，与其他港口联系越紧密，该港口的贡献越大。$R_i=\sum_j R_{ij}$ 代表了港口节点 i 的资源效用之和，R_{ij} 则是每一个效用指标标准化后的值，R_{i1} 代表自然资源效用中的最大吃水泊位水深指标，R_{i2} 代表泊位长度指标，R_{i3} 代表基础设施效用中的生产性码头泊位数指标，R_{i4} 代表万吨级泊位数指标，R_{i5} 代表港航固定资产投资指标，R_{i6} 代表反映港口集疏能力的港口城市的货运量指标。同样地，$S_i=\sum_j S_{ij}$ 代表了港口节点 i 的港口经营管理和服务效用，S_{ij} 则是每一个效用指标标准化后的值，S_{i1} 代表港口经营环境中货源腹地经济发展的港口城市 GDP 指标，S_{i2} 代表港口城市限额以上贸易业商品销售总额指标，S_{i3}、S_{i4} 分别代表港口装卸效率的堆场装卸机械数量指标及堆场面积＋生产用仓库面积指标，S_{i5} 代表港口货物吞吐量指标。$C_i=\sum_j C_{ij}$ 代表了港口节点 i 的网络结构效用，C_{ij} 是每一个效用指标标准化后的值，C_{i1} 代表港口结构效用中反映港口在货物喂给网络中地位的特征向量中心度指标，C_{i1} 代表港口结构效用中反映港口在货物喂给网络中“控制权”的中间中心度指标。分母中的 $E_i=\sum_j E_{ij}$ 代表了港口节点 i 的生态环境污染负效用，E_{ij} 是每一个效用指标标准化后的值，E_{i1} 代表反映港口城市水污染程度的港口城市工业废水排放量指标，E_{i2} 代表反映港口有害气体污染程度的港口城市工业二氧化硫排放量指标，E_{i3} 代表反映港口城市颗粒物污染程度的港口城市工业烟(粉)尘排放量指标。

5.4.4 基于改进 Shapley 值的网络效用分配规则

港口联盟显然会提升港口群整体效用，但是各个港口在港口子联盟中地位却是不同的，必须建立一定的效用分配原则来维持联盟稳定性。若有分配不公，就有可能出现合作伙伴临时反悔的情况，从而给联盟造成损失，所以合作博弈中公平地解决效用分配问题是非常关键的。最终敲定的效用分配原则，实质上相当于各个博弈方共同认可的、具有约束力的协议条款，对港口联盟的长期持续紧密合作至关重要。一般来讲，这种效用分配协议的达成是通过子联盟港口间定期的有效协商形成的。当协议达成时，港口子联盟成员通过效用分配达到了自身效用和联盟效用的长期平衡。在合作协议执行过程中，前期既得效用较少的港口(一般是规模较大的港口)明确地知晓，短暂的效用缺失将会从长期稳定的合作中得到补偿，且从长远来讲利于港口的进一步发展壮大，产生显著规模效应以获取更多收益；获得效用较多的港口，则会自愿在某些方面为其他港口利益承诺做出一些让步，如更倾向于选择联盟内部的合作伙伴或增加用以改善生态环境的资金投入比例。

Shapley 值是合作博弈的通用解，其在合作博弈中的地位等同于纳什均衡在非合作博弈中的地位[140]。本书研究采用改进的 Shapley 值效用分配机制分配区域港口群内合作博弈的联盟效用。在经典 Shapley 值方法中，Shapley 值给出了合作博弈 $\langle N, v(S)\rangle$ 中，博弈方港口节点 i 应得的效用，它基于博弈方港口节点 i 对联盟效用的离散分布，即计算出港口节点 i 对每一个它参与的港口子联盟 S 的边际贡献的平均期望。本书研究对此经典模型的改进体现在，由于特征函数 $v(S)$ 中加入了博弈方港口节点 i 的网络效用特征向量 $\boldsymbol{e}_i^{SG}$，来确定 i 在子联盟 S 所对应的港口合作子网中是否具有有效贡献。若该港口节点为孤立点，无有效贡献，此时 $\boldsymbol{e}_i^{SG}=0$，表达式 $v(S)-v(S-i)$ 计算得 0，边际贡献不存在，该港口也不能分得这一部分收益；反之，如果该节点与子联盟内其他港口节点有喂给合作关系，则该港口节点能为子联盟带来效用贡献，贡献程度取决于港口节点 i 与其他港口节点的连接紧密程度。

博弈方港口节点 i 的 Shapley 值具体计算，基于统计学离散分布期望值的原理，方法如式(5.16)所示。

$$\Phi_i(N, v) = \sum_{S \in N} \frac{(|S|-1)!\,(n-|S|)!}{n!}\left[v(S) - v(S-i)\right] \tag{5.16}$$

Shapley 值的计算的基本假设是博弈方港口节点以随机的顺序形成子联盟，则各种顺序发生的概率相等，为$\frac{1}{n!}$；博弈方港口节点 i 与在其前面的($|S|-1$)个港口形成联盟 S,S/i 和 N/S 的博弈方港口节点相继排列的次序共有$(|S|-1)!(n-|S|)!$种。从而可以得出组合成各个联盟的概率为$\frac{(|S|-1)!(n-|S|)!}{n!}$；另外，博弈方港口节点 i 对这个联盟的边际贡献为 $v(S)-v(S-i)$，且当该节点为孤立点时，该边际贡献为 0。边际贡献与对应发生概率相乘后连加，就得到 i 的收益分配值的平均期望。

本章小结

为探究区域港口群在竞合网络上的博弈行为特征，本章从微观静态、微观演化及宏观角度，利用三类博弈模型，解析了区域港口群中的复杂竞合网络上，港口竞合博弈的各个发展阶段、博弈特点及其均衡态。首先，区域港口群竞合网络上的完全信息静态非合作博弈模型中，加入了网络中港口之间“结构对等”导致“服务替代率”参数增加的因素，且区域内港口的服务价格之间也有相互影响，但均衡态分析的结论是，无论替代率与港口价格如何改变，在没有约束机制或合作协议情况下，港口的完全理性会使其始终陷入局部最优的(竞争，竞争)策略，港口的决策将因信任危机陷入囚徒困境。其次，基于 TFT 策略的重复博弈模型，通过对贴现率参数的分析，提出了港口间形成合作联盟的可能性，即从长期演化角度，在“合作触发者”的坚持下，区域内各港口节点会转而选择长期获益的(合作，合作)策略。最后，港口竞合网络上的合作博弈模型，将问题的侧重点放在如何建立相对公平的利益分配机制来保证港口合作联盟的稳定性。将港口在网络中的竞合“交流”贡献，计入联盟效用特征函数，以改进联盟效用分配 Shapley 值，对具有合作倾向的区域港口竞合网络“社会圈”内的联盟博弈过程进行建模，定义了基于网络交流博弈理论的合作博弈模型，提出了基于网络视角的改进联盟效用分配机制的新路径。

第6章 区域港口群复杂竞合网络的演化及仿真分析

区域港口群的竞合网络是典型的复杂系统，众多港口节点因为有着紧密的竞争或合作关系而联系在一起，形成了一种复杂的连接关系网。网络虽复杂多变，但港口节点的利益最大化目标是不变的，港口节点会在不断的博弈行为中，慎重地选择与其他港口之间的关系连接，来争取实现自身利益的最大化，这一行为驱动着区域港口群网络不断演化。

在以往的国内外港口网络演化研究当中，学者们或是运用经济地理领域中空间演化的方法，定性地研究港口网络的发展演变趋势，或是利用世界集装箱或其他货种海上航线数据构建世界航线网络，利用平均路径长度等网络结构测度对不同规模的海运网络演化过程进行测评，或是建立与港口规模或海运距离等客观因素相关的演化模型，来仿真和预测集装箱海运网络的发展方向。

本文则将选择基于小世界网络演化的视角。关于港口竞合网络的小世界特性在 4.1 节中已有证明。小世界网络演化模型的一般假设是，新加入的网络节点在选择优先连接的对象节点时，不但要考虑对象节点自身的规模因素，还要考虑对方港口在网络中的重要程度。而关于网络中“重要程度”的测度，各类研究的选择大有不同。本书将在港口规模因素的基础上，结合演化过程中“网络结构”对“节点选择”的反馈，来仿真模拟港口群竞合网络演化过程，以此来更真实地反映区域港口群竞合网络的动态演化机制，取得更好的仿真模拟效果。

6.1 网络演化特征分析

当网络中呈现出较高的复杂性时，复杂网络的一些结构和演化特性就会显现出来。对于复杂网络的演化特征，不同的演化仿真模型有不同模拟方法，首先需要分析区域港口群竞合网络的演化特征，为演化仿真模型的选择奠定基础。

6.1.1 无标度特性

所谓“无标度”特性，是指网络节点在建立连接时倾向于连接“核心”节点的现象。近年来，一些对复杂网络的分析研究发现，大部分现实中的复杂网络，包括生物网络、信息网络、社交网络、商业网络及学术网络等，并不是完全的随机网络，也不完全符合随机网节点连接数的正态型分布，而是遵循度分布呈幂律的现象。本书1.2.3小节中提到过许多学者利用度分布证明了海运集装箱航线网络的“小世界”和“无标度”特性。

类似的，区域港口群货物喂给合作关系子网基于区域内部航线网络，也具有无标度特性，表现在两个方面：第一，节点度数相差悬殊（节点度异质性显著），低度数节点多，高度数节点很少，节点的度近似服从幂律分布；第二，有度数很高的“集散节点”——港口群内各枢纽港。这些性质我们将在第8章华南地区港口实例中，利用具体数据一一证明。

6.1.2 增长及优先连接特性

BA(Barabási-Albert)无标度网络与规则网络、随机网络及小世界网络最大区别就在于节点度的异质性，这种异质性往往会使得BA网络之上的动力学过程也与其他网络有着截然不同的特性。BA无标度网络的演化特性表现在“增长性”(Growth)和“优先连接”(Preferential Attachment)[71]两方面。增长性，是指网络在形成过程中节点不断增加，节点间的连接也不断增加；优先连接，是指网络中不断加入的新节点以及已有节点，在增加连接时，不会以平均的概率随机相连，而是倾向于连接更加“核心”的节点。BA网络的演化特性在现实网络中有很多显而易见的例子，如消费者对手机的选择，在这个网络中，消费者和手机都在不断增加，但是消费者总是倾向于选择有更多用户选择的手机。

区域港口群货物喂给合作关系子网的演化过程也具有这两个特性，区域港口群货物喂给合作子网不断吸纳周边港口进入网络。新节点进入网络后，对已有港口的选择，具有优先连接核心港口的特性。

1) 以往研究中的增长及优先连接机制选择综述

在以往研究中，学者们研究提出了多种港口网络演化模型。

王杰等提出的基于BA模型的海运网演化模型中，网络节点主要指海运网所涉及的全球沿海大港，港口节点优先连接机制主要基于港口及港口城市的规模因素、港口间距离因素及节点度因素。港口规模越大、城市的经济发展程度越高、节点度越大且港口海上距离越小，与新入港口节点的连接概率就越高。模型中连接概率的计算，参数设置为静态设置，采用极大似然估计法事先计算得到。

李振福等提出的演化仿真模型，同样基于港口吞吐量，港口城市GDP及港口间距离定义了港口吸引度。与上述模型不同的是，新入港口的连接，不再根据概率计算，而是根据港口吸引度的排序来决定。

王丹等构建的是基于经典 BBV 模型的加权无标度网络边权演化模型，新入节点的连接概率是由港口间的货运吞吐量占比和港口规模决定的。与以上两个模型不同的是，在新港口连接进入网络之后，需要根据新的网络连接关系进行货运吞吐量的分流调整。构建的结果是一个集群系数较高的无标度网络。

蹇令香等构建的模型同样基于 BBV，新港口接入时，首先通过海运距离筛选可选节点，然后根据 BBV 模型中的一般方法，通过设置的班轮航线数目为关系权重确定港口连接概率，然后生成港口网络。港口之间的班轮航线数目越多，连接概率越大，以此来模拟现实网络。

2）本书模型特点

与以往模型相比（如表 6.1 所示），本书针对区域港口群的特点，构建了一种基于改进 BA 模型的港口网络演化模型。模型中，同样定义了节点吸引度的概念，改进之处在于，节点吸引度是基于港口规模（港口 GDP）和港口网络重要程度（特征向量中心度）指标，并进行加权处理后的结构，权值参数采用最大似然估计法求解。由于特征向量中心度指标随着演化网络的结构变化不断地变化，因此每轮演化的港口节点吸引度都不同，采用动态求解方法，更符合港口网络的演化本质。利用 MATLAB 编程，实现对华南地区港口群货物喂给合作关系网络演化的仿真模拟。具体模型及仿真结果将在以下几个小节进行详细描述。

表 6.1 已有港口网络演化模型与本书模型对比

模　　型	网络节点	网络性质	优先选择因素的指标	优先选择机制	参数设置
基于改进 BA 模型的海运复杂网络演化研究[87]	全球主要海运港口	无向无权	港口吞吐量、城市 GDP、海上距离、港口节点度	港口间吸引度，改进 BA 模型连接概率	静态设置
面向北极航线通航的海运网络演化研究[89]	加入北极航线后全球海运港口	无向无权	港口吞吐量、城市 GDP、海上距离	港口间吸引度排序	静态设置
具有无标度特性的港口网络演化模型[88]	未特定说明	无向有权	优先选择参数，港口间货运量	BBV 模型一般方法	静态设置
我国沿海港口复杂网络演化特征[91]	我国沿海港口	无向有权	海运距离，班轮航线数	海运距离改进 BBV 模型方法	静态设置
本书模型	区域港口群内部港口节点	无向无权	港口吞吐量，港口特征向量中心度	指标加权形成节点吸引度，改进 BA 模型连接概率	随网络演化动态计算

6.2 基于改进 BA 模型的港口网络演化仿真模型

6.1.1 中的分析，说明了区域港口群竞合网络的“小世界”和“无标度”特性，以及无标度网络的演化特征。一般 BA 无标度网络演化模型基于度计算网络连接概率，而度的大小，受网络规模的影响较大，在规模不断递增的区域港口群竞合网络演化中不一定适用。因此，本书中的港口网络演化模型，将重新定义节点吸引度来对 BA 模型中的优先连接机制进行改进，在优先连接概率中加入了对网络中节点重要性的考量。具体来讲，重新定义的节点的吸引度，包含了对优先连接具有深远影响的港口规模（港口经济资本）指标及港口特征向量中心度（港口社会资本）指标，通过加权量化和参数似然估计形成了港口节点的吸引度值。在节点吸引度的基础上，引入了连接概率计算公式，改进了传统的 BA 无标度网络演化模型。特征向量中心度指标不受网络规模约束，且能够更真实地反映网络中港口的“重要程度”。

6.2.1 参数设置及模型基本假设

1）参数设置

（1）设区域港口群中港口目为 n，初始网络中有 m_0 个港口节点。

（2）设每一轮演化，新增 1 个港口节点，并生成 m 条边（$m<m_0$）连接到网络中已有的节点上。设第 t 轮新增节点后，网络中的节点个数为 $n(t)$，则 $n(t)=m_0+t$。

（3）根据 BA 网络演化规律，新增港口节点在选取已有港口节点作为邻居时，具有一定偏好。偏向于连接规模更大，地位更核心的港口，在一般的 BA（无标度网络）网络演化模型中，新加入的节点采用在现存网络中随机挑选节点的生长模式，随机连接的概率由网络节点的度来衡量。本书模型中，节点偏向于连接“节点吸引度”更大的节点。选取去量级后的港口吞吐量（规模指标）和港口在网络中的特征向量中心度（重要程度指标），作为现存港口节点对新入节点“节点吸引度”的构成指标，来对一般模型进行改进。特征向量中心度不受网络规模影响，在演化的网络中，不但可以体现节点自身的重要程度，更能体现与之连接的节点的重要程度。

（4）港口连接偏好进行量化，设网络中现有港口节点 i 在第 t 轮演化时的节点吸引度为 $\Pi_i(t)$，港口 i 吞吐量 Q_i（去数量级后的）体现港口规模因素，第 t 轮港口节点特征向量中心度（去数量级后的）$C_E(P_i,t)$体现港口网络中节点的重要程度。其中 Q_i 为常量，在每轮演化中不会变化，$C_E(P_i,t)$则需要在每轮演化开始时提前计算备用。

2）基本假设：网络初始状态

区域港口货物喂给合作网络的演化，一般是先从区域内规模最大港口的出现开始的，因此，我们按照港口吞吐量的排名依次选择 m_0 个港口，按照现实货物喂给合作网络的连接形成初始的网络。

3）网络的增长与优先连接机制

对于网络的增长，我们按照港口吞吐量的排名，依次选择新增港口节点加入区域港口竞合网络。

在区域港口群的网络演化中，新节点选择邻居有一定具体的偏好：一般来说，港口偏向于连接规模更大、更重要的港口。由 1）中进行的参数设置，我们可以说新港口节点连接到现有港口节点 P_i 的概率与 i 的节点吸引度相关，非常符合无标度网络演化的生长特征。根据 1）中节点吸引度的定义，区域港口群货物喂给合作网络优先连接的影响因素，主要包括港口的规模（选取吞吐量指标）和港口在网络中的重要程度（选取特征向量中心度指标）。第 t 轮港口节点 i 的特征向量中心度 $C_E(P_i,t)$计算参照第 4 章中的式(4.12)。

采用式(6.1)计算现存节点 P_i 对新入港口节点的“吸引度”，能够保证以上两项指标均与港口节点吸引度正相关。

$$\Pi_i(t)=\frac{1}{\alpha}\exp(\alpha Q_i)+\frac{1}{\beta}\exp(\beta C_E(P_i,t)) \tag{6.1}$$

其中，α、β 为参数，利用 MATLAB 采用极大似然估计法求解。令

$$f_{\alpha,\beta}=\frac{1}{\alpha}\exp(\alpha Q_i)+\frac{1}{\beta}\exp(\beta C_E(P_i,t))$$

现有网络中有 m_0+t 个节点，建立似然函数：

$$L(n)=\prod_{i=1}^{n(t)} f_{\alpha,\beta}=\prod_{i=1}^{n(t)}\left[\frac{1}{\alpha}\exp(\alpha Q_i)+\frac{1}{\beta}\exp(\beta C_E(P_i,t))\right]$$

对似然函数取对数，然后分别对 α 和 β 求导，并令导数为零：

$$\frac{\partial(\ln L)}{\partial\alpha}=0 \tag{6.2}$$

$$\frac{\partial(\ln L)}{\partial\beta}=0 \tag{6.3}$$

根据式(6.2)和式(6.3)，借助 MATLAB 编程计算得到参数值。

新港口节点的接入概率由现存节点 P_i 的吸引度计算得出，如式(6.4)所示。

$$p_i(t) = \frac{\Pi_i(t)}{\sum_i \Pi_i(t)} \tag{6.4}$$

新节点按照 $p_i(t)$的概率选择连接现有节点，直至生成 m 条边。网络节点陆续加入，直到包含了所有区域港口群中的港口节点。

6.2.2 模型算法

根据以上假设及原则，确定模型算法步骤如图 6.1 所示。

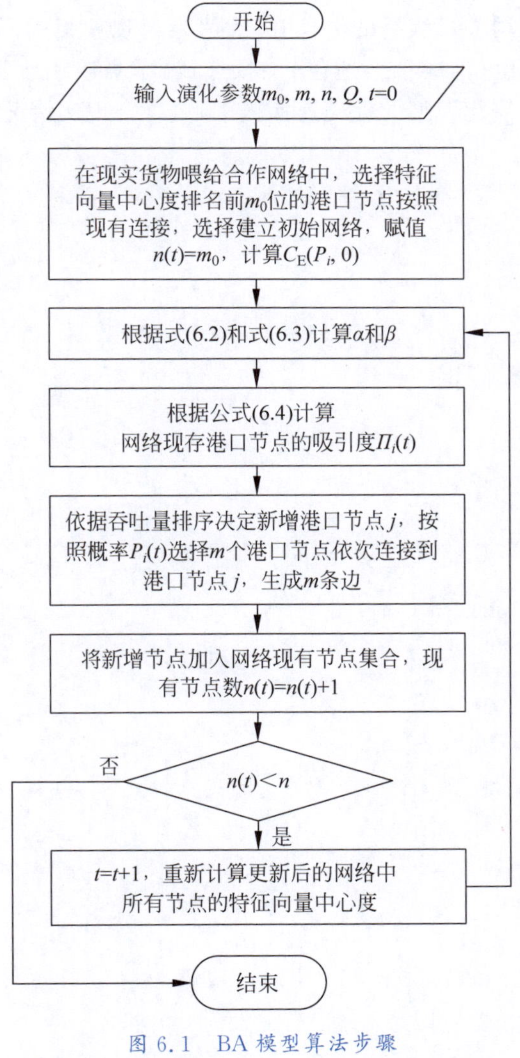

图 6.1 BA 模型算法步骤

本章小结

本章发现区域港口群竞合特征为节点度相差悬殊，度数高的节点很少，度数小的港口占大多数，且在新节点进入网络后，倾向于连接度数更大的节点，即有着显著的“无标度”特性。本章认为，在港口的优先连接选择指标中，不但应包括港口自身的规模因素，而且应该考虑港口在网络中的重要程度。以往模型基于度的连接概率受网络规模的影响较大，在小规模的港口货物喂给合作网络中不一定适用。本章选用去量级后的港口吞吐量（港口规模指标）和不受网络规模影响的特征向量中心度（港口社会地位）加权形成“节点吸引度”，重新定义了节点吸引度来改进港口演化模型的优先连接概率，更符合现实情况。

第7章

华南地区港口竞合网络建模及结构分析

华南地区地域辽阔，原料、劳动力及土地资源丰富，北与我国内陆地区相接，南向绵延几千千米南海海岸线，沿途如明珠般散落着大大小小数十个港口。20 世纪 90 年代起，华南地区吸引港澳台商及外资前来投资建企，在能源、交通、通信、原材料、元器件工业及农业营销等方面加强经济合作，促进了共同繁荣[141]，华南地区经济逐级跃升，成为我国经济增长的重要引擎。其中，珠三角地区是我国改革开放的前沿阵地，也是我国最有活力的经济圈之一。步入 21 世纪以来，世界制造业中心、贸易中心、物流中心逐步向亚洲转移，珠三角及周边区域已成为经济全球化分工的重要组成部分，外向型经济飞速发展带来的充足货源，为华南地区港口发展提供了充分的保障。但面对新发展阶段的新要求，为畅通国内国际双循环，保障区域内供应链稳定，华南地区港口面临新挑战。

华南地区尤其是珠三角地区是我国甚至全世界港口密度最高的区域，在该区域港口内部竞争日益激烈，合作也不断涌现。国际枢纽港深圳、香港、广州三港间的角力随着南沙港日益壮大不断加剧。与此同时，中小型港口在各自地方政府大力支持下，积极建设港口基础设施，拓展腹地货源，增开内外贸航线。伴随热火朝天的港口建设而来的是各港口的业务量增速相对降低。由于腹地重叠，码头距离较近，港口功能同质化等原因导致竞争加剧，区域港口上升发展遇到瓶颈。

转观其他区域，上海港联合长三角区域各港，建立了区域港口群良性竞合机制，充分发挥合力，使其牢牢占据世界第一大港地位，联通长三角区域各港牢牢占据世界第一大港地位，2021 年集装箱吞吐量达 4702 万吨，为深圳港同时期吞吐量的近 1.64 倍；长三角地区宁波-舟山港合作发力，超越深圳港跻身世界第三大集装箱港口。随着要素成本上升、疫情冲击国际国内产业链和供应链、劳动密集型产业向东南亚国家（地区）转移及发达国家产业回流等外部形势，港口群形成合力应对外界竞争的需求越来越迫切。

近几年，广州港深入内陆，联系珠江水系内河港及其他海港，初步建立了与广东省其他各港口航线的互联互通。但内外形势都要求华南地区港口进一步加深合作，进行理性的规划和建设计划，尽快调整港口间竞合关系，加强跨地域合作，精准定位，合理分工，充分发挥区域内各港口优势，互补短板，最终形成层次分明、分工明确的良性港口群竞合网络结构[129]，和优势互补、资源整合的网络运作机制，以形成合力应对内外机遇及挑战[142]。

本章选取华南地区港口为例，针对以上问题对该区域港口群中的复杂竞合网络进行实例分析。研究对象是以珠三角为中心，向外辐射至华南地区内港口组成的港口群，以下称为华南地区港口，主要包括香港、广东、广西、福建及海南的 34 个主要沿海和沿河港口，例如香港港、广州港、深圳港、北海湾港（包括 3 港）、厦门港及海口港等，如图 7.1 所示。

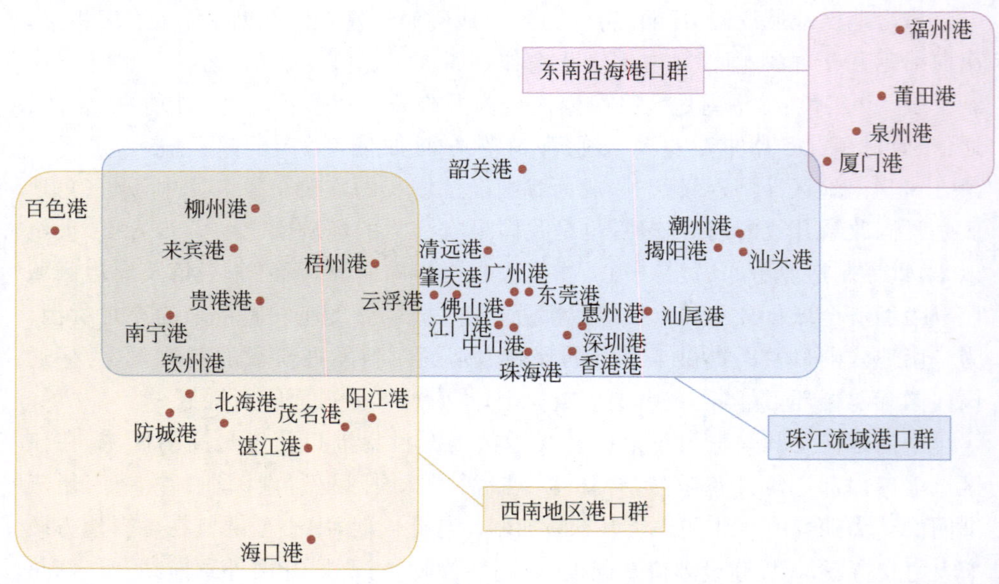

图 7.1 华南地区港口示意图

7.1 数据来源及处理

本书所使用的网络建模及分析所涉及的数据，主要包括港口、腹地及港口间航线等。数据来源主要包括科研项目调研所得可公开的数据，正式出版的年鉴，港口港务局、港务集团或码头官网等。收集可获取的华南地区港口官方数据，作为本书研究的基础数据。由于现实数据处于动态变化过程,且在抽象为复杂网络的过程中存在一定信息丢失的可能,因此关于数据需要特别说明以下几点。

(1) 本书研究主要涉及可查询的数据资料,具体包括《中国港口年鉴》2005年至2015年版[143],《中国城市统计年鉴》2005年至2015年版[144],华南公共驳船快线联盟[145]、西江联盟[146]等港口及水运联盟官网,香港特别行政区政府海事处[147]、盐田港国际物流信息服务平台[148]及广州港集团[149]等港口、码头官方网站[150]及其他信息平台[151]。

(2) 港口间的航线数据,主要考虑华南地区内进行内外贸货物运输的驳船、集装箱班轮、干散货船和油轮航线,对陆路运输、航空运输及其他运输方式航线暂不考虑。数据来源于各港口、码头官网公布的确定航线或船期。重要的来源包括由深圳港赤湾、蛇口专业集装箱码头联合12家驳船公司共同成立的"华南公共驳船快线",广州港"穿梭巴士",由珠海港牵头的西江联盟集装箱班轮及驳船航线,由海口、湛江、南宁三地海关与管区港口企业"三地七方"合力推动的广西环北部湾防城、钦州和北海三港,湛江港及海南省海口等地开通的集装箱及散货驳船航线及其他港口官方网站公布的区域内外贸水运航线。

(3) 关于数据时效,现实数据处于动态变化当中,本书所涉及数据时间跨度为2005年1月—2015年12月,基本满足了研究内容和时长的需求。数据时效以2017年1月—3月所发布的数据为准。

(4) 关于数据处理,研究时如需对数据做无量纲标准化处理,如不做特殊说明,一般采用均值化处理(或称极大-极小值法);如需对缺失数据做处理,如不做特殊说明,一般采用线性插值法补充缺失值。

7.2 竞合网络建模

根据3.2节中多重复杂竞合网络模型的构建方法,依次建立华南地区各港口的物元节点及港口间的多重竞合关系元,从而建立华南区域港口群的竞合网络模型,记为$G=\langle \boldsymbol{M},\boldsymbol{R}\rangle$。该网络模型包含了三重关系子网:基于港口-腹地灰色关联度的交叉腹地竞合关系子网、基于港口-货种分布的货种结构竞合关系子网及基于喂给航线网络的货物喂给合作关系子网。由于节点及连接关系众多,多重关系同时体现在一张图中难免繁杂,可视化效果不好。因此本书研究利用Ucinet软件的可视化(VIsualize)功能,按照三重关系子网的不同特征,按需分别绘制2-模或1-模社群图,即对多重网络按需进行降维可视化。

7.2.1 物元节点

选取华南地区内34个港口为主要研究对象,将其实体分别抽象为港口P_i($i=$

1,2,…,34),与其特征及特征值值一起构成了港口物元节点 $\boldsymbol{M}_i$ ($i=1,2,\cdots,34$)。根据对港口物元节点的研究需求,定义港口节点特征向量为 $\boldsymbol{C}_m^{-1}$。以广州港为例,建立广州港物元节点 $\boldsymbol{M}_2$ 为如下阵列:

$$
\boldsymbol{M}_2=\begin{bmatrix}
\text{广州港}, & \text{所在省份}, & \text{广东} \\
 & \text{货物吞吐量}, & \text{50098 万吨} \\
 & \text{集装箱吞吐量}, & \text{1663 万 TEU} \\
 & \text{最大吃水泊位水深}, & \text{15.5 米} \\
 & \text{泊位长度}, & \text{57586 米} \\
 & \text{生产性码头泊位数}, & \text{709 个} \\
 & \text{万吨级泊位数}, & \text{66 个} \\
 & \text{港航固定资产投资额}, & \text{20.5 亿元} \\
 & \text{城市货运量}, & \text{35204 万吨} \\
 & \text{城市 GDP}, & \text{16707 亿元} \\
 & \text{城市限额以上贸易业商品销售总额}, & \text{18246 亿元} \\
 & \text{堆场装卸机械数量}, & \text{1180 台套} \\
 & \text{堆场＋生产用仓库面积}, & \text{215 万平方米} \\
 & \text{城市工业废水排放量}, & \text{19181 万吨} \\
 & \text{城市工业二氧化硫排放量}, & \text{56527 吨} \\
 & \text{城市工业烟(粉)尘排放量}, & \text{10006 吨} \\
 & \text{所属港口层次}, & \text{—} \\
 & \text{度}, & \text{—} \\
 & \text{中心度}, & \text{—} \\
 & \text{接近中心度}, & \text{—} \\
 & \text{特征向量中心度}, & \text{—} \\
 & \text{中间中心度}, & \text{—}
\end{bmatrix}
$$

港口节点特征向量包含了港口对象的现实属性及研究所需的网络结构属性,其中网络结构属性初始值为空,将在分析得出结果后为其赋值。

7.2.2 多重竞合关系元

在华南地区港口竞合网络的连接关系元中,包含了港口之间竞争合作各个要素的关系系数[129]。根据 3.2.2 小节中的关系元建立方法,计算各关系系数并建立港口节点 $\boldsymbol{M}_i$ 与 $\boldsymbol{M}_j$ 间的竞合关系元 $\boldsymbol{R}_{ij}$ ($i,j=1,2,\cdots,34$)及竞合关系子网。

1) 基于港口-腹地灰色关联度的交叉腹地竞合关系子网

灰色关联度通过测量港口和腹地城市指标值变化趋势之间的相关程度,来反映两者之间的关联程度，是一种黑盒关联度测量。在这里，我们使用的是港口吞吐量若干指标与腹地经济、交通等相关指标。首先对 2004—2014 年华南地区各港口及腹地城市的灰色关联指标数据进行整理(原始指标数据见附录 A 和附录 B)并进行无量纲化。以广州港和广州市为例，均值化后广州港及广州市各指标走势如图 7.2 所示。

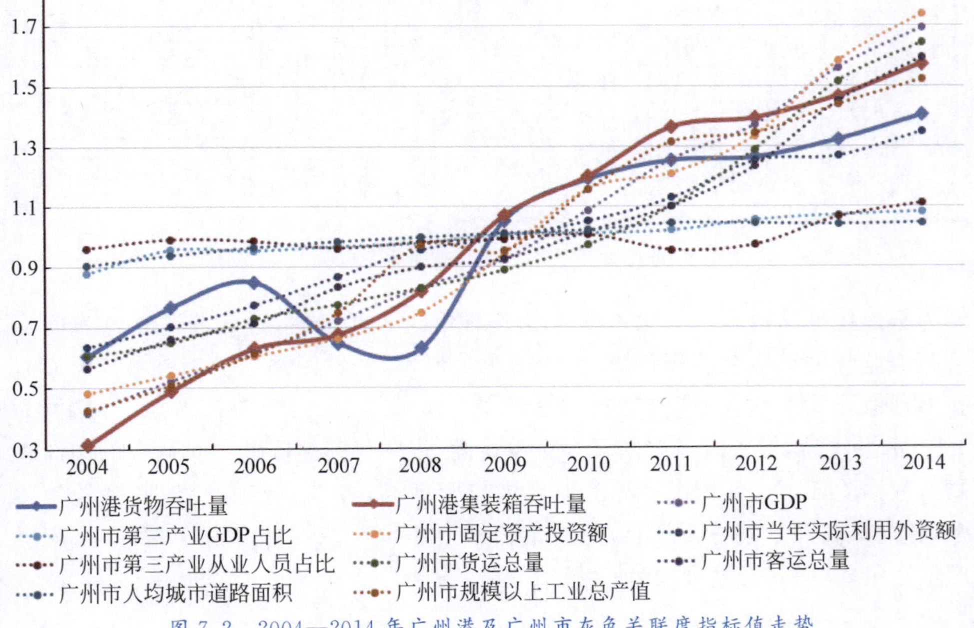

图 7.2 2004—2014 年广州港及广州市灰色关联度指标值走势

计算则利用 MATLAB 工具编程实现，其中设置分辨参数 $\rho=0.05$，求得各港口与各腹地城市之间的灰色关联度矩阵，是一个 34×33 的 2-模长方阵。利用社会网络分析软件 Ucinet 将 2-模长方阵转化为港口与港口间关于腹地的竞合关系 1-模矩阵，运行路径及方法选用过程为 Data→Affiliations(convert 2-mode data to 1-mode)，参数选择为 Which mode(Row)，Method(Minimums，for valued data)(最小值法转化)，Normalization(Bonacich'72)。所得港口-港口关于交叉腹地的竞合关系系数矩阵如图 7.3 所示，对应的网络即港口-港口交叉腹地竞合子网属于全连接网络，网络的可视化分析意义不大，因此只对关系系数做进一步分析。

矩阵中港口-港口竞合系数反映了港口与港口之间对同一腹地竞合的强弱，只有两个港口都与某个腹地城市具有强关联性，才会产生较大的竞合系数。矩阵中数值越大，竞合程度越激烈；数值越小，竞合可能性越小(但不能说明港口之间一定具有合作关系)。矩阵中，港口与自身竞合系数为 1，为对称矩阵，对应网

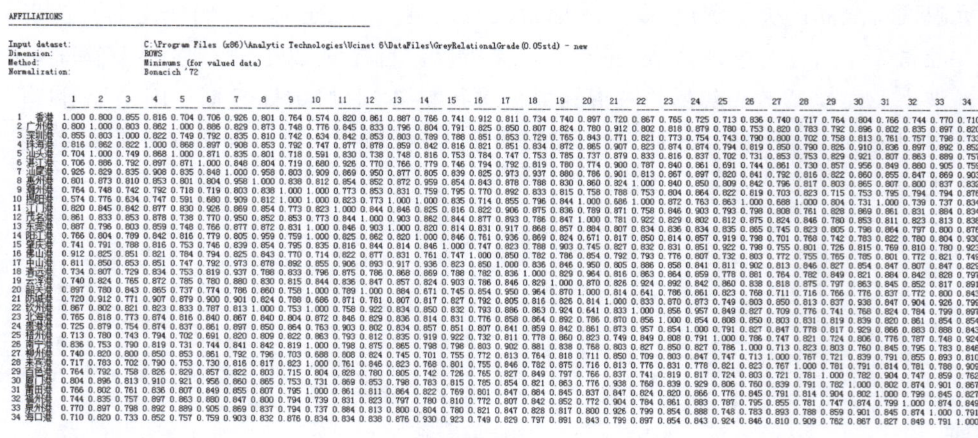

AFFILIATIONS

Input dataset:	C:\Program Files (x86)\Analytic Technologies\Ucinet 6\DataFiles\GreyRelationalGrade(0.05std) - new
Dimension:	ROWS
Method:	Minimums (for valued data)
Normalization:	Bonacich '72

	1	2	3	4	5	6	7	8	9	10	11	12	13	14	15	16	17
1 香港	1.000	0.800	0.855	0.816	0.704	0.706	0.926	0.801	0.764	0.574	0.820	0.861	0.887	0.766	0.741	0.912	0.811
2 广州港	0.800	1.000	0.803	0.862	1.000	0.886	0.829	0.873	0.748	0.776	0.845	0.833	0.796	0.804	0.791	0.825	0.850
3 深圳港	0.855	0.803	1.000	0.822	0.749	0.792	0.835	0.810	0.742	0.634	0.842	0.853	0.803	0.789	0.788	0.851	0.853
4 珠海港	0.816	0.862	0.822	1.000	0.868	0.897	0.908	0.853	0.792	0.747	0.877	0.878	0.859	0.842	0.816	0.821	0.851
5 汕头港	0.704	1.000	0.749	0.868	1.000	0.871	0.835	0.801	0.718	0.591	0.830	0.738	0.748	0.816	0.753	0.784	0.747
6 湛江港	0.706	0.886	0.792	0.897	0.871	1.000	0.848	0.804	0.719	0.680	0.926	0.770	0.766	0.779	0.746	0.794	0.792
7 汕尾港	0.926	0.829	0.835	0.908	0.835	0.848	1.000	0.958	0.803	0.909	0.869	0.950	0.877	0.805	0.839	0.825	0.973
8 惠州港	0.801	0.873	0.810	0.853	0.801	0.804	0.958	1.000	0.838	0.812	0.854	0.852	0.872	0.959	0.854	0.843	0.878
9 潮州港	0.764	0.748	0.742	0.792	0.718	0.719	0.803	0.838	1.000	1.000	0.773	0.853	0.831	0.759	0.795	0.770	0.892
10 揭阳港	0.574	0.776	0.634	0.747	0.591	0.680	0.909	0.812	1.000	1.000	0.823	0.773	1.000	1.000	0.835	0.714	0.855
11 江门港	0.820	0.845	0.842	0.877	0.830	0.926	0.869	0.854	0.773	0.823	1.000	0.844	0.846	0.825	0.816	0.822	0.906
12 茂名港	0.861	0.833	0.853	0.878	0.738	0.770	0.950	0.852	0.853	0.773	0.844	1.000	0.903	0.862	0.844	0.877	0.893
13 东莞港	0.887	0.796	0.803	0.859	0.748	0.766	0.877	0.872	0.831	1.000	0.846	0.903	1.000	0.820	0.814	0.831	0.917
14 阳江港	0.766	0.804	0.789	0.842	0.816	0.779	0.805	0.959	0.759	1.000	0.825	0.862	0.820	1.000	0.846	0.761	0.936
15 肇庆港	0.741	0.791	0.788	0.816	0.753	0.746	0.839	0.854	0.795	0.835	0.816	0.844	0.814	0.846	1.000	0.747	0.823
16 佛山港	0.912	0.825	0.851	0.821	0.784	0.794	0.825	0.843	0.770	0.714	0.822	0.877	0.831	0.761	0.747	1.000	0.850
17 中山港	0.811	0.850	0.853	0.851	0.747	0.792	0.973	0.878	0.892	0.855	0.906	0.893	0.917	0.936	0.823	0.850	1.000
18 清远港	0.734	0.807	0.729	0.834	0.753	0.819	0.937	0.788	0.833	0.796	0.875	0.786	0.868	0.869	0.788	0.782	0.836
19 云浮港	0.740	0.824	0.765	0.872	0.785	0.780	0.880	0.830	0.815	0.844	0.836	0.847	0.857	0.824	0.903	0.786	0.846
20 韶关港	0.897	0.780	0.843	0.865	0.737	0.774	0.786	0.860	0.758	1.000	0.789	1.000	0.884	0.671	0.745	0.854	0.950
21 防城港	0.720	0.912	0.771	0.907	0.879	0.900	0.901	0.824	0.788	0.686	0.871	0.781	0.807	0.817	0.827	0.792	0.805
22 钦州港	0.867	0.802	0.821	0.823	0.833	0.787	0.813	1.000	0.753	1.000	0.758	0.922	0.834	0.850	0.832	0.793	0.886
23 北海港	0.765	0.818	0.773	0.874	0.816	0.840	0.867	0.840	0.804	0.872	0.846	0.829	0.836	0.814	0.831	0.776	0.858
24 贵港	0.725	0.879	0.754	0.874	0.837	0.861	0.897	0.850	0.864	0.763	0.903	0.802	0.834	0.857	0.851	0.807	0.841
25 梧州港	0.713	0.780	0.743	0.794	0.702	0.691	0.820	0.809	0.822	0.863	0.793	0.812	0.835	0.919	0.922	0.732	0.811
26 南宁港	0.836	0.753	0.790	0.819	0.731	0.744	0.841	0.842	0.819	1.000	0.798	0.875	0.865	0.798	0.798	0.803	0.902
27 柳州港	0.740	0.820	0.800	0.850	0.853	0.861	0.792	0.796	0.703	0.688	0.808	0.824	0.745	0.701	0.755	0.772	0.813
28 来宾港	0.717	0.783	0.702	0.790	0.753	0.730	0.816	0.817	0.823	1.000	0.761	0.846	0.823	0.768	0.801	0.755	0.846
29 百色港	0.764	0.792	0.758	0.826	0.829	0.857	0.822	0.803	0.715	0.804	0.828	0.780	0.805	0.742	0.726	0.765	0.827
30 厦门港	0.804	0.896	0.813	0.910	0.921	0.956	0.860	0.865	0.753	0.731	0.869	0.853	0.798	0.783	0.815	0.785	0.854
31 莆田港	0.766	0.802	0.761	0.836	0.807	0.849	0.855	0.807	0.795	1.000	0.861	0.811	0.864	0.822	0.769	0.801	0.847
32 福州港	0.744	0.835	0.757	0.897	0.863	0.880	0.847	0.800	0.794	0.739	0.831	0.823	0.797	0.780	0.810	0.772	0.807
33 泉州港	0.770	0.897	0.798	0.892	0.889	0.905	0.869	0.837	0.794	0.737	0.884	0.813	0.800	0.804	0.780	0.821	0.847
34 海口港	0.710	0.820	0.733	0.852	0.757	0.759	0.903	0.832	0.876	0.834	0.834	0.838	0.876	0.930	0.923	0.749	0.829

	18	19	20	21	22	23	24	25	26	27	28	29	30	31	32	33	34
1 香港	0.734	0.740	0.897	0.720	0.867	0.765	0.725	0.713	0.836	0.740	0.717	0.764	0.804	0.766	0.744	0.770	0.710
2 广州港	0.807	0.824	0.780	0.912	0.802	0.818	0.879	0.780	0.753	0.820	0.783	0.792	0.896	0.802	0.835	0.897	0.820
3 深圳港	0.729	0.765	0.843	0.771	0.821	0.773	0.754	0.743	0.790	0.800	0.702	0.758	0.813	0.761	0.757	0.798	0.733
4 珠海港	0.834	0.872	0.865	0.907	0.823	0.874	0.874	0.794	0.819	0.850	0.790	0.826	0.910	0.836	0.897	0.892	0.852
5 汕头港	0.753	0.785	0.737	0.879	0.833	0.816	0.837	0.702	0.731	0.853	0.753	0.829	0.921	0.807	0.863	0.889	0.757
6 湛江港	0.819	0.780	0.774	0.900	0.787	0.840	0.861	0.691	0.744	0.861	0.730	0.857	0.956	0.849	0.880	0.905	0.759
7 汕尾港	0.937	0.880	0.786	0.901	0.813	0.867	0.897	0.820	0.841	0.792	0.816	0.822	0.860	0.855	0.847	0.869	0.903
8 惠州港	0.788	0.830	0.860	0.824	1.000	0.840	0.850	0.809	0.842	0.796	0.817	0.803	0.865	0.807	0.800	0.837	0.832
9 潮州港	0.833	0.815	0.758	0.788	0.753	0.804	0.864	0.822	0.819	0.703	0.823	0.715	0.753	0.795	0.794	0.794	0.876
10 揭阳港	0.796	0.844	1.000	0.686	1.000	0.872	0.763	0.863	1.000	0.688	1.000	0.804	0.731	1.000	0.739	0.737	0.834
11 江门港	0.875	0.836	0.789	0.871	0.758	0.846	0.903	0.793	0.798	0.808	0.761	0.828	0.869	0.861	0.831	0.884	0.834
12 茂名港	0.786	0.847	1.000	0.781	0.922	0.829	0.802	0.812	0.875	0.824	0.846	0.780	0.853	0.811	0.823	0.813	0.838
13 东莞港	0.868	0.857	0.884	0.807	0.834	0.836	0.834	0.835	0.865	0.745	0.823	0.805	0.798	0.864	0.797	0.800	0.876
14 阳江港	0.869	0.824	0.671	0.817	0.850	0.814	0.857	0.919	0.798	0.701	0.768	0.742	0.783	0.822	0.780	0.804	0.930
15 肇庆港	0.788	0.903	0.745	0.827	0.832	0.831	0.851	0.922	0.798	0.755	0.801	0.726	0.815	0.769	0.810	0.780	0.923
16 佛山港	0.782	0.786	0.854	0.792	0.793	0.776	0.807	0.732	0.803	0.772	0.755	0.765	0.785	0.801	0.772	0.821	0.749
17 中山港	0.836	0.846	0.950	0.805	0.886	0.858	0.841	0.811	0.902	0.813	0.846	0.827	0.854	0.847	0.807	0.847	0.829
18 清远港	1.000	0.829	0.964	0.816	0.863	0.864	0.859	0.778	0.881	0.764	0.782	0.849	0.821	0.884	0.842	0.828	0.797
19 云浮港	0.829	1.000	0.870	0.826	0.924	0.892	0.842	0.860	0.838	0.818	0.875	0.797	0.863	0.845	0.852	0.817	0.891
20 韶关港	0.964	0.870	1.000	0.814	0.641	0.786	0.861	0.823	0.768	0.711	0.716	0.766	0.776	0.837	0.772	0.800	0.843
21 防城港	0.816	0.826	0.814	1.000	0.833	0.870	0.873	0.749	0.803	0.850	0.813	0.837	0.938	0.847	0.904	0.926	0.799
22 钦州港	0.863	0.924	0.641	0.833	1.000	0.856	0.957	0.849	0.827	0.709	0.776	0.741	0.768	0.824	0.784	0.799	0.897
23 北海港	0.864	0.892	0.786	0.870	0.856	1.000	0.854	0.808	0.850	0.803	0.831	0.819	0.839	0.820	0.861	0.854	0.854
24 贵港	0.859	0.842	0.861	0.873	0.957	0.854	1.000	0.791	0.827	0.847	0.778	0.817	0.929	0.866	0.883	0.888	0.843
25 梧州港	0.778	0.860	0.823	0.749	0.849	0.808	0.791	1.000	0.786	0.747	0.821	0.724	0.806	0.776	0.787	0.748	0.924
26 南宁港	0.881	0.838	0.768	0.803	0.827	0.850	0.827	0.786	1.000	0.713	0.823	0.803	0.760	0.845	0.795	0.783	0.846
27 柳州港	0.764	0.818	0.711	0.850	0.709	0.803	0.847	0.747	0.713	1.000	0.767	0.721	0.839	0.791	0.855	0.893	0.810
28 来宾港	0.782	0.875	0.716	0.813	0.776	0.831	0.778	0.821	0.823	0.767	1.000	0.781	0.791	0.814	0.781	0.788	0.909
29 百色港	0.849	0.797	0.766	0.837	0.741	0.819	0.817	0.724	0.803	0.721	0.781	1.000	0.782	0.904	0.747	0.859	0.762
30 厦门港	0.821	0.863	0.776	0.938	0.768	0.839	0.929	0.806	0.760	0.839	0.791	0.782	1.000	0.802	0.874	0.901	0.867
31 莆田港	0.884	0.845	0.837	0.847	0.824	0.820	0.866	0.776	0.845	0.791	0.814	0.904	0.802	1.000	0.799	0.845	0.827
32 福州港	0.842	0.852	0.772	0.904	0.784	0.861	0.883	0.787	0.795	0.855	0.781	0.747	0.874	0.799	1.000	0.874	0.849
33 泉州港	0.828	0.817	0.800	0.926	0.799	0.854	0.888	0.748	0.783	0.893	0.788	0.859	0.901	0.845	0.874	1.000	0.791
34 海口港	0.797	0.891	0.843	0.799	0.897	0.854	0.843	0.924	0.846	0.810	0.909	0.762	0.867	0.827	0.849	0.791	1.000

1-mode matrix saved as dataset C:\Program Files (x86)\Analytic Technologies\Ucinet 6\DataFiles\GreyRelationalGrade(0

图 7.3 港口-港口关于交叉腹地的竞合关系系数矩阵(Ucinet 运行结果)

络为全连接无向网络。去除重复系数及对角线 1 元素后，进一步观察港口间交叉腹地竞合关系系数的分布情况(如图 7.4 所示)。关系系数分布在 0.5～1.0，整体近似服从正态分布，样本数据标准差为 0.057，数据分布较为集中，均值为 0.82 水平较高，即各港口之间竞合系数偏高，说明华南地区港口间竞合的倾向较高。数据验证了实际情况：华南地区港口密度高，各港口与各腹地联系较为紧密，各港口倾向于共享腹地资源，当港口针对腹地采取的业务过于雷同时，就会产生竞争，从而错位发展，将萌生合作。

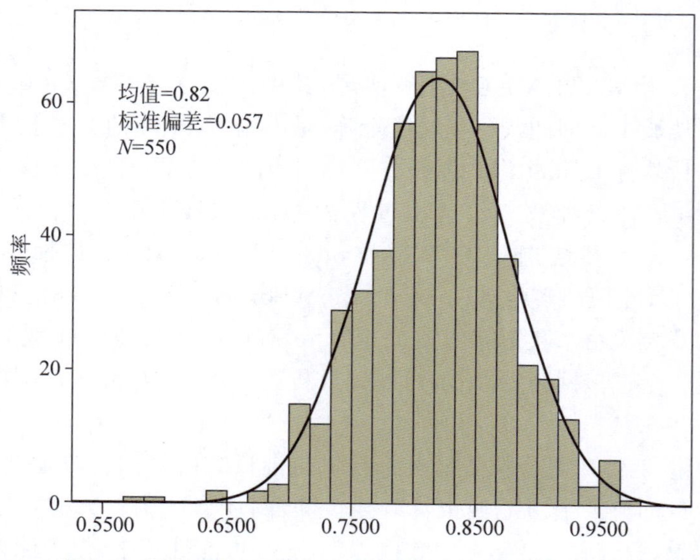

图 7.4 港口-港口间交叉腹地竞合关系系数分布直方图

2）基于港口-货种分布的货种结构竞合关系子网

华南地区腹地内物产资源丰富，通过港口进行内外贸的货种也几乎包括了港口业务所能包含的所有货种，主要涵盖了集装箱，旅客，煤炭及制品、石油天然气及制品、液体散货、金属矿石、矿建、钢铁、木材、散水泥、粮食、砂石、化肥及件杂货等大宗货物以及整车（货种分类参考《中国港口年鉴》[143]历年统计标准）。除了若干中心港和枢纽港之外，大部分港口对部分货种有一定的侧重。

因此首先要整理华南地区港口与货种的对应关系，即建立港口与各货种之间的2-模发生矩阵 $\boldsymbol{R}'$（如3.2.1小节中所定义）如附录C中表C-1。为方便观察，利用Ucinet软件可视化功能，绘制社群邻接图如图7.5所示，可以清晰地看出各港口的货种分布。

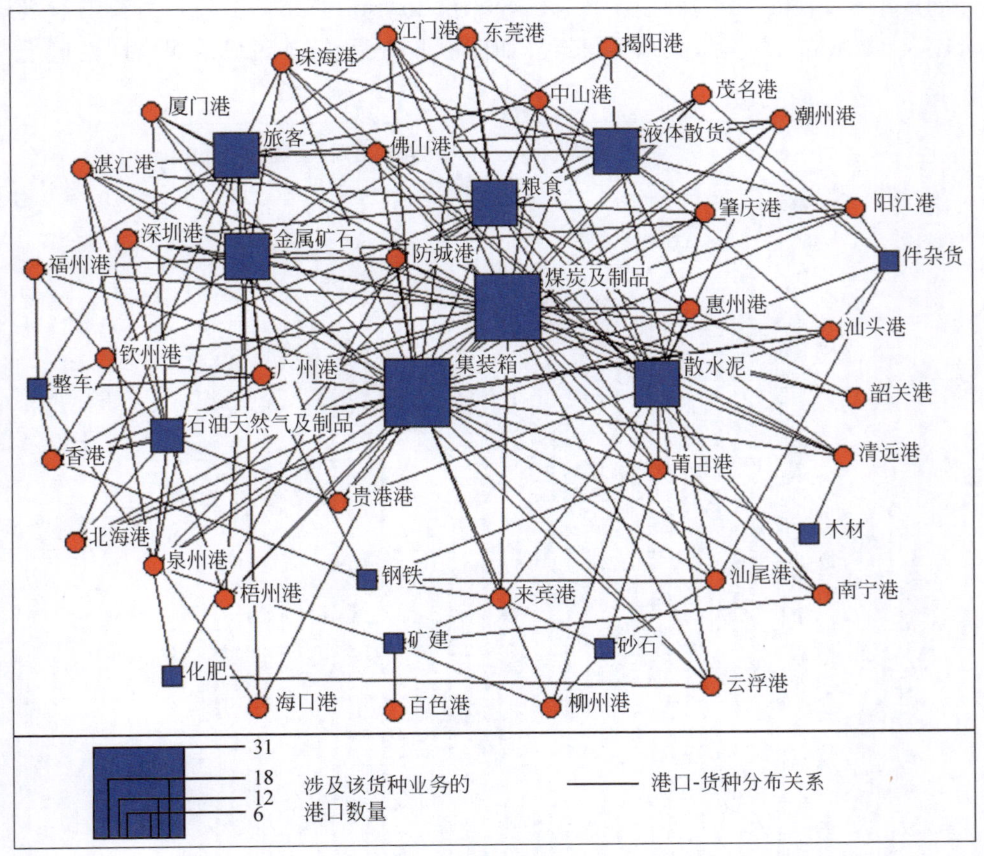

图7.5　华南地区港口内港口-货种2-模网络的社群图

此时的2-模矩阵是一个34×15的0-1矩阵，体现了华南地区34个港口与15个主要货种之间的业务涵盖关系，若港口业务涵盖该货种则矩阵元素为1；否则为 0。体现在社群网络中，港口业务涵盖该货种则存在港口-货种邻接关系，否则不存在邻接关系。

在社群图中，设置货种节点的大小随着邻接港口数量而变化，则不难看出华南地区港口内优势货种为集装箱、煤炭及制品、粮食、金属矿石、建材及液体散货等。但我们更关注的是，港口与港口的业务范畴重叠了多少？哪些港口在做几乎相同的货种业务？它们之间更倾向于竞争还是合作？未来这些港口应该如何调整业务才能达到整体最优？这些问题我们将尝试在之后的研究中一一作答。

为分析港口与港口之间的业务范畴重叠情况，利用 Ucinet 将港口-货物 2-模矩阵转换为港口-港口 1-模方阵，运行路径为 Data→Affiliations(convert 2-mode data to 1-mode)，参数选择为 Which mode(Row)，Method(cross-products method，co-occurrence)(对应乘积法)，Normalization(None)。运行所得港口-港口基于货种结构的竞合关系系数矩阵如图 7.6 所示，矩阵对应的网络即港口-港

AFFILIATIONS

```
--------------------------------------------------------------------------------

Input dataset:            "D:\Program Files (x86)\Analytic Technologies\Ucinet
Dimension:                ROWS
Method:                   Cross-Products (co-occurrence)
Normalization:            None
```

	1	2	3	4	5	6	7	8	9	10	11	12	13	14	15	16	17	18	19	20	21	22	23	24	25	26	27	28	29	30	31	32	33	34
1 香港	7	6	5	4	4	4	4	3	4	2	4	3	4	3	3	4	4	3	2	1	3	4	4	3	3	2	1	3	0	4	3	5	4	3
2 广州	6	8	7	4	3	6	3	3	3	2	4	3	4	3	3	5	4	4	3	3	4	6	4	4	4	3	1	3	0	5	4	6	5	3
3 深圳	5	7	7	4	3	6	2	3	3	2	4	3	4	3	3	5	4	4	3	3	4	6	4	4	4	3	1	2	0	5	3	6	5	3
4 珠海	4	4	4	6	4	4	3	4	5	3	5	3	5	4	4	6	5	4	4	2	5	3	3	4	3	3	2	3	0	4	3	4	3	2
5 汕头	4	3	3	4	6	3	4	4	4	3	4	4	4	4	4	4	4	3	3	1	4	3	4	4	3	3	2	3	0	3	3	3	3	1
6 湛江	4	6	6	4	3	7	2	3	3	2	4	3	4	3	3	5	4	4	4	3	5	5	4	4	4	3	1	2	0	5	3	5	5	2
7 汕尾	4	3	2	3	4	2	6	3	3	3	3	4	3	4	3	3	3	2	2	1	3	2	3	2	2	2	2	4	0	2	4	2	2	1
8 惠州	3	3	3	4	4	3	3	5	4	2	5	4	5	3	5	5	5	4	3	2	5	3	2	3	2	4	2	3	0	2	4	2	3	1
9 潮州	4	3	3	5	4	3	3	4	5	2	5	3	5	3	4	5	5	4	3	1	4	2	3	3	2	3	2	3	0	3	3	3	3	2
10 揭阳	2	2	2	3	3	2	3	2	2	4	2	3	2	4	2	3	2	1	2	2	3	2	2	2	2	1	0	1	0	2	1	2	1	0
11 江门	4	4	4	5	4	4	3	5	5	2	6	4	6	3	5	6	6	5	3	2	5	3	3	3	2	4	2	3	0	3	4	3	4	2
12 茂名	3	3	3	3	4	3	4	4	3	3	4	5	4	4	4	4	4	3	2	2	4	3	3	2	2	3	1	2	0	2	3	2	3	1
13 东莞	4	4	4	5	4	4	3	5	5	2	6	4	6	3	5	6	6	5	3	2	5	3	3	3	2	4	2	3	0	3	4	3	4	2
14 阳江	3	3	3	4	4	3	4	3	3	4	3	4	3	5	3	4	3	2	3	2	4	3	3	3	3	2	1	2	0	3	2	3	2	1
15 肇庆	3	3	3	4	4	3	3	5	4	2	5	4	5	3	5	5	5	4	3	2	5	3	2	3	2	4	2	3	0	2	4	2	3	1
16 佛山	4	5	5	6	4	5	3	5	5	3	6	4	6	4	5	7	6	5	4	3	6	4	3	4	3	4	2	3	0	4	4	4	4	2
17 中山	4	4	4	5	4	4	3	5	5	2	6	4	6	3	5	6	6	5	3	2	5	3	3	3	2	4	2	3	0	3	4	3	4	2
18 清远	3	4	4	4	3	4	2	4	4	1	5	3	5	2	4	5	5	6	3	2	4	3	3	3	2	4	2	3	0	3	5	3	4	2
19 云浮	2	3	3	4	3	4	2	3	3	2	3	2	3	3	3	4	3	3	5	2	5	3	2	4	3	3	2	3	0	3	3	3	2	1
20 韶关	1	3	3	2	1	3	1	2	1	2	2	2	2	2	3	2	2	2	3	3	3	1	2	2	2	0	1	0	2	2	2	2	2	0
21 防城	3	4	4	5	4	5	3	5	4	3	5	4	5	4	5	6	5	4	5	3	7	4	2	4	3	4	2	3	0	3	4	3	3	1
22 钦州	4	6	6	3	3	5	2	3	2	2	3	3	3	3	3	4	3	3	3	3	4	6	3	4	4	3	1	2	0	4	3	5	4	2
23 北海	4	4	4	3	4	4	3	2	3	2	3	3	3	3	2	3	3	3	2	1	2	3	5	3	3	2	1	2	0	4	2	4	4	2
24 贵港	3	4	4	4	4	4	2	3	3	2	3	2	3	3	3	4	3	3	4	2	4	4	3	5	4	3	2	3	0	4	3	4	3	1
25 梧州	3	4	4	3	3	4	2	2	2	2	2	2	2	3	2	3	2	2	3	2	3	4	3	4	4	2	1	2	0	4	2	4	3	1
26 南宁	2	3	3	3	3	3	2	4	3	1	4	3	4	2	4	4	4	4	3	2	4	3	2	3	2	5	3	4	1	2	4	2	4	1
27 柳州	1	1	1	2	2	1	2	2	2	0	2	1	2	1	2	2	2	2	2	0	2	1	1	2	1	3	4	4	1	1	3	1	2	1
28 来宾	3	3	2	3	3	2	4	3	3	1	3	2	3	2	3	3	3	3	3	1	3	2	2	3	2	4	4	6	1	2	5	2	3	1
29 百色	0	0	0	0	0	0	0	0	0	0	0	0	0	0	0	0	0	0	0	0	0	0	0	0	0	1	1	1	1	0	0	0	1	0
30 厦门	4	5	5	4	3	5	2	2	3	2	3	2	3	3	2	4	3	3	3	2	3	4	4	4	4	2	1	2	0	5	2	5	4	2
31 莆田	3	4	3	3	3	3	4	4	3	1	4	3	4	2	4	4	4	5	3	2	4	3	2	3	2	4	3	5	0	2	7	2	3	1
32 福州	5	6	6	4	3	5	2	2	3	2	3	2	3	3	2	4	3	3	3	2	3	5	4	4	4	2	1	2	0	5	2	6	4	3
33 泉州	4	5	5	3	3	5	2	3	3	1	4	3	4	2	3	4	4	4	2	2	3	4	4	3	3	4	2	3	1	4	3	4	6	2
34 海口	3	3	3	2	1	2	1	1	2	0	2	1	2	1	1	2	2	2	1	0	1	2	2	1	1	1	1	1	0	2	1	3	2	3

1-mode matrix saved as dataset "D:\Program Files (x86)\Analytic Technologies\Ucinet

图 7.6 港口-货种 2-模矩阵转换为港口-港口 1-模矩阵运行结果

口货种结构竞合关系子网，仍接近于全连接网络，网络的可视化分析意义不大，因此只对关系系数做进一步分析。

港口-港口基于货种结构的竞合关系系数方阵为对称方阵，竞合关系系数为0至7的离散整数值，均值为2.96，中位数和众数均为3，数值分布如图7.7所示，近似服从正态分布。值得注意的是，深圳港和广州港是唯一一对货种结构竞合系数达到7的港口对。这一系数简练地体现了该区域港口群当中各港口重合的业务范畴数量，业务的重合并不能简单地推断出港口之间存在竞争关系，也可能是不同层次的港口之间存在紧密的业务联系，必须结合港口规模层次和港口航线关系进一步分析。

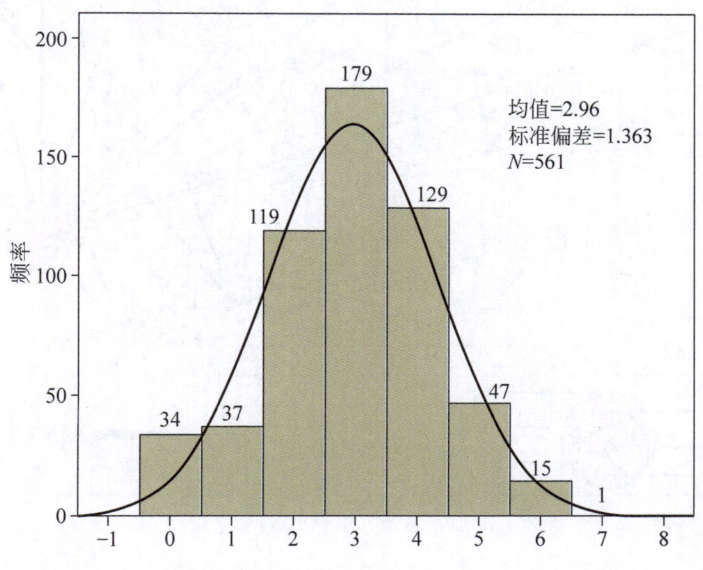

图7.7　港口-港口间的货种竞合关系系数分布直方图

3）基于区域港口群区内喂给航线网络的货物喂给合作关系子网

航线的互通是双向的，但是货物喂给合作关系应是有向联系，由喂给港指向被喂给港，连线权重为航线的密度。整理华南地区航线相关数据，我们得到华南地区港口群内部基于航线网络的货物喂给合作关系系数矩阵，如附录C中表C-2。由于喂给合作是不同港口之间的有向联系，因此矩阵为非对称矩阵且对角线元素为0，矩阵相对稀疏。

喂给合作关系系数矩阵对应的网络即港口-港口货物喂给合作关系子网。利用Ucinet绘制华南地区港口间货物喂给合作关系子网社群图，调整港口节点大小参数，使之随着节点入度大小变化，即节点的大小体现出了该港口被喂给的程度；同理，调节连线线条粗细，使之体现出喂给航线的密度，如图7.8所示。可以看出在华南地区港口内喂给关系紧密，跨区域的连接广泛存在，并可轻松观察到深圳、香港和广州三个较大的中心枢纽港，连接到较多的港口，且航线密度较高。

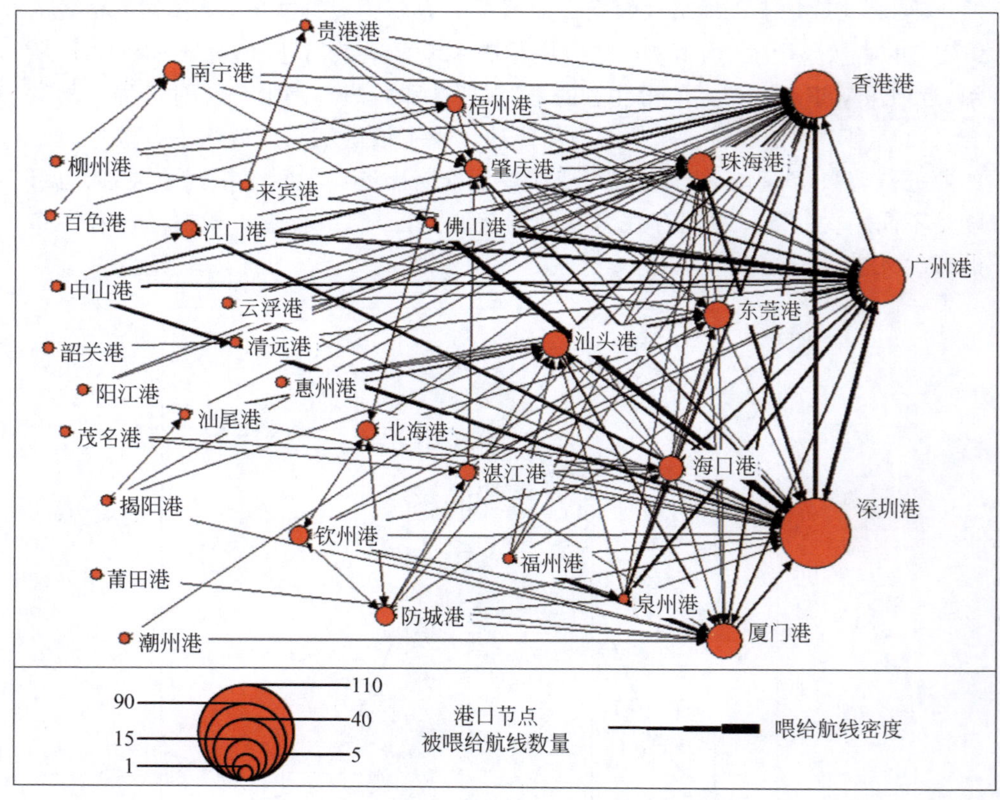

图 7.8 华南地区港口间货物喂给合作关系子网社群图

4）竞合关系元的定义

由 3.2.2 小节给出的规范定义华南地区港口竞合关系元，用以表示港口与港口间的多重异质竞合关系。以 P_1＝香港与 P_2＝广州港之间的关系元对 $\boldsymbol{R}_{12}$ 及 $\boldsymbol{R}_{21}$ 为例，如下阵列所示。

$$\boldsymbol{R}_{12}=\begin{bmatrix} P_1P_2\ \text{竞合关系}, & \text{前项}, & \text{香港港} \\ & \text{后项}, & \text{广州港} \\ & \text{交叉腹地竞争系数}\ c_r^h, & 0.8 \\ & \text{货种结构竞合系数}\ c_r^t, & 6 \\ & \text{喂给合作系数}\ c_r^f, & 0 \\ & \cdots & \cdots \end{bmatrix}$$

$$\boldsymbol{R}_{21}=\begin{bmatrix} P_2P_1\text{ 竞合关系}, & \text{前项}, & \text{广州港} \\ & \text{后项}, & \text{香港港} \\ & \text{交叉腹地竞争系数 } c_r^h, & 0.8 \\ & \text{货种结构竞合系数 } c_r^t, & 6 \\ & \text{喂给合作系数 } c_r^f, & 6 \\ & \cdots & \cdots \end{bmatrix}$$

由以上关系元对可以观察到广州港与香港港之间交叉腹地竞合系数为0.8,较均值0.82稍小,根据该系数分布数据(如图7.4所示)计算标准分数为−0.35,根据中心极限定理,在区域港口群内部处于腹地竞合36.32%的水平,交叉腹地竞合关系相对较弱;货种结构竞合系数为6,根据该系数分布数据(如图7.7所示)计算标准分数为2.2,在区域港口群内部处于98.61%的水平,货种结构重合度非常高,结合喂给合作系数可以发现,广州港对香港港的喂给系数达到6,航线非常密集,两港合作非常密切。同理,从微观上,我们可以分析区域内任意两港之间的多重竞合关系,感兴趣的读者可以查阅相关数据自行尝试分析。

7.2.3　网络模型

综合港口物元节点 $\boldsymbol{M}_i(i=1,2,\cdots,34)$所构成的集合 $\boldsymbol{M}$,及两两港口之间多重竞合关系元 $\boldsymbol{R}_{ij}(i,j=1,2,\cdots,34)$所构成的集合 $\boldsymbol{R}$,定义华南地区港口竞合网络模型 $G=\langle \boldsymbol{M},\boldsymbol{R}\rangle$,该网络模型包含了港口间三重竞合关系系数,模型示意图如图3.5所示。

7.3　复杂竞合网络结构分析

本节我们将从层次结构、派系结构、“社会圈”及核心-边缘结构等宏观层面,以及节点度、结构对等及结构洞等微观层面,全面分析华南地区港口内部竞合网络的拓扑结构特征,以及各港口在网络中的地位、所扮演的角色及未来的发展方向。

7.3.1　数据处理方法说明

在进行竞合网络结构分析之前,往往需要将原始网络矩阵数据进行处理,例如,接近中心度、特征向量中心度、中间中心度分析需对网络做对称化处理,核心-边缘分析需对网络做二值化处理。

1）对称化

对称化处理如式(7.1)所示，运用于需要忽略关系方向性的结构分析方法。

$$r_{ij}=\max(r_{ij},r_{ji}) \tag{7.1}$$

2）二值化

二值化是指将真实的网络关系系数 0、1 化，用于需要忽略关系权值的结构分析方法，如整体网络结构分析、核心-边缘成分分析等。二值化方法包括“二分法”或“截断法”：二分法是指将大于 0 的所有值赋值为 1；“截断法”是指将高于或等于某个特定临界值的关系系数赋值为 1，小于临界值的关系系数赋值为 0。

7.3.2 整体结构特征

华南地区港口竞合网络有多重子网，分析有以下几个需要说明的点：第一，由于交叉腹地竞合关系属于全连接关系，无须进行直径及平均路径分析；第二，网络可达性与关系权值无关，因此需对有权网络矩阵（货物喂给子网）做二值化处理；第三，对于有向的货物喂给合作关系，有向可达的条件太过严苛（货物喂给存在方向性），且存在航线即可证明存在港口间合作，因此可做对称化处理。

1）网络可达性——直径和平均路径

程序利用 MATLAB 实现，网络直径及平均路径长度分析结果如表 7.1 所示。

表 7.1 网络直径及平均路径长度分析结果

竞合关系	直径	平均路径长度
货种结构竞合	2	**1.059**
货物喂给合作	**4**	1.897

在货种结构竞合关系中，港口间平均路径长度几乎为 1，几乎为直接相互竞合，说明华南地区港口货种结构重复度高，需要进一步分工；在货物喂给合作网络中，网络直径为 4，说明两个港口最多通过其他三港，就可以建立货物喂给合作，平均来讲甚至只需要一个中间港口即可达。由此可见，华南地区港口具有的高度可达性，具有小世界效应。以上分析从结构上说明，华南地区港口内部进一步集成合作具有高可行性。

2）密度、集群系数及中心势分析

对三重竞合关系子网，均可进行密度、集群系数及中心势分析，无须处理原始数据，利用 MATLAB 编程实现，分析结果如表 7.2 所示。

表 7.2　华南地区港口群竞合网络密度、集群性及中心势分析结果

	密度	集群系数	中　心　势
交叉腹地竞合	0.8223	**1**	**28.79%**
货种结构竞合	**0.9412**	0.987	17.23%
货物喂给合作(有向)	**0.3592**	**0.3678**	**4.02**%(出度)/12.26%(入度)
货物喂给合作(无向)	0.6934	0.6899	13.28%

从密度来看,货种结构竞合关系子网密度最高,喂给关系相对稀疏,都处于较高水平;从集群系数来看,交叉腹地竞合关系子网全连通,集群系数当然是1,为最高值,货种结构竞合关系子网集群程度接近全网络,现实网络——货物喂给合作关系子网(对称化后)集群系数高达0.6899,在三重竞合关系中相对较低,但相比其他现实网络已非常之高[126]。集群系数说明华南地区港口节点的网络邻居也互为邻居的比例非常高,港口节点有强烈的形成团体的倾向;三重竞合关系子网虽有较高的密度和集群系数,但是网络中心化程度,也就是网络的"紧凑程度"并非十分地高,表明了关系相对比较分散,尤其是货物喂给合作网络的出度中心势较低,表明了喂给港喂给航线的分散。

结合集群系数及中心势的反差综合来看,华南地区港口网络虽然整体上各方面联系都很紧密,形成团体的倾向强烈,但在现实中形成的通航航线网络"紧凑程度"却不高,即对中心港的支撑不够集中,也反映了华南地区多枢纽港分散,存在同质竞争,未形成通力合作局面的现实情况,这将可能导致未来被其他中心势更高的区域港口集群拉开差距。

7.3.3　网络结构划分

1. 层次结构

根据4.2.1小节所述分析方法,首先,从华南地区港口节点物元中收集得到层次聚类各指标值,包括最大吃水泊位水深、港口GDP、生产性码头泊位数、货物吞吐量及集装箱吞吐量等特征值,如附录D中表D.1所示。

然后,利用MATLAB编程实现离差平方和法(Ward法)层次聚类过程,聚类循环过程数据如附录D中表D.2所示,聚类过程谱系图如图7.9所示。

华南地区港口节点经过33次迭代聚合为一类,在聚类数量为6处选取聚类截断点(如图7.9所示),华南地区港口竞合网络的各港口物元节点可以从属性特征上被分为6个层次,如表7.3所示。

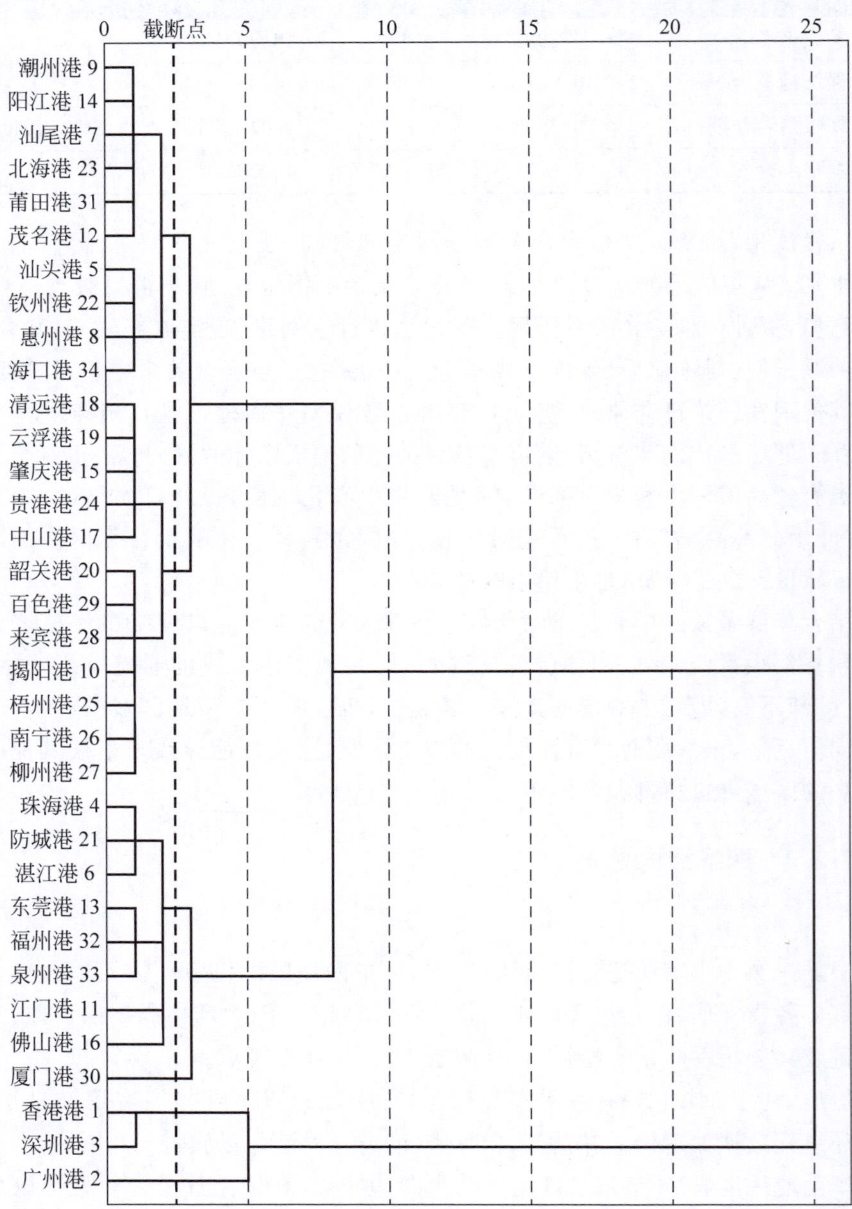

图 7.9 华南地区港口群层次聚类过程谱系图

表 7.3　华南地区港口群聚类层次

层　次	港　口　群
Lev1	广州
Lev2	香港、深圳
Lev3	厦门
Lev4	珠海、湛江、东莞、佛山、江门、防城、福州、泉州
Lev5	汕头、汕尾、惠州、潮州、茂名、阳江、钦州、北海、莆田、海口
Lev6	中山、清远、云浮、肇庆、揭阳、贵港、韶关、来宾、百色、梧州、南宁、柳州

(1) Lev1 为综合国际枢纽港层,包含 1 个港口节点：广州港。广州港历史悠久,是 2000 多年来世界海上交通史上唯一长盛不衰的大港,吞吐量位居全国、全球第四,集装箱吞吐量位居全国第四、全球第五,是华南地区港口群内最大综合性沿海主枢纽港和集装箱干线港。广州港地处粤港澳大湾区核心区域,各港区航道对内沟通整个华南地区内纵横的河道,对外交通辐射东南亚,通往全球各地,是华南地区联通世界的重要门户。广州港是华南地区港口群中功能最全、腹地辐射最广的综合性枢纽港[129]。

(2) Lev2 为国际集装箱枢纽港层,包含 2 个港口节点：香港港,深圳港。深圳港是全球较具效益的港口之一,是世界第四大集装箱港口,也是华南地区最重要的集装箱枢纽港。深圳港拥有东部和西部两个港区众多码头,其中包括全球最大单体集装箱码头——盐田国际集装箱码头。盐田港不仅让全球最大集装箱船舶 100%挂靠它,还吸引众多班轮公司将其作为欧美航线的最后挂靠港。香港港被喻为世界三大天然深水良港之一,是全球繁忙和高效的国际集装箱枢纽港口之一,地处航运要冲,是华南地区港口群中对外沟通全球供应链的重要枢纽港,也是亚太地区最重要的国际航运中心,是船东、船务公司和海运服务业汇聚之处。

(3) Lev3 为区域枢纽港层,包含 1 个港口节点：厦门港。厦门港位于我国福建省南部、台湾海峡西岸,是我国主要沿海港口之一,是国家综合运输体系的重要枢纽、集装箱干线港、邮轮始发港和海峡两岸交流的重要口岸,也是华南地区重要的区域枢纽港。厦门港营商环境优秀,港口可持续发展态势令人瞩目,是厦门国际航运中心的重要载体,也是我国确定的 4 个邮轮运输试点示范港和 8 个国际船舶登记船籍港之一。

(4) Lev4 为区域干线港层,包含 8 个港口节点：珠海港、湛江港、东莞港、佛山港、江门港、防城港、福州港、泉州港。珠海港位于珠三角西部支线入海口,毗邻香港，接壤澳门，是华南地区重要的沿海干线港。珠海港近年来通过码头布局联动西江、长江经济带，牵头建立西江港口联盟，以特色货种为突破口，以船舶运输多式联运为手段，以港口集团为纽带协同多地区经济资源与西南地区广大腹地相连，与长江经济带互动，为珠江东西两岸融合战略做出了重大贡献；湛江港是华南地区港口群中重要的沿海深水港，是我国"一带一路"沿海国家港口联盟中的重要成员，也是连接华南和西南地区重要的海陆交通枢纽，是该地区货物进出口的重要通道；东莞港是珠江口东岸的沿海干线港，处于广州—东莞—深圳—香港经济发展带与广州—佛山—中山—珠海经济发展带A字形框架的重要连接点上[129]；佛山港处于珠三角区域的中心地带，东靠广州，西接肇庆，南通珠海，北连清远，邻接港澳，是华南地区重要的内河干线港；江门港与深圳盐田码头由集装箱驳船航线直接相连，利用珠三角内河网可以联通珠三角及港澳地区，经西江而上可深入我国西南内陆腹地，是珠三角重要的内河干线港；防城港目前是广西北部湾港的重要成员，北部湾港地处华南、西南和东盟经济圈的结合部，是我国内陆腹地货物进入东盟国家的最便捷门户；福州港和泉州港是福建省两大沿海干线港，通过海运与香港港、广州港、深圳港、东莞港及广西省北部湾港互联，客运与台湾省互通，是华南地区向我国东南腹地延伸的重要支撑节点。

（5）Lev5为区域支线港层，包含10个港口：汕头港、汕尾港、惠州港、潮州港、茂名港、阳江港、钦州港、北海港、莆田港、海口港。这些港口大都是沿海港口，对所在区域的货物中转以及枢纽港与喂给港之间的衔接起到了关键作用。地处珠江东岸的港口包括汕头港、汕尾港、惠州港、潮州港；位于广州港和湛江港两大枢纽港之间的重要沿海港口有阳江港和茂名港；西南地区重要沿海港有钦州港和北海港；其他还包括莆田港和海口港。区域支线港是港口形成分工明确、衔接紧密的竞合网络层次结构的重要支撑。

（6）Lev6为喂给港层，包含11个港口：中山港、清远港、云浮港、肇庆港、韶关港、揭阳港、贵港港、来宾港、百色港、梧州港、南宁港及柳州港。以上港口大多为内河港，它们深入产业腹地内部，邻接四通八达的公路或铁路运输主干网络，主要承担对枢纽港、干线港或支线港的喂给职能。

层次聚类凝聚子群分析结果明确了华南地区各港"所属港口层次"，可在港口物元节点中更新该特征的特征值，仍以广州港物元节点为例，更新为如下阵列。

$$
\boldsymbol{M}_2 = \begin{bmatrix}
\text{广州港，} & \text{所在省份，} & \text{广东} \\
 & \text{货物吞吐量，} & \text{50098 万吨} \\
 & \text{集装箱吞吐量，} & \text{1663 万 TEU} \\
 & \text{最大吃水泊位水深，} & \text{15.5 米} \\
 & \text{泊位长度，} & \text{57586 米} \\
 & \text{生产性码头泊位数，} & \text{709 个} \\
 & \text{万吨级泊位数，} & \text{66 个} \\
 & \text{港航固定资产投资额，} & \text{20.5 亿元} \\
 & \text{城市货运量，} & \text{35204 万吨} \\
 & \text{城市 GDP，} & \text{16707 亿元} \\
 & \text{城市限额以上贸易业商品销售总额，} & \text{18246 亿元} \\
 & \text{堆场装卸机械数量，} & \text{1180 台套} \\
 & \text{堆场＋生产用仓库面积，} & \text{215 万平方米} \\
 & \text{城市工业废水排放量，} & \text{19181 万吨} \\
 & \text{城市工业二氧化硫排放量，} & \text{56527 吨} \\
 & \text{城市工业烟(粉)尘排放量，} & \text{10006 吨} \\
 & \text{所属港口层次，} & \text{Lev1} \\
 & \text{度，} & \text{—} \\
 & \text{中心度，} & \text{—} \\
 & \text{接近中心度，} & \text{—} \\
 & \text{特征向量中心度，} & \text{—} \\
 & \text{中间中心度，} & \text{—}
\end{bmatrix}
$$

2. 派系分析

派系分析是对华南地区港口群竞合网络从关系结构上进行划分。竞合网络模型的三重子网中，交叉腹地竞合关系子网是一个完全图，货种结构竞合关系子网相对紧密，属于抽象的概念模型，且将产生所有港口属于一个派系的结果，没有太大研究价值；因此，着重对网络模型中映射现实航线网络的货物喂给合作关系子网进行派系分析(该网络邻接矩阵相对稀疏)，可解析出华南地区港口群现存的基于货物喂给合作关系层面形成的派系子群结构。

需特殊处理的是，货物喂给合作子网是有向网，若考虑有向关系进行派系分析即“强派系”分析，则可能得到空派系的结果，对稀疏的现实网络效果不佳。因此，本书研究考虑对喂给关系子网的邻接矩阵做对称化处理后，进行“弱派系”分析。Ucinet 软件程序运行路径为 Network→Subgroups→Cliques，参数选择为派系最小规模 Minimum size＝3，分析派系重叠模式 Analyze pattern of overlaps＝

Yes。分析得到华南地区港口群在货物喂给合作层面的 40 个 1-派系，分析结果如图 7.10 所示。

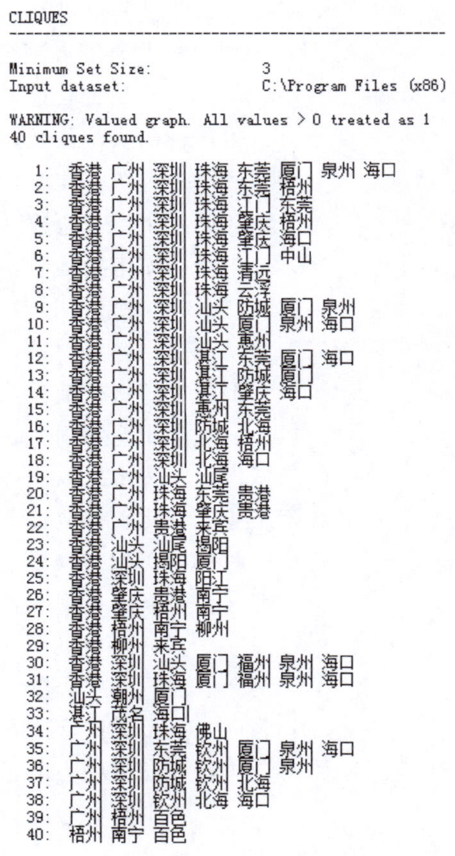

```
CLIQUES
--------------------------------------------------------------

Minimum Set Size:              3
Input dataset:                 C:\Program Files (x86)

WARNING: Valued graph. All values > 0 treated as 1
40 cliques found.

   1:  香港 广州 深圳 珠海 东莞 厦门 泉州 海口
   2:  香港 广州 深圳 珠海 东莞 梧州
   3:  香港 广州 深圳 珠海 江门 东莞
   4:  香港 广州 深圳 珠海 肇庆 梧州
   5:  香港 广州 深圳 珠海 肇庆 海口
   6:  香港 广州 深圳 珠海 江门 中山
   7:  香港 广州 深圳 珠海 清远
   8:  香港 广州 深圳 珠海 云浮
   9:  香港 广州 深圳 汕头 防城 厦门 泉州
  10:  香港 广州 深圳 汕头 厦门 泉州 海口
  11:  香港 广州 深圳 汕头 惠州
  12:  香港 广州 深圳 湛江 东莞 厦门 海口
  13:  香港 广州 深圳 湛江 防城 厦门
  14:  香港 广州 深圳 湛江 肇庆 海口
  15:  香港 广州 深圳 惠州 东莞
  16:  香港 广州 深圳 防城 北海
  17:  香港 广州 深圳 北海 梧州
  18:  香港 广州 深圳 北海 海口
  19:  香港 广州 汕头 汕尾
  20:  香港 广州 珠海 东莞 贵港
  21:  香港 广州 珠海 肇庆 贵港
  22:  香港 广州 贵港 来宾
  23:  香港 汕头 汕尾 揭阳
  24:  香港 汕头 揭阳 厦门
  25:  香港 深圳 珠海 阳江
  26:  香港 肇庆 贵港 南宁
  27:  香港 肇庆 梧州 南宁
  28:  香港 梧州 南宁 柳州
  29:  香港 柳州 来宾
  30:  香港 深圳 汕头 厦门 福州 泉州 海口
  31:  香港 深圳 珠海 厦门 福州 泉州 海口
  32:  汕头 潮州 厦门
  33:  湛江 茂名 海口
  34:  广州 深圳 珠海 佛山
  35:  广州 深圳 东莞 钦州 厦门 泉州 海口
  36:  广州 深圳 防城 钦州 厦门 泉州
  37:  广州 深圳 防城 钦州 北海
  38:  广州 深圳 钦州 北海 海口
  39:  广州 梧州 百色
  40:  梧州 南宁 百色
```

图 7.10 华南地区港口群竞合网络中货物喂给合作子网派系分析结果

这 40 个派系反映了华南地区港口群内部紧密联系的凝聚子群，派系内部港口两两之间都有互通，通过紧密交织的航线网络自然而然地“结成一派”。可以看出，华南地区港口群内部已初步形成各港口分工合作的局面，在每个派系内部都包括不同层次、不同地理位置的港口，各区域内部货物能够自由流动。但从分析结果中也能观察到华南地区港口派系具有明显的区域分割特征，为进一步分析派系的地域分布特征，按派系中重叠的港口进行分组整理得表 7.4。

从地域角度分析派系组成，由表 7.4 可观察到，90％派系涉及香港、广州及深圳三大中心枢纽港。港、广、深派系数量占比达 45％，又可细分为珠海、汕头、湛江及其他航线派系。珠海干线涉及珠江东岸、西岸及江北流域各航线派系，汕头支线与惠州、闽南地区及海南省连通，湛江支线则多数涉及海口港。港、广组合派系数量占比达10%，也分为东、西两个航向；港、深派系数量占比达7.5%，分别经汕头、珠海与福建省厦门、福州、泉州港相连通，同时通往海口港，还包括一个香港、深圳、珠海及阳江的沿海小派系；广州、深圳组合派系数量占比12.5%，有小范围派系与珠海和佛山港连通，也有与北部湾三港及海口港连通派系，通常也涉及厦门及泉州港；香港单独紧密连接的派系占比达15%，西向与汕头、汕尾、揭阳及厦门港连接，东向通往肇庆、梧州、柳州、贵港、来宾及南宁等港。10%局部区域内的小范围喂给派系有：派系37包含潮汕及闽南区域内的汕头、潮州及厦门港；派系38包含琼州海峡两岸的湛江、茂名及海口港；派系39包含广州港通往广西内陆的梧州及百色港；派系40包含广西南宁、梧州及百色三港。

表7.4 华南地区港口群货物喂给合作子网派系重叠分组

<table>
<tr><th>派系编号</th><th colspan="3">港口分组</th><th colspan="2">港口数占比</th></tr>
<tr><td>1</td><td rowspan="18">香港、广州、深圳</td><td rowspan="8">珠海</td><td>东莞、厦门、泉州、海口</td><td rowspan="7">20%</td><td rowspan="18">45%</td></tr>
<tr><td>2</td><td>东莞、梧州</td></tr>
<tr><td>3</td><td>江门、东莞</td></tr>
<tr><td>4</td><td>肇庆、梧州</td></tr>
<tr><td>5</td><td>肇庆、海口</td></tr>
<tr><td>6</td><td>江门、中山</td></tr>
<tr><td>7</td><td>清远</td></tr>
<tr><td>8</td><td>云浮</td><td rowspan="11">25%</td></tr>
<tr><td>9</td><td rowspan="3">汕头</td><td>防城、厦门、泉州</td></tr>
<tr><td>10</td><td>厦门、泉州、海口</td></tr>
<tr><td>11</td><td>惠州</td></tr>
<tr><td>12</td><td rowspan="3">湛江</td><td>东莞、厦门、海口</td></tr>
<tr><td>13</td><td>防城、厦门</td></tr>
<tr><td>14</td><td>肇庆、海口</td></tr>
<tr><td>15</td><td colspan="2">惠州、东莞</td></tr>
<tr><td>16</td><td colspan="2">防城、北海</td></tr>
<tr><td>17</td><td colspan="2">北海、梧州</td></tr>
<tr><td>18</td><td colspan="2">北海、海口</td></tr>
<tr><td>19</td><td rowspan="4">香港、广州</td><td colspan="2">汕头、汕尾</td><td rowspan="4" colspan="2">10%</td></tr>
<tr><td>20</td><td rowspan="2">珠海</td><td>东莞、贵港</td></tr>
<tr><td>21</td><td>肇庆、贵港</td></tr>
<tr><td>22</td><td colspan="2">贵港、来宾</td></tr>
<tr><td>23</td><td rowspan="3">香港、深圳</td><td>汕头</td><td rowspan="2">厦门、福州、泉州、海口</td><td rowspan="3" colspan="2">7.5%</td></tr>
<tr><td>24</td><td>珠海</td></tr>
<tr><td>25</td><td colspan="2">珠海、阳江</td></tr>
</table>

续表

<table>
<tr><th>派系编号</th><th colspan="3">港口分组</th><th>港口数占比</th></tr>
<tr><td>26</td><td rowspan="6">香港</td><td colspan="2">汕头、汕尾、揭阳</td><td rowspan="6">15%</td></tr>
<tr><td>27</td><td colspan="2">汕头、揭阳、厦门</td></tr>
<tr><td>28</td><td colspan="2">肇庆、贵港、南宁</td></tr>
<tr><td>29</td><td colspan="2">肇庆、梧州、南宁</td></tr>
<tr><td>30</td><td colspan="2">梧州、南宁、柳州</td></tr>
<tr><td>31</td><td colspan="2">柳州、来宾</td></tr>
<tr><td>32</td><td rowspan="5">广州、深圳</td><td colspan="2">珠海、佛山</td><td rowspan="5">12.5%</td></tr>
<tr><td>33</td><td colspan="2">东莞、钦州、厦门、泉州、海口</td></tr>
<tr><td>34</td><td rowspan="2">防城、钦州</td><td>厦门、泉州</td></tr>
<tr><td>35</td><td>北海</td></tr>
<tr><td>36</td><td>钦州、北海</td><td>海口</td></tr>
<tr><td>37</td><td colspan="3">汕头、潮州、厦门</td><td rowspan="4">10%</td></tr>
<tr><td>38</td><td colspan="3">湛江、茂名、海口</td></tr>
<tr><td>39</td><td colspan="3">广州、梧州、百色</td></tr>
<tr><td>40</td><td colspan="3">梧州、南宁、百色</td></tr>
</table>

3. 社会圈分析

通过表 7.4 的派系重叠分组，我们发现这一分析途径可以将小的派系进行归类组合，在社会网络分析中称为“社会圈”分析。“社会圈”可以发现华南地区内，喂给合作范围更广的凝聚子群，“社会圈”内港口并非两两全连接，较派系相对“松散”，但依然连接相对紧密。“社会圈”分析不但能够划分竞合网络结构，而且能够发现网络中派系组成的“活跃分子”和未来有可能加入同一派系的各个港口。

(1) 第一步产生的“社会圈”。选择只有 1 名成员不同的港口货物喂给合作派系进行合并，得到 17 个“社会圈”，结果如表 7.5 所示。

表 7.5 华南地区港口群货物喂给合作“社会圈”分析结果(第一步)

序号	第一步产生的社会圈
1	{香港，广州，深圳，珠海，东莞，梧州，江门，中山}
2	{香港，广州，深圳，珠海，肇庆，梧州，海口}
3	{香港，广州，深圳，珠海，清远，云浮}
4	{香港，广州，深圳，珠海，东莞，汕头，厦门，福州，泉州，海口}
5	{广州，深圳，东莞，防城，钦州，厦门，泉州，海口}
6	{香港，广州，深圳，汕头，厦门，泉州，防城，海口}
7	{香港，广州，深圳，东莞，惠州，汕头}
8	{香港，广州，深圳，湛江，防城，海口，东莞，厦门}
9	{香港，广州，深圳，湛江，肇庆，茂名，海口}

续表

序号	第一步产生的社会圈
10	{香港,广州,深圳,防城,北海,钦州,梧州,海口}
11	{香港,广州,汕头,汕尾,揭阳,潮州,厦门}
12	{香港,广州,珠海,肇庆,东莞,贵港}
13	{香港,深圳,珠海,阳江}
14	{广州,深圳,珠海,佛山}
15	{香港,广州,贵港,来宾}
16	{香港,肇庆,南宁,梧州,柳州,贵港,来宾}
17	{广州,南宁,梧州,百色}

(2) 第二步产生的"社会圈"。选择有至少 2/3 共同成员的港口货物喂给合作派系进行合并,得到 7 个"社会圈",结果如表 7.6 所示。

表 7.6 华南地区港口群货物喂给合作"社会圈"分析结果(第二步)

序号	第二步产生的社会圈
1	{香港,广州,深圳,珠海,东莞,肇庆,南宁,梧州,柳州,贵港,来宾,百色,海口}
2	{香港,广州,深圳,珠海,东莞,肇庆,湛江,茂名,阳江,防城,厦门,海口}
3	{香港,广州,深圳,珠海,东莞,惠州,汕头,汕尾,潮州,揭阳,厦门,福州,泉州,海口}
4	{香港,广州,深圳,东莞,汕头,厦门,泉州,防城,钦州,海口}
5	{广州,深圳,防城,北海,钦州,梧州,海口}
6	{香港,广州,深圳,珠海,东莞,梧州,佛山,中山,江门}
7	{香港,广州,深圳,珠海,清远,云浮}

对照表 7.3 的港口规模层次,我们可以清晰地观察到,华南地区货物喂给合作关系子网已形成了规模有大有小,距离有远有近的"合作社会圈",主要包含 7 部分,每部分都包含承担枢纽港、支线港或喂给港角色的港口,且其组成港口具有明显的地域分割特征,以珠江为界,可分为东岸、西岸及北部流域三个主要方向,与派系重叠分组分析结果一致。

通过社会圈的分布及相互交叉关系分析(如图 7.11 所示),我们能够更清晰得观察到各层次的港口在"社会圈"中的分布情况,以及每个港口在"社会圈"中重复出现的情况,从而观察到"活跃分子"及"活跃社会圈"。

范围较大的社会圈包括:第 1,该社会圈以干线港珠海港、东莞港及地处广东省西北部的内陆港肇庆港为桥梁,连接了珠三角主枢纽港与广西壮族自治区内陆港口及海口港;第 2,由广东省珠海港、湛江港及茂名港等港作为衔接,将区域内多个主要港口如厦门港、防城港、海口港等与区域主枢纽港相连接;第 3,该社会圈以珠三角北至惠州的局部港口群为起点,途径汕头港、汕尾港及潮州港等

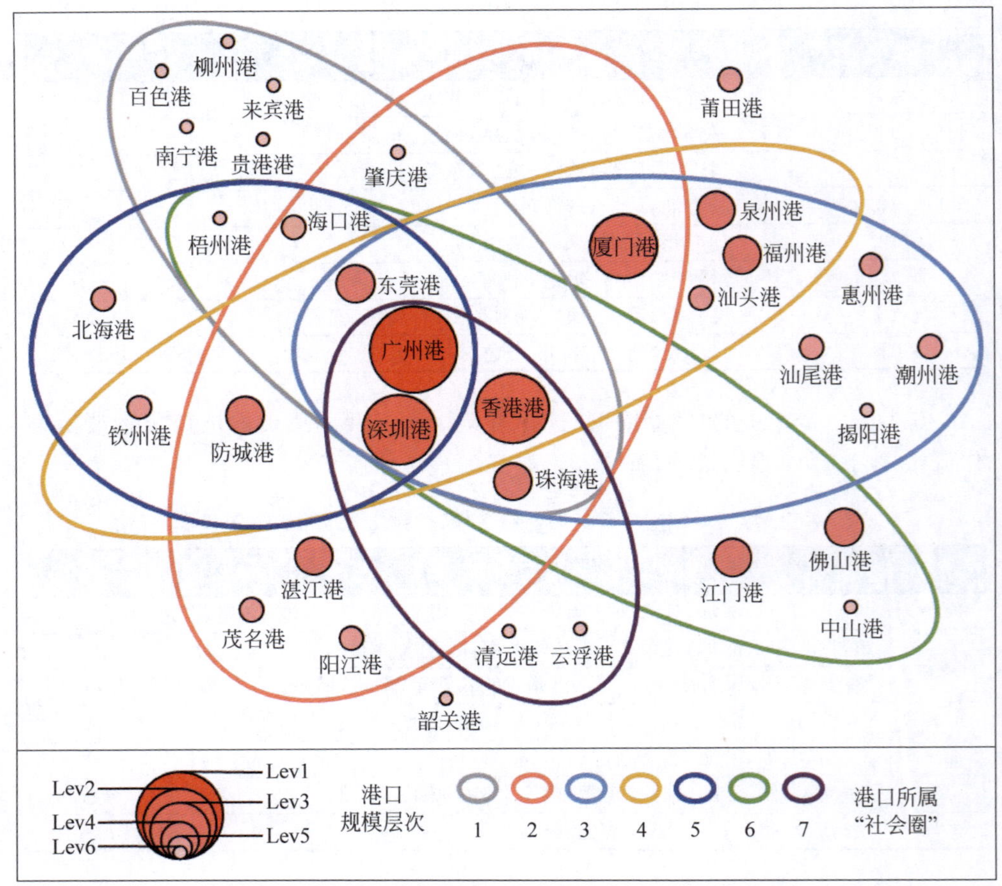

图 7.11　华南地区港口群货物喂给合作“社会圈”示意图

组成的广东东部沿海港口圈，连通了福建省港口圈；第 4，该社会圈由向东延伸的东莞港、汕头港、厦门港和泉州港，以及向西延伸的防城港、钦州港及海口港组成。

范围较小的“社会圈”包括：第 5，由枢纽港广州港和深圳港，北部湾三港，及海口港和梧州港组成的局部港口喂给“社会圈”；第 6 和第 7，珠三角港口与广东省腹地内河港口间的局部合作“社会圈”。

汕头港、梧州港，出现在了 17.5%的派系中，具体关于每个港口角色地位的微观量化分析将会在 7.3.4 小节中进行。

在“社会圈”合并过程中我们发现，大范围“社会圈”的出现，是若干活跃港口节点将小规模派系连接在一起的结果，总结在“社会圈”中的重复出现次数大于 2 的港口节点如表 7.7 所示，通过该简单统计，我们能够看出华南地区港口群中为派系及“社会圈”形成做出突出贡献的“活跃分子”。

表 7.7 货物喂给合作关系子网的派系、“社会圈”中“活跃分子”港口节点

序号	活跃港口	港口层次	“社会圈”出现次数	派系出现次数	派系出现次数占比/%
1	**广州港**	**Lev1**	**7**	**28**	**70**
2	**深圳港**	**Lev2**	**7**	**26**	**65**
3	**香港港**	**Lev2**	**6**	**30**	**75**
4	**珠海港**	**Lev4**	**5**	**13**	**32.5**
5	**海口港**	**Lev5**	**5**	**10**	**25**
6	**厦门港**	**Lev3**	**3**	**10**	**25**
7	**汕头港**	**Lev5**	2	**8**	**20**
8	**东莞港**	**Lev4**	**5**	7	**17.5**
9	**梧州港**	**Lev6**	**3**	**7**	**17.5**
10	**防城港**	**Lev4**	**3**	4	10
11	**泉州港**	**Lev4**	2	**6**	**15**
12	**肇庆港**	**Lev6**	2	**6**	**15**
13	钦州港	Lev5	2	3	7.5
14	北海港	Lev5	1	5	12.5
15	湛江港	Lev4	1	4	10
16	贵港港	Lev6	1	4	10
17	南宁港	Lev6	1	4	10
18	汕尾港	Lev5	1	2	5
19	惠州港	Lev5	1	2	5
20	揭阳港	Lev6	1	2	5
21	江门港	Lev4	1	2	5
22	柳州港	Lev6	1	2	5
23	来宾港	Lev6	1	2	5
24	百色港	Lev6	1	2	5
25	潮州港	Lev5	1	1	2.5
26	茂名港	Lev5	1	1	2.5
27	阳江港	Lev5	1	1	2.5
28	佛山港	Lev4	1	1	2.5
29	中山港	Lev6	1	1	2.5
30	清远港	Lev6	1	1	2.5
31	云浮港	Lev6	1	1	2.5
32	福州港	Lev4	1	1	2.5
33	韶关港	Lev6	0	0	0
34	莆田港	Lev5	0	0	0

枢纽港广州港(70%)、深圳港(65%)、香港港(75%)及厦门港(25%)在派系及“社会圈”凝聚子群中起到了核心作用。连接各区域港口派系的 Lev4 层区域干线港“活跃分子”珠海港(32.5%)、海口港(25%)、防城港(3 个“社会圈”)、东莞港(17.5%)和泉州港(15%)也出现在了相当多数量的派系和“社会圈”中。汕头

港虽然从港口规模、地域经济层面处于 Lev5 区域支线港层，但其在派系分布中的表现非常抢眼，出现在了 20％的派系中。同样的还有内河港梧州港(3 个“社会圈”)、肇庆港(15％)两港入围“活跃分子”港口节点。大多连通广西壮族自治区及海南省的派系中都出现了梧州港或肇庆港。由此可以看出，两港虽在城市经济、吞吐量规模上处于喂给港层次，但从经济地理及社会网络角度来讲，其占据着重要的地位，处在派系和“社会圈”中较重要的位置。另外，网络中存在未进入任何派系的边缘港口节点，关于核心-边缘结构将在下文进行解析。

4. 核心-边缘结构

下面从核心-边缘成分划分的角度，分析华南地区港口群竞合网络的成分及核的塌缩所体现出的节点地位，寻找出“核心成员”和“边缘成员”。

在 k-核分析之前，首先要对 3-重关系矩阵分别进行二值化和对称化。对较密集的交叉腹地竞合关系和货种结构竞合关系矩阵，进行截断二值化(Dichotomize)处理，选取矩阵元素平均值作为截断点，截断为 0 或 1，二值化预处理可将网络矩阵相对稀疏化，而不会导致分析结果信息的丢失；对货物喂给合作网络，将大于 0 的矩阵元素赋值为 1，最后进行对称化处理。然后，利用 MATLAB 编程实现 k-核分析过程。

对于交叉腹地竞合关系，发现从 6-核开始有塌缩变化，7-核、8-核、9-核、10-核均有塌缩，塌缩分析结果如表 7.8 所示。

表 7.8 华南地区港口群竞合网络交叉腹地竞合关系 k-核塌缩

k-核	k-剩余集合	k-剩余集合(对应港口集合)	塌缩序列(剩余点比例)
—	—	—	—
6-核	$\{M_{28}\}$	{来宾港}	1/34
7-核	$\{M_1, M_3, M_{16}, M_{25}, M_{29}\}$	{香港港，深圳港，佛山港，梧州港，百色港}	5/34
8-核	$\{M_9, M_{27}\}$	{潮州港，柳州港}	2/34
9 核	$\varnothing$	$\varnothing$	0
10-核	$\{M_{10}, M_{14}, M_{15}, M_{20}, M_{26}\}$	{揭阳港，阳江港，肇庆港，韶关港，南宁港}	5/34
11-核	—	—	—

根据塌缩过程，绘制华南地区港口群交叉腹地竞合关系的核心-边缘成分如图 7.12 所示。

我们可以清晰地看到华南地区港口群交叉腹地竞合子网中的边缘港口和核心港口，核心成分中大多属于位于交叉腹地中心地带的港口物元节点，港口的交叉腹地竞争激烈，腹地划分并不十分明确。相对来说，属于边缘成分的港口，或是地理位置相对较远(东向有揭阳港、潮州港，西向有阳江港)，或是定位明确(深

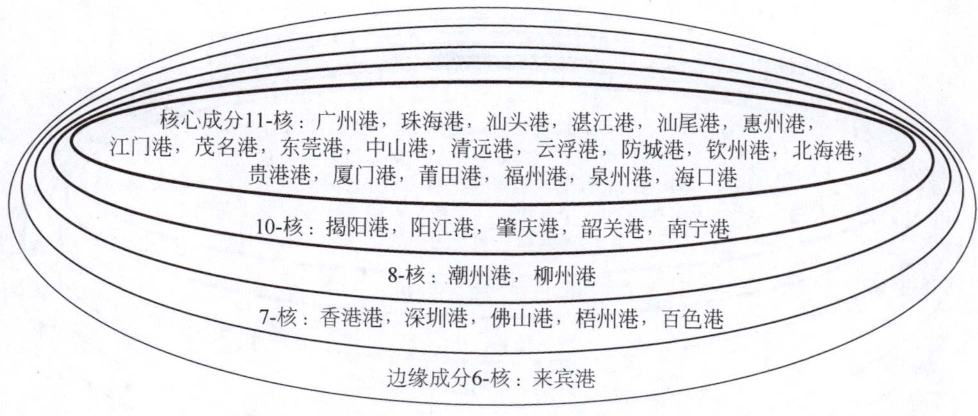

图 7.12　华南地区港口群交叉腹地竞合关系的核心-边缘成分示意图

圳港、香港港、佛山港），或是深入内陆，腹地较为单一（南宁港、韶关港、肇庆港、梧州港、柳州港百色港及来宾港等）。

对于货种结构竞合关系，从1-核开始成分就有塌缩变化，3-核、5-核、7-核、8-核、10-核均有塌缩，k-核的塌缩序列分析如表 7.9 所示。

表 7.9　华南地区港口群竞合网络货种结构竞合关系 k-核塌缩序列分析

k-核	k-剩余集合	k-剩余集合（对应港口集合）	塌缩序列（剩余点比例）
0-核	$\{M_{20}, M_{29}, M_{34}\}$	｛韶关港，百色港，海口港｝	3/34
1-核	$\{M_{10}, M_{27}\}$	｛揭阳港，柳州港｝	2/34
3-核	$\{M_{28}\}$	｛来宾港｝	1/34
5-核	$\{M_{7}, M_{14}, M_{19}\}$	｛汕尾港，阳江港，云浮港｝	3/34
7-核	$\{M_{25}\}$	｛梧州港｝	1/34
8 核	$\{M_{12}, M_{23}\}$	｛江门港，北海港｝	2/34
10-核	—	—	—

根据塌缩过程，绘制华南地区港口群货种竞合关系子网的核心-边缘成分如图 7.13 所示。

从图 7.13 中，我们可以看出，华南地区港口群的货种结构竞合十分的激烈，除少数属于边缘成分港口之外，大部分港口的货种结构重合率相当的高。边缘成分中的港口，有具有一定特色产业的港口如海口港（旅客及整车业务）、阳江港（煤炭、液体散货、金属矿石及件杂货等）、北海港（旅客、煤炭、石油天然气及件杂货等）和汕尾港（煤炭、液体散货、钢铁、砂石及件杂货等），大部分是内河港口或规模较小的喂给港，货种较为单一，不容易产生严重的货种结构竞合。

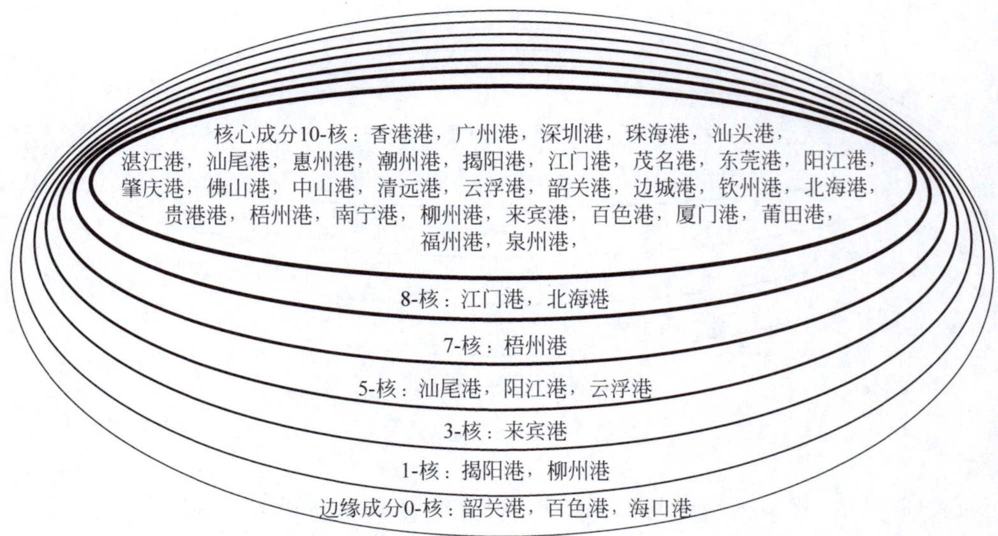

图 7.13 华南地区港口群货种竞合关系子网的核心-边缘成分示意图

值得注意的是，大部分港口处于较核心的 8-核、10-核成分内，相当于大部分港口与其他港口的货种重合度达到 8 种甚至 10 种(统计货种共 15 种)，由此可以看出华南地区港口群急需港口的功能分工规划，否则将造成部分货种对内市场产能过剩，码头装卸固定资产投资过剩，服务利润降低，低价竞争产生及对外客户服务满意度降低的局面，对区域港口群整体竞争力的发展产生严重制约。

对于货物喂给合作关系，从 2-核开始塌缩，3-核、4-核、5-核、7-核均有塌缩，塌缩序列分析如表 7.10 所示，显示了网络中由 k 的变化引起的 k-核成员变化。

表 7.10 华南地区港口群竞合网络货物喂给合作关系 k-核塌缩序列分析

k-核	k-剩余集合	k-剩余集合（对应港口集合）	塌缩序列（剩余点比例）
1-核	$\{M_{20}, M_{31}\}$	{韶关港，莆田港}	2/34
2-核	$\{M_9, M_{12}\}$	{潮州港，茂名港}	2/34
3-核	$\{M_{14}\}$	{阳江港}	1/34
4-核	$\{M_7, M_{10}, M_{16}, M_{18}, M_{19}, M_{26}, M_{27}, M_{28}\}$	{汕尾港，揭阳港，佛山港，清远港，云浮港，南宁港，柳州港，来宾港}	8/34
5-核	$\{M_8, M_{11}, M_{17}, M_{24}\}$	{惠州港，江门港，中山港，贵港港}	4/34
7-核	—	—	—

根据塌缩过程，绘制华南地区港口群货物喂给合作关系子网的核心边缘成分，如图 7.14 所示。

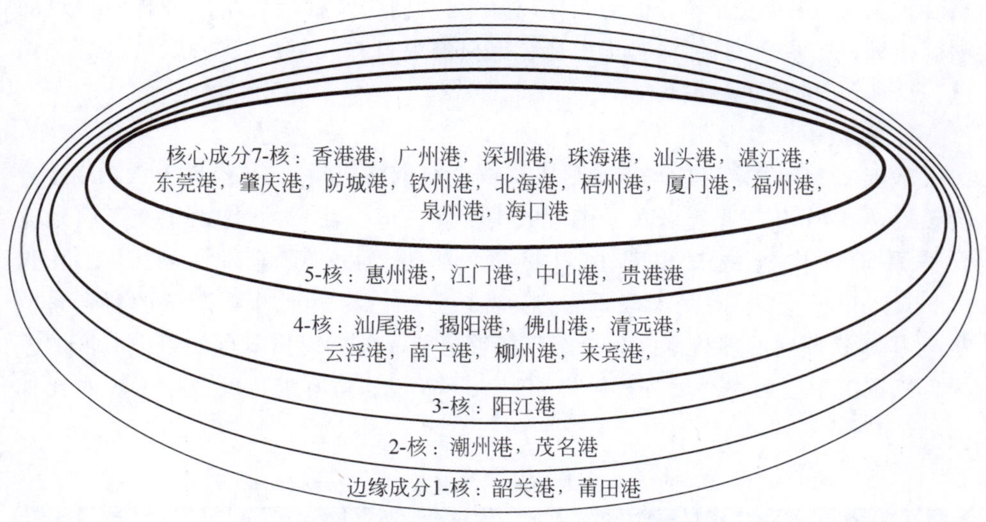

图 7.14 华南地区港口群货物喂给合作关系子网的核心-边缘成分示意图

对比前两个子网，华南地区港口群货物喂给合作网络的核心-边缘成分分布相对平均许多，结构已初现层次分明、分工合理的趋势。在核心成分 7-核中，包含了主要的枢纽港及区域干线港，承担着货物的集散及进出口功能，网络中邻居众多，7-核成分中的港口则相互之间都有较紧密的喂给联系。越边缘化，港口规模越小，邻居节点数逐渐下降，港口层次逐渐降低。属于边缘成分的港口一般喂给对象较单一且航线数量少，如韶关港的喂给对象主要是清远港，莆田港则主要喂给厦门港。

这里要注意区分派系、"社会圈"与核心-边缘子群的不同。派系必须是全连接的凝聚子群；"社会圈"则是派系合并的结果；核心-边缘子群是基于节点度的，即 k-核成分内港口节点不一定具有全连接关系，只是节点度低的港口会不断地被塌缩划分入边缘成分。所以这三类网络结构划分方法基于不同的角度，分析结果也会不相同。例如，福州港并不活跃于多个派系，仅在 1 个(2.5%)全连接派系中出现，但在三重关系子网的核心-边缘分析中，福州港都出现在了"最核心"成分当中，说明其在华南地区竞争或合作的港口节点分布并不广泛，但与较少邻居的连接密度却很高，即从节点度来看关系十分紧密。因此，研究者可根据需求选用网络划分方法。

7.3.4 节点中心性

由网络结构划分分析，我们已经可以从宏观角度得出华南地区港口群竞合网络的结构框架，本小节将更深入地从微观层面分析网络结构中各节点的等级、核心程度、优势及位置等方面的差异，利用复杂网络及社会网络法分析中节点的测度指标进一步研究，加深对华南地区港口群港口物元节点“权利”、“资源”、“角色”及“地位”的量化认识。

1. 度数中心度分析

基于 7.2 节中定义的华南地区港口群竞合网络模型数据，借助 MATLAB 分析工具，同时分析三重竞合关系的度数中心度。值得注意的是，由于交叉腹地竞合关系子网中连线权值都相对接近，因此，对关系进行了截断二值化(Dichotomize)处理，对高于截断值的竞合系数赋值为 1，低于截断值的竞合系数赋值为 0，处理后的邻接矩阵分析结果能够更明显地体现出节点度数中心度的差异。三重关系度数中心度分析结果如表 7.11 所示，所有港口度数中心度对比如图 7.15 所示。

表 7.11　华南地区港口群竞合网络度数中心度分析结果(部分)

交叉腹地竞合关系			货种结构竞合关系			货物喂给合作关系				
港口	层次	度数中心度	港口	层次	度数中心度	港口	层次	度数中心度		
								双向	入度	出度
汕尾港	**Lev5**	**72.73**	**佛山港**	**Lev4**	**58.44**	**深圳港**	**Lev2**	**15.27**	**13.33**	**2.79**
中山港	**Lev6**	**72.73**	**广州港**	**Lev1**	**54.11**	**广州港**	**Lev1**	**12.61**	**10.67**	**3.03**
贵港港	**Lev6**	**72.73**	防城港	Lev4	52.81	**香港港**	**Lev2**	**10.30**	**10.30**	0.00
珠海港	**Lev4**	**66.67**	中山港	Lev6	52.38	**厦门港**	**Lev3**	**6.30**	**4.73**	1.94
江门港	**Lev4**	**63.64**	江门港	Lev4	52.38	**佛山港**	Lev4	5.45	0.12	**5.33**
茂名港	Lev5	63.64	东莞港	Lev4	52.38	**珠海港**	Lev4	4.73	**1.82**	**2.91**
云浮港	Lev6	63.64	深圳港	Lev2	52.38	**泉州港**	Lev4	4.48	0.12	**4.48**
北海港	Lev5	63.64	珠海港	Lev4	51.52	**汕头港**	Lev5	4.00	**1.45**	**2.55**
海口港	Lev5	63.64	湛江港	Lev4	51.08	**东莞港**	Lev4	3.64	**1.45**	2.18
惠州港	Lev5	60.61	香港港	Lev2	47.19	海口港	Lev5	2.91	0.85	2.06
东莞港	Lev4	60.61	清远港	Lev6	46.75	**中山港**	Lev6	2.79	0	**2.79**
清远港	Lev6	51.52	肇庆港	Lev6	45.89	江门港	Lev4	2.55	0.24	2.30
厦门港	Lev3	51.52	汕头港	Lev5	45.89	**福州港**	Lev4	2.42	0.12	**2.42**
泉州港	Lev4	51.52	惠州港	Lev5	45.89	肇庆港	Lev6	2.30	0.61	1.70
钦州港	Lev5	48.48	钦州港	Lev5	45.89	防城港	Lev4	1.58	0.48	1.45
揭阳港	Lev6	45.45	泉州港	Lev4	45.89	梧州港	Lev6	1.58	0.24	1.33
防城港	Lev4	45.45	潮州港	Lev5	45.45	湛江港	Lev4	1.33	0.36	0.97
莆田港	Lev5	45.45	福州港	Lev4	45.45	钦州港	Lev5	1.21	0.48	0.97
福州港	Lev4	45.45	贵港港	Lev6	43.72	云浮港	Lev6	0.97	0	0.97
湛江港	Lev4	42.42	莆田港	Lev5	43.29	贵港港	Lev6	0.97	0.12	0.85
韶关港	Lev6	42.42	厦门港	Lev3	43.29	阳江港	Lev5	0.85	0	0.85
广州港	Lev1	39.39	南宁港	Lev6	41.56	北海港	Lev5	0.85	0.48	0.61

续表

交叉腹地竞合关系			货种结构竞合关系			货物喂给合作关系				
港口	层次	度数中心度	港口	层次	度数中心度	港口	层次	度数中心度		
								双向	入度	出度
汕头港	Lev5	39.39	茂名港	Lev5	41.13	南宁港	Lev6	0.85	0.48	0.36
南宁港	Lev6	36.36	阳江港	Lev5	40.26	惠州港	Lev5	0.61	0.00	0.61
阳江港	Lev5	33.33	云浮港	Lev6	39.83	清远港	Lev6	0.61	0.12	0.48
肇庆港	Lev6	33.33	北海港	Lev5	39.39	汕尾港	Lev5	0.48	0.12	0.36
香港港	Lev2	24.24	来宾港	Lev6	37.66	揭阳港	Lev6	0.48	0.00	0.48
潮州港	Lev5	24.24	汕尾港	Lev5	37.23	柳州港	Lev6	0.48	0.12	0.36
柳州港	Lev6	24.24	梧州港	Lev6	36.8	来宾港	Lev6	0.48	0.00	0.48
深圳港	Lev2	21.21	揭阳港	Lev6	27.27	百色港	Lev6	0.36	0.00	0.36
佛山港	Lev4	21.21	韶关港	Lev6	25.97	潮州港	Lev5	0.24	0.00	0.24
梧州港	Lev6	21.21	柳州港	Lev6	22.94	茂名港	Lev5	0.24	0.00	0.24
百色港	Lev6	21.21	海口港	Lev5	21.65	莆田港	Lev5	0.24	0.00	0.24
来宾港	Lev6	18.18	百色港	Lev6	1.73	韶关港	Lev6	0.12	0.00	0.12

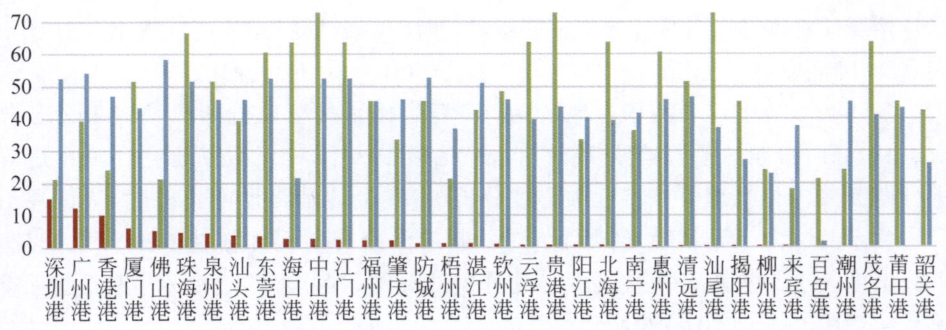

图 7.15 华南地区港口群竞合网络度数中心度对比

由分析结果可以看出，在交叉腹地竞合关系层面，港口物元节点间具有高度数中心度的“核心”节点往往不是枢纽港层次的港口，而是处于连接各凝聚子群的交叉腹地上的港口节点，如珠海港、贵港港、汕尾港及江门港，在喂给网络派系结构中的重复出现率都相对较高（见表 7.7），它们大多是派系结构中的“活跃分子”，在交叉腹地竞合中也占据着“结构中心”的位置。

在货种结构竞合关系层面，货种结构较广泛的港口节点占据了竞合网络的中心。广州港货种结构很丰富，保持了其“核心综合枢纽港”的地位；佛山港与广州港充分共享交通资源，加快区域经济一体化，使得佛山港成为广州港等枢纽港内河支线的第一补给站，因此佛山港甚至较广州港有更高的货种结构竞合中心度；处于 Lev6 喂给港层的中山港、清远港及肇庆港等有着与其喂给港角色不太相符的高中心度，这与其喂给对象的货种结构有关，但也说明了这些港口应该更好地规划自身的货种结构，不求全而求精，调整建设方向，进一步精确自身定位及在竞合网络中的角色分工，以减少同质竞争，发挥长板效应，在提升自身港口竞争力的同时更好地融入区域港口群网络结构，追求更长远优质的发展战略目标。

从货物喂给合作关系的角度看，无论是不考虑航线方向的双向连接中心度，还是考虑货物喂给输入的入度中心度，各港口节点度数中心度与之所处的港口层次均基本相符，深圳港、广州港、香港港和厦门港依次具有最高的度数中心度和入度中心度，体现了在华南地区内，与这些枢纽港连接的喂给航线密度最高。加入喂给航线的方向因素，可以发现，珠海港、汕头港和东莞港的入度中心度次之，较其他同层次港口入度中心度高出很多，因此它们也是该地区喂给航线网络中的次中心港口，结合网络结构划分结果，它们也是派系结构组成中除枢纽港外相对活跃的港口（见表 7.7），表明了这些港口在航线网络中"核心"且"活跃"的地位。从出度中心度来看，佛山港无疑是华南地区港口的喂给"中坚力量"，泉州港、广州港、珠海港、深圳港、中山港和福州港也是喂给核心港，其中广州港和深圳港主要是相互或对香港港进行货物中转喂给，广州港也有对厦门港的中转喂给。

2. 接近中心度分析

基于 7.2 节中定义的华南地区港口群竞合网络模型数据，借助 MATLAB 分析工具，同时分析三重竞合关系的接近中心度。同样对交叉腹地竞合关系矩阵进行截断二值化处理。在接近中心度分析中，注重的是路径可达程度，货物喂给合作关系的方向不是很重要，因此，对货物喂给合作关系矩阵进行对称化处理，不分出度入度。三重子网接近中心度分析部分结果如表 7.12 所示，各节点三重关系接近中心度如图 7.16 所示。

表 7.12 华南地区港口群竞合网络接近中心度分析结果

交叉腹地竞合关系			货种结构竞合关系			货物喂给合作关系		
港口	层次	接近中心度	港口	层次	接近中心度	港口	层次	接近中心度
汕尾港	**Lev5**	**42**	**泉州港**	**Lev4**	**33**	**香港港**	**Lev2**	**40**
中山港	**Lev6**	**42**	**南宁港**	**Lev6**	**33**	**广州港**	**Lev1**	**42**
贵港港	**Lev6**	**42**	**来宾港**	**Lev6**	**33**	**深圳港**	**Lev2**	**44**
珠海港	Lev4	44	珠海港	Lev4	34	**珠海港**	**Lev4**	**49**
江门港	Lev4	45	中山港	Lev6	34	厦门港	Lev3	52
茂名港	Lev5	45	肇庆港	Lev6	34	海口港	Lev5	53
云浮港	Lev6	45	湛江港	Lev4	34	东莞港	Lev4	54
北海港	Lev5	45	云浮港	Lev6	34	汕头港	Lev5	55

续表

交叉腹地竞合关系			货种结构竞合关系			货物喂给合作关系		
港口	层次	接近中心度	港口	层次	接近中心度	港口	层次	接近中心度
海口港	Lev5	45	阳江港	Lev5	34	泉州港	Lev4	56
惠州港	Lev5	46	香港港	Lev2	34	湛江港	Lev4	58
东莞港	Lev4	46	梧州港	Lev6	34	防城港	Lev4	58
清远港	Lev6	49	深圳港	Lev2	34	肇庆港	Lev6	60
厦门港	Lev3	49	汕尾港	Lev5	34	梧州港	Lev6	60
钦州港	Lev5	50	汕头港	Lev5	34	钦州港	Lev5	61
泉州港	Lev4	50	厦门港	Lev3	34	福州港	Lev4	61
莆田港	Lev5	51	清远港	Lev6	34	北海港	Lev5	62
揭阳港	Lev6	52	钦州港	Lev5	34	贵港港	Lev6	63
韶关港	Lev6	52	莆田港	Lev5	34	惠州港	Lev5	64
防城港	Lev4	52	茂名港	Lev5	34	江门港	Lev4	64
福州港	Lev4	52	江门港	Lev4	34	清远港	Lev6	64
广州港	Lev1	54	惠州港	Lev5	34	南宁港	Lev6	64
湛江港	Lev4	54	贵港港	Lev6	34	汕尾港	Lev5	65
汕头港	Lev5	55	广州港	Lev1	34	中山港	Lev6	65
阳江港	Lev5	55	福州港	Lev4	34	揭阳港	Lev6	66
南宁港	Lev6	55	佛山港	Lev4	34	云浮港	Lev6	66
肇庆港	Lev6	56	防城港	Lev4	34	来宾港	Lev6	66
潮州港	Lev5	58	东莞港	Lev4	34	佛山港	Lev4	67
香港港	Lev2	60	潮州港	Lev5	34	柳州港	Lev6	67
深圳港	Lev2	61	北海港	Lev5	34	阳江港	Lev5	68
来宾港	Lev6	63	柳州港	Lev6	35	百色港	Lev6	70
百色港	Lev6	64	韶关港	Lev6	36	潮州港	Lev5	81
佛山港	Lev4	65	揭阳港	Lev6	36	茂名港	Lev5	83
梧州港	Lev6	65	海口港	Lev5	36	莆田港	Lev5	84
柳州港	Lev6	65	百色港	Lev6	62	韶关港	Lev6	96

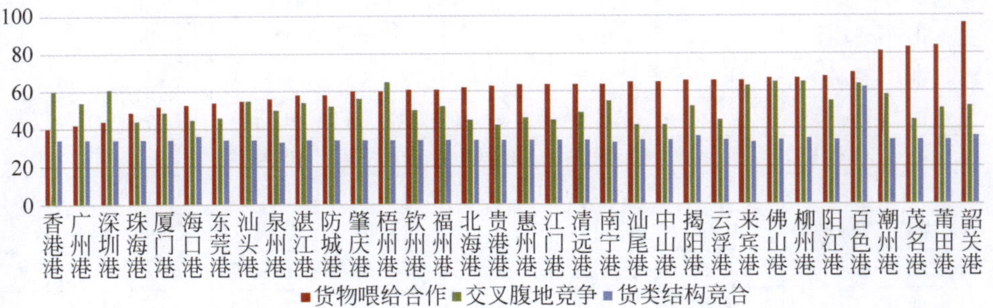

图 7.16 华南地区港口群竞合网络接近中心度分析结果

在接近中心度的分析中要注意的是，接近中心度越大的节点，越不是“中心节点”，因此采用升序排列展示数据。交叉腹地竞合关系子网中的“路径中心”港口包括汕尾港、中山港及贵港港等，这些港口处在交叉腹地竞合关系的核心成分中(见图7.12)，容易与其他港口产生腹地竞争关系，也注意找准定位，差异化经营。另外，可以注意到货种结构竞合关系子网的接近中心度都非常接近，说明该网络的路径可达性较为平均，只有广西壮族自治区内河港百色港与其他港口货种竞合关系较疏远。货物喂给子网中，接近中心度的分布与度数中心度的分布大概一致，但比较明显的变化是，厦门港较珠海港更处于“结构中心”(度数中心度更高)，然而在“路径中心”的分析中却稍逊一筹，说明珠海港在货物喂给航线网络中沟通其他港口的可达性更强，路径更短，连通能力更强。

3. 特征向量中心度分析

基于7.2节中定义的华南地区港口群竞合网络模型数据，借助MATLAB分析工具，同时分析三重竞合关系的特征向量中心度。同样，对交叉腹地竞合关系矩阵进行截断二值化处理。值得注意的是，特征向量中心度分析时，会将有向网矩阵进行对称化处理，处理方法是取较大值(去除航线方向因素)，因此，货物喂给合作关系的特征向量中心度是矩阵对称化后的分析结果。三重子网特征向量中心度分析结果如表7.13、图7.17所示。

表7.13 华南地区港口群竞合网络特征向量中心度分析结果

交叉腹地竞合关系			货种结构竞合关系			货物喂给合作关系		
港口	层次	特征向量中心度/%	港口	层次	特征向量中心度/%	港口	层次	特征向量中心度%
珠海港	**Lev5**	**25.23**	**佛山港**	**Lev4**	**23.09**	**深圳港**	**Lev2**	**55.15**
北海港	**Lev6**	**25.14**	**广州港**	**Lev1**	**21.54**	**广州港**	**Lev1**	**44.59**
江门港	**Lev6**	**24.51**	**防城港**	**Lev4**	**20.88**	**佛山港**	**Lev4**	**38.16**
汕尾港	**Lev4**	**24.14**	**深圳港**	**Lev2**	**20.76**	**香港港**	**Lev2**	**33.15**
贵港港	Lev5	23.25	江门港	Lev4	20.71	**珠海港**	**Lev4**	**21.29**
中山港	Lev4	22.97	东莞港	Lev4	20.71	中山港	Lev6	17.75
云浮港	Lev6	22.68	中山港	Lev6	20.71	厦门港	Lev3	17.71
海口港	Lev5	21.96	湛江港	Lev4	20.32	泉州港	Lev4	16.20
惠州港	Lev5	21.65	珠海港	Lev4	20.20	江门港	Lev4	15.79
东莞港	Lev4	20.89	香港港	Lev2	18.75	汕头港	Lev5	14.03
茂名港	Lev5	20.47	清远港	Lev6	18.55	东莞港	Lev4	13.50
厦门港	Lev3	19.58	钦州港	Lev5	18.04	肇庆港	Lev6	10.76
清远港	Lev6	18.38	惠州港	Lev5	17.99	海口港	Lev5	8.52
泉州港	Lev4	18.30	肇庆港	Lev6	17.99	福州港	Lev4	6.73
福州港	Lev4	16.92	泉州港	Lev4	17.95	防城港	Lev4	6.21

续表

交叉腹地竞合关系			货种结构竞合关系			货物喂给合作关系		
港口	层次	特征向量中心度/%	港口	层次	特征向量中心度/%	港口	层次	特征向量中心度%
莆田港	Lev5	16.53	汕头港	Lev5	17.88	云浮港	Lev6	5.92
钦州港	Lev5	16.44	福州港	Lev4	17.87	梧州港	Lev6	5.69
防城港	Lev4	15.64	潮州港	Lev5	17.82	湛江港	Lev4	5.20
广州港	Lev1	15.36	莆田港	Lev5	17.11	阳江港	Lev5	4.37
韶关港	Lev6	14.74	贵港港	Lev6	16.96	钦州港	Lev5	3.86
湛江港	Lev4	14.74	厦门港	Lev3	16.92	贵港港	Lev6	2.96
揭阳港	Lev6	14.54	茂名港	Lev5	16.03	惠州港	Lev5	2.78
南宁港	Lev6	13.88	南宁港	Lev6	16.03	北海港	Lev5	2.72
汕头港	Lev5	13.45	阳江港	Lev5	15.53	清远港	Lev6	2.67
肇庆港	Lev6	12.30	云浮港	Lev6	15.52	汕尾港	Lev5	1.61
阳江港	Lev5	12.07	北海港	Lev5	15.35	南宁港	Lev6	1.60
潮州港	Lev5	9.79	汕尾港	Lev5	14.42	来宾港	Lev6	1.41
柳州港	Lev6	8.64	来宾港	Lev6	14.42	揭阳港	Lev6	1.15
来宾港	Lev6	7.45	梧州港	Lev6	14.20	百色港	Lev6	0.90
香港港	Lev2	7.34	揭阳港	Lev6	10.62	柳州港	Lev6	0.72
深圳港	Lev2	7.13	韶关港	Lev6	10.21	莆田港	Lev5	0.61
梧州港	Lev6	7.06	柳州港	Lev6	8.70	潮州港	Lev5	0.55
百色港	Lev6	7.01	海口港	Lev5	8.59	茂名港	Lev5	0.24
佛山港	Lev4	6.82	百色港	Lev6	0.52	韶关港	Lev6	0.05

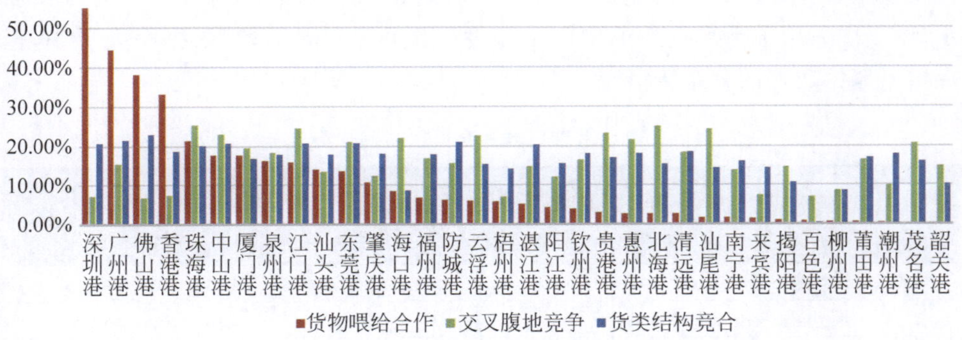

图 7.17　华南地区港口群竞合网络特征向量中心度分析结果

由分析结果可以看出，在交叉腹地竞合关系层面，节点间的特征向量中心度相差不大，排序较前的“重要节点”都是处于交叉腹地的港口节点。例如：珠海港通过与内河港的紧密合作深入联系粤东、广西壮族自治区腹地区域；北海港所处的北部湾港及贵港港连接了广东、广西两省腹地，尤其是贵港港与珠海港合作紧密；江门港则是沟通广东省沿海腹地与内陆腹地的桥梁；汕尾港处于珠三角港口群与福建省港口的交叉腹地上；中山港则是连通珠江东西岸腹地的重要港口。

在货种结构竞合关系层面，各港口特征向量中心度分布较为平均。佛山港与广州港处于货种结构竞合关系的"核心"。较明显的变化是深圳港排序升高，从货种结构竞合关系矩阵观察到，深圳港与广州港之间货种重合率十分的高，货种结构竞合关系紧密，因此深圳港虽度数中心度较低，但被广州港带动，也更接近货种竞合关系的"核心"，这也是特征向量中心的度量特征——与中心度高的节点连接，特征向量中心度也会相应升高。

从货物喂给合作关系的角度来讲。深圳的特征向量中心度处于第一位，说明深圳港连接的核心港口最多，其在华南地区港口群的货物喂给合作关系中处于最重要的位置，网络地位最突出，交互能力最强。佛山港由于广州港的带动，排序由度数中心度的第 5 位跃至特征向量中心度的第 3 位，珠海港及中山港的排序也有很大提升。

4. 中间中心度分析

基于 7.2 节中定义的华南地区港口群竞合网络模型数据，借助 MATLAB 分析工具，同时分析三重竞合关系的中间中心度。由于交叉腹地竞合关系和货种结构竞合关系相对紧密，且对于抽象网络，分析节点中间中心度不具有实际意义，因此只对货物喂给合作关系进行中间中心度分析。中间中心度同样涉及路径可达的分析，因此对货物喂给合作关系矩阵进行对称化处理，不分出度入度。货物喂给合作关系的中间中心度分析结果如表 7.14、图 7.18 所示。为方便展示，图表中采用了标准化后的中间中心度(nBetweenness)，其数据跨度更小，但保留了原始数据的分布特征。

表 7.14 华南地区港口群竞合网络中间中心度分析结果

序号	港口	层次	标准化中间中心度	序号	港口	层次	标准化中间中心度
1	香港港	Lev2	24.57	9	湛江港	Lev4	2.45
2	广州港	Lev1	18.05	10	东莞港	Lev4	1.87
3	厦门港	Lev3	10.90	11	梧州港	Lev6	1.77
4	深圳港	Lev2	10.74	12	南宁港	Lev6	1.06
5	清远港	Lev6	6.06	13	肇庆港	Lev6	0.75
6	珠海港	Lev4	5.98	14	贵港港	Lev6	0.43
7	海口港	Lev5	4.78	15	泉州港	Lev4	0.41
8	汕头港	Lev5	3.92	16	防城港	Lev4	0.37

续表

序号	港口	层次	标准化中间中心度	序号	港口	层次	标准化中间中心度
17	北海港	Lev5	0.23	26	惠州港	Lev5	0.03
18	钦州港	Lev5	0.19	27	福州港	Lev4	0.03
19	来宾港	Lev6	0.14	28	潮州港	Lev5	0
20	佛山港	Lev4	0.14	29	茂名港	Lev5	0
21	柳州港	Lev6	0.13	30	阳江港	Lev5	0
22	汕尾港	Lev5	0.10	31	中山港	Lev6	0
23	揭阳港	Lev6	0.09	32	云浮港	Lev6	0
24	百色港	Lev6	0.04	33	韶关港	Lev6	0
25	江门港	Lev4	0.04	34	莆田港	Lev5	0

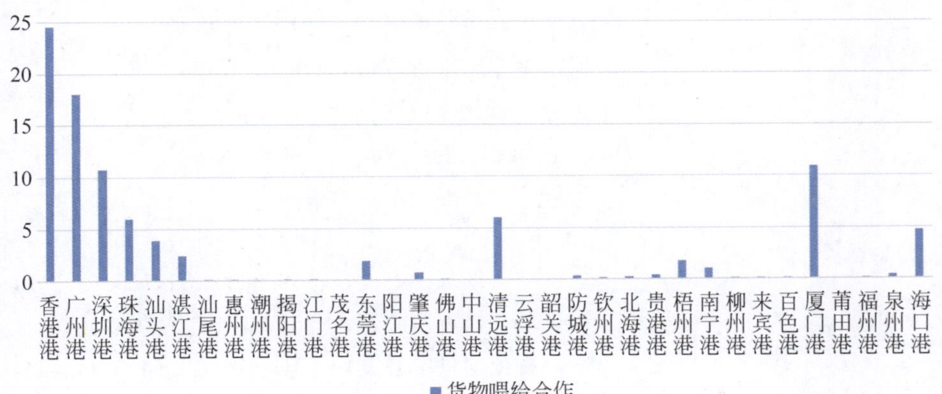

图 7.18　华南地区港口群竞合网络中间中心度分析结果

由分析结果可以看出，一方面，从货物喂给合作关系来看，华南地区港口群竞合网络中，最具有“桥梁节点”性质的港口分别是香港港、广州港、厦门港、深圳港和清远港，这些港口出现在其他港口互连最短路径上的频率最高，更具有控制他港沟通的能力，其中香港港表现抢眼，另有清远港甚至不是枢纽港而是北江中下游的内河港，其“网络桥梁”的性质也凸显了出来。另一方面，那些中间度排名靠后，甚至为0的港口，说明处于路径的终端，没有港口的喂给路径经过它们。中间中心度的度量还能够说明港口是否占据“结构洞”信息控制和资源控制的位置，将在7.3.6小节中进一步分析。

在结束节点中心度的分析之后，需要更新相应港口物元节点的信息，仍以广州港为例：

$$\boldsymbol{M}_2=\begin{bmatrix} \text{广州港,} & \text{所在省份,} & \text{广东} \\ & \text{货物吞吐量,} & \text{50098 万吨} \\ & \text{集装箱吞吐量,} & \text{1663 万 TEU} \\ & \text{最大吃水泊位水深,} & \text{15.5 米} \\ & \text{泊位长度,} & \text{57586 米} \\ & \text{生产性码头泊位数,} & \text{709} \\ & \text{万吨级泊位数,} & \text{66} \\ & \text{港航固定资产投资额,} & \text{20.5 亿元} \\ & \text{城市货运量,} & \text{35204 万吨} \\ & \text{城市 GDP,} & \text{16707 亿元} \\ & \text{城市限额以上贸易业商品销售总额,} & \text{18246 亿元} \\ & \text{堆场装卸机械数量,} & \text{1180 台套} \\ & \text{堆场+生产用仓库面积,} & \text{215 万平方米} \\ & \text{城市工业废水排放量,} & \text{19181 万吨} \\ & \text{城市工业二氧化硫排放量,} & \text{56527 吨} \\ & \text{城市工业烟(粉)尘排放量,} & \text{10006 吨} \\ & \text{所属港口层次,} & \text{Lev1} \\ & \text{度,} & \{13,125,126\} \\ & \text{度数中心度,} & \{39.39,54.11,12.61\} \\ & \text{接近中心度,} & \{54,34,42\} \\ & \text{特征向量中心度,} & \{15.36\%,21.54\%,44.59\%\} \\ & \text{中间中心度,} & \{18.05\} \end{bmatrix}$$

节点是网络的最基本构成要素，节点中心度从各种不同的角度对华南地区港口，进行了的“核心程度”定量分析，从不同关注点反映了各港口节点在三重子网中的地位、角色及重要程度，从网络的微观层面剖析了节点自身特性。

7.3.5 结构洞分析

华南地区港口群竞合网络的结构洞分析，主要针对较为稀疏的非完全子网货物喂给合作关系子网进行。在 7.3.4 小节的中间中心度分析中，已识别出占据结构洞中心的港口物元节点，本节中将利用 Ucinet 软件从港口物元节点的个体网(Ego Network)出发，研究各节点在结构洞存在的情况下，受结构洞占据者的限制程度，即限制度，分析结果为港口物元节点 $\boldsymbol{M}_i$ 受到 $\boldsymbol{M}_j$ 的“限制度”关系，分析路径为 Network→Ego Network→Structure Holes，结果如图 7.19 所示。

图 7.19 中用粗体突出了对每个港口限制度最大的“中间人”港口节点。首

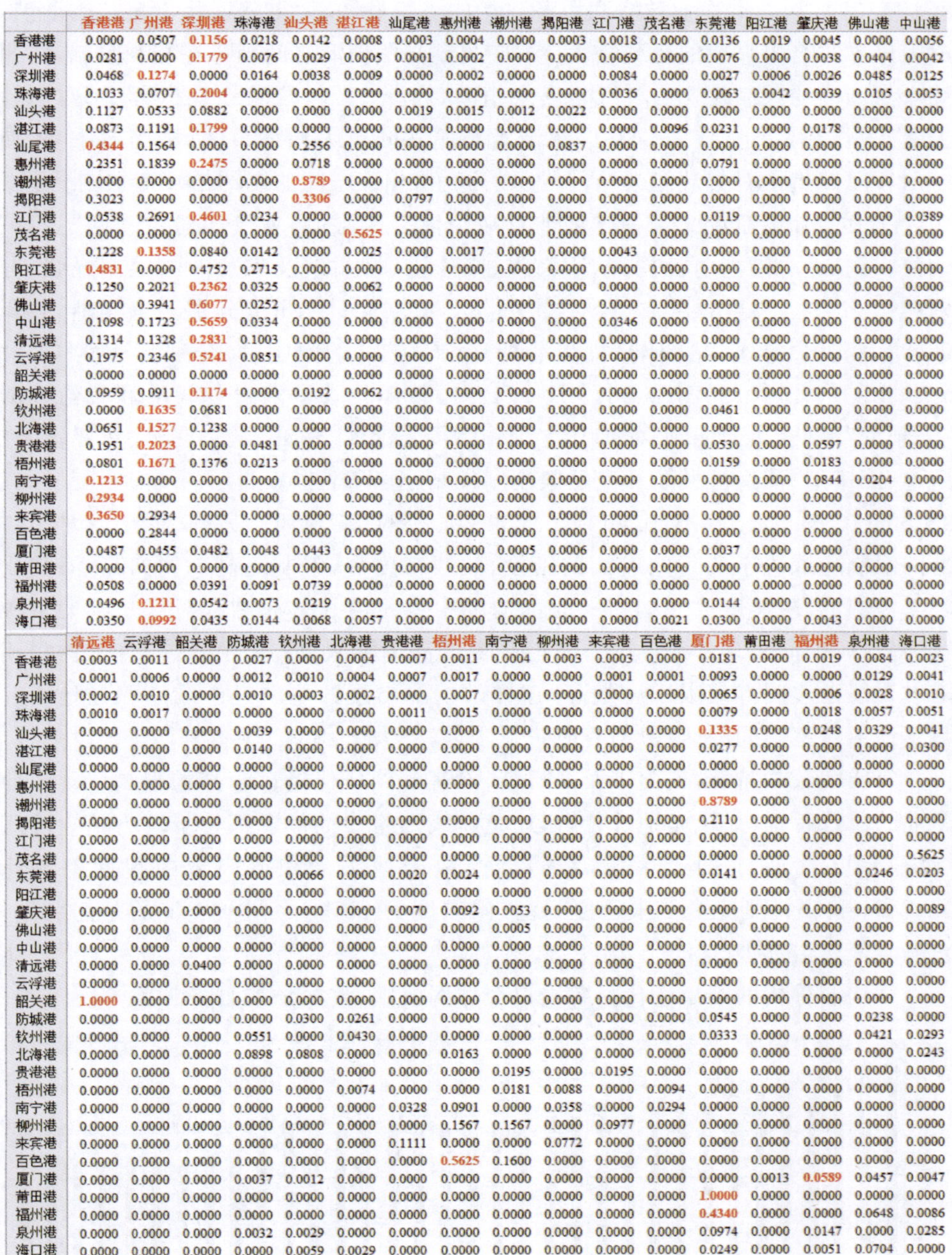

	香港港	广州港	深圳港	珠海港	汕头港	湛江港	汕尾港	惠州港	潮州港	揭阳港	江门港	茂名港	东莞港	阳江港	肇庆港	佛山港	中山港
香港港	0.0000	0.0507	0.1156	0.0218	0.0142	0.0008	0.0003	0.0004	0.0000	0.0003	0.0018	0.0000	0.0136	0.0019	0.0045	0.0000	0.0056
广州港	0.0281	0.0000	0.1779	0.0076	0.0029	0.0005	0.0001	0.0002	0.0000	0.0000	0.0069	0.0000	0.0076	0.0000	0.0038	0.0404	0.0042
深圳港	0.0468	0.1274	0.0000	0.0164	0.0038	0.0009	0.0000	0.0002	0.0000	0.0000	0.0084	0.0000	0.0027	0.0006	0.0026	0.0485	0.0125
珠海港	0.1033	0.0707	0.2004	0.0000	0.0000	0.0000	0.0000	0.0000	0.0000	0.0000	0.0036	0.0000	0.0063	0.0042	0.0039	0.0105	0.0053
汕头港	0.1127	0.0533	0.0882	0.0000	0.0000	0.0000	0.0019	0.0015	0.0012	0.0022	0.0000	0.0000	0.0000	0.0000	0.0000	0.0000	0.0000
湛江港	0.0873	0.1191	0.1799	0.0000	0.0000	0.0000	0.0000	0.0000	0.0000	0.0000	0.0000	0.0096	0.0231	0.0000	0.0178	0.0000	0.0000
汕尾港	0.4344	0.1564	0.0000	0.0000	0.2556	0.0000	0.0000	0.0000	0.0000	0.0837	0.0000	0.0000	0.0000	0.0000	0.0000	0.0000	0.0000
惠州港	0.2351	0.1839	0.2475	0.0000	0.0718	0.0000	0.0000	0.0000	0.0000	0.0000	0.0000	0.0000	0.0791	0.0000	0.0000	0.0000	0.0000
潮州港	0.0000	0.0000	0.0000	0.0000	0.8789	0.0000	0.0000	0.0000	0.0000	0.0000	0.0000	0.0000	0.0000	0.0000	0.0000	0.0000	0.0000
揭阳港	0.3023	0.0000	0.0000	0.0000	0.3306	0.0000	0.0797	0.0000	0.0000	0.0000	0.0000	0.0000	0.0000	0.0000	0.0000	0.0000	0.0000
江门港	0.0538	0.2691	0.4601	0.0234	0.0000	0.0000	0.0000	0.0000	0.0000	0.0000	0.0000	0.0000	0.0119	0.0000	0.0000	0.0000	0.0389
茂名港	0.0000	0.0000	0.0000	0.0000	0.0000	0.5625	0.0000	0.0000	0.0000	0.0000	0.0000	0.0000	0.0000	0.0000	0.0000	0.0000	0.0000
东莞港	0.1228	0.1358	0.0840	0.0142	0.0000	0.0025	0.0000	0.0017	0.0000	0.0000	0.0043	0.0000	0.0000	0.0000	0.0000	0.0000	0.0000
阳江港	0.4831	0.0000	0.4752	0.2715	0.0000	0.0000	0.0000	0.0000	0.0000	0.0000	0.0000	0.0000	0.0000	0.0000	0.0000	0.0000	0.0000
肇庆港	0.1250	0.2021	0.2362	0.0325	0.0000	0.0062	0.0000	0.0000	0.0000	0.0000	0.0000	0.0000	0.0000	0.0000	0.0000	0.0000	0.0000
佛山港	0.0000	0.3941	0.6077	0.0252	0.0000	0.0000	0.0000	0.0000	0.0000	0.0000	0.0000	0.0000	0.0000	0.0000	0.0000	0.0000	0.0000
中山港	0.1098	0.1723	0.5659	0.0334	0.0000	0.0000	0.0000	0.0000	0.0000	0.0000	0.0346	0.0000	0.0000	0.0000	0.0000	0.0000	0.0000
清远港	0.1314	0.1328	0.2831	0.1003	0.0000	0.0000	0.0000	0.0000	0.0000	0.0000	0.0000	0.0000	0.0000	0.0000	0.0000	0.0000	0.0000
云浮港	0.1975	0.2346	0.5241	0.0851	0.0000	0.0000	0.0000	0.0000	0.0000	0.0000	0.0000	0.0000	0.0000	0.0000	0.0000	0.0000	0.0000
韶关港	0.0000	0.0000	0.0000	0.0000	0.0000	0.0000	0.0000	0.0000	0.0000	0.0000	0.0000	0.0000	0.0000	0.0000	0.0000	0.0000	0.0000
防城港	0.0959	0.0911	0.1174	0.0000	0.0192	0.0062	0.0000	0.0000	0.0000	0.0000	0.0000	0.0000	0.0000	0.0000	0.0000	0.0000	0.0000
钦州港	0.0000	0.1635	0.0681	0.0000	0.0000	0.0000	0.0000	0.0000	0.0000	0.0000	0.0000	0.0000	0.0461	0.0000	0.0000	0.0000	0.0000
北海港	0.0651	0.1527	0.1238	0.0000	0.0000	0.0000	0.0000	0.0000	0.0000	0.0000	0.0000	0.0000	0.0000	0.0000	0.0000	0.0000	0.0000
贵港港	0.1951	0.2023	0.0000	0.0481	0.0000	0.0000	0.0000	0.0000	0.0000	0.0000	0.0000	0.0000	0.0530	0.0000	0.0597	0.0000	0.0000
梧州港	0.0801	0.1671	0.1376	0.0213	0.0000	0.0000	0.0000	0.0000	0.0000	0.0000	0.0000	0.0000	0.0159	0.0000	0.0183	0.0000	0.0000
南宁港	0.1213	0.0000	0.0000	0.0000	0.0000	0.0000	0.0000	0.0000	0.0000	0.0000	0.0000	0.0000	0.0000	0.0000	0.0844	0.0204	0.0000
柳州港	0.2934	0.0000	0.0000	0.0000	0.0000	0.0000	0.0000	0.0000	0.0000	0.0000	0.0000	0.0000	0.0000	0.0000	0.0000	0.0000	0.0000
来宾港	0.3650	0.2934	0.0000	0.0000	0.0000	0.0000	0.0000	0.0000	0.0000	0.0000	0.0000	0.0000	0.0000	0.0000	0.0000	0.0000	0.0000
百色港	0.0000	0.2844	0.0000	0.0000	0.0000	0.0000	0.0000	0.0000	0.0000	0.0000	0.0000	0.0000	0.0000	0.0000	0.0000	0.0000	0.0000
厦门港	0.0487	0.0455	0.0482	0.0048	0.0443	0.0009	0.0000	0.0000	0.0005	0.0006	0.0000	0.0000	0.0037	0.0000	0.0000	0.0000	0.0000
莆田港	0.0000	0.0000	0.0000	0.0000	0.0000	0.0000	0.0000	0.0000	0.0000	0.0000	0.0000	0.0000	0.0000	0.0000	0.0000	0.0000	0.0000
福州港	0.0508	0.0000	0.0391	0.0091	0.0739	0.0000	0.0000	0.0000	0.0000	0.0000	0.0000	0.0000	0.0000	0.0000	0.0000	0.0000	0.0000
泉州港	0.0496	0.1211	0.0542	0.0073	0.0219	0.0000	0.0000	0.0000	0.0000	0.0000	0.0000	0.0000	0.0144	0.0000	0.0000	0.0000	0.0000
海口港	0.0350	0.0992	0.0435	0.0144	0.0068	0.0057	0.0000	0.0000	0.0000	0.0000	0.0000	0.0021	0.0300	0.0000	0.0043	0.0000	0.0000

	清远港	云浮港	韶关港	防城港	钦州港	北海港	贵港港	梧州港	南宁港	柳州港	来宾港	百色港	厦门港	莆田港	福州港	泉州港	海口港
香港港	0.0003	0.0011	0.0000	0.0027	0.0000	0.0004	0.0007	0.0011	0.0004	0.0003	0.0003	0.0000	0.0181	0.0000	0.0019	0.0084	0.0023
广州港	0.0001	0.0006	0.0000	0.0012	0.0010	0.0004	0.0007	0.0017	0.0000	0.0000	0.0001	0.0001	0.0093	0.0000	0.0000	0.0129	0.0041
深圳港	0.0002	0.0010	0.0000	0.0010	0.0003	0.0002	0.0000	0.0007	0.0000	0.0000	0.0000	0.0000	0.0065	0.0000	0.0006	0.0028	0.0010
珠海港	0.0010	0.0017	0.0000	0.0000	0.0000	0.0000	0.0011	0.0015	0.0000	0.0000	0.0000	0.0000	0.0079	0.0000	0.0018	0.0057	0.0051
汕头港	0.0000	0.0000	0.0000	0.0039	0.0000	0.0000	0.0000	0.0000	0.0000	0.0000	0.0000	0.0000	0.1335	0.0000	0.0248	0.0329	0.0041
湛江港	0.0000	0.0000	0.0000	0.0140	0.0000	0.0000	0.0000	0.0000	0.0000	0.0000	0.0000	0.0000	0.0277	0.0000	0.0000	0.0000	0.0300
汕尾港	0.0000	0.0000	0.0000	0.0000	0.0000	0.0000	0.0000	0.0000	0.0000	0.0000	0.0000	0.0000	0.0000	0.0000	0.0000	0.0000	0.0000
惠州港	0.0000	0.0000	0.0000	0.0000	0.0000	0.0000	0.0000	0.0000	0.0000	0.0000	0.0000	0.0000	0.0000	0.0000	0.0000	0.0000	0.0000
潮州港	0.0000	0.0000	0.0000	0.0000	0.0000	0.0000	0.0000	0.0000	0.0000	0.0000	0.0000	0.0000	0.8789	0.0000	0.0000	0.0000	0.0000
揭阳港	0.0000	0.0000	0.0000	0.0000	0.0000	0.0000	0.0000	0.0000	0.0000	0.0000	0.0000	0.0000	0.2110	0.0000	0.0000	0.0000	0.0000
江门港	0.0000	0.0000	0.0000	0.0000	0.0000	0.0000	0.0000	0.0000	0.0000	0.0000	0.0000	0.0000	0.0000	0.0000	0.0000	0.0000	0.0000
茂名港	0.0000	0.0000	0.0000	0.0000	0.0000	0.0000	0.0000	0.0000	0.0000	0.0000	0.0000	0.0000	0.0000	0.0000	0.0000	0.0000	0.5625
东莞港	0.0000	0.0000	0.0000	0.0000	0.0066	0.0000	0.0020	0.0024	0.0000	0.0000	0.0000	0.0000	0.0141	0.0000	0.0000	0.0246	0.0203
阳江港	0.0000	0.0000	0.0000	0.0000	0.0000	0.0000	0.0000	0.0000	0.0000	0.0000	0.0000	0.0000	0.0000	0.0000	0.0000	0.0000	0.0000
肇庆港	0.0000	0.0000	0.0000	0.0000	0.0000	0.0000	0.0070	0.0092	0.0053	0.0000	0.0000	0.0000	0.0000	0.0000	0.0000	0.0000	0.0089
佛山港	0.0000	0.0000	0.0000	0.0000	0.0000	0.0000	0.0000	0.0000	0.0005	0.0000	0.0000	0.0000	0.0000	0.0000	0.0000	0.0000	0.0000
中山港	0.0000	0.0000	0.0000	0.0000	0.0000	0.0000	0.0000	0.0000	0.0000	0.0000	0.0000	0.0000	0.0000	0.0000	0.0000	0.0000	0.0000
清远港	0.0000	0.0000	0.0400	0.0000	0.0000	0.0000	0.0000	0.0000	0.0000	0.0000	0.0000	0.0000	0.0000	0.0000	0.0000	0.0000	0.0000
云浮港	0.0000	0.0000	0.0000	0.0000	0.0000	0.0000	0.0000	0.0000	0.0000	0.0000	0.0000	0.0000	0.0000	0.0000	0.0000	0.0000	0.0000
韶关港	1.0000	0.0000	0.0000	0.0000	0.0000	0.0000	0.0000	0.0000	0.0000	0.0000	0.0000	0.0000	0.0000	0.0000	0.0000	0.0000	0.0000
防城港	0.0000	0.0000	0.0000	0.0000	0.0300	0.0261	0.0000	0.0000	0.0000	0.0000	0.0000	0.0000	0.0545	0.0000	0.0000	0.0238	0.0000
钦州港	0.0000	0.0000	0.0000	0.0551	0.0000	0.0430	0.0000	0.0000	0.0000	0.0000	0.0000	0.0000	0.0333	0.0000	0.0000	0.0421	0.0293
北海港	0.0000	0.0000	0.0000	0.0898	0.0808	0.0000	0.0000	0.0163	0.0000	0.0000	0.0000	0.0000	0.0000	0.0000	0.0000	0.0000	0.0243
贵港港	0.0000	0.0000	0.0000	0.0000	0.0000	0.0000	0.0000	0.0000	0.0195	0.0000	0.0195	0.0000	0.0000	0.0000	0.0000	0.0000	0.0000
梧州港	0.0000	0.0000	0.0000	0.0000	0.0000	0.0074	0.0000	0.0000	0.0181	0.0088	0.0000	0.0094	0.0000	0.0000	0.0000	0.0000	0.0000
南宁港	0.0000	0.0000	0.0000	0.0000	0.0000	0.0000	0.0328	0.0901	0.0000	0.0358	0.0000	0.0294	0.0000	0.0000	0.0000	0.0000	0.0000
柳州港	0.0000	0.0000	0.0000	0.0000	0.0000	0.0000	0.0000	0.1567	0.1567	0.0000	0.0977	0.0000	0.0000	0.0000	0.0000	0.0000	0.0000
来宾港	0.0000	0.0000	0.0000	0.0000	0.0000	0.0000	0.1111	0.0000	0.0000	0.0772	0.0000	0.0000	0.0000	0.0000	0.0000	0.0000	0.0000
百色港	0.0000	0.0000	0.0000	0.0000	0.0000	0.0000	0.0000	0.5625	0.1600	0.0000	0.0000	0.0000	0.0000	0.0000	0.0000	0.0000	0.0000
厦门港	0.0000	0.0000	0.0000	0.0037	0.0012	0.0000	0.0000	0.0000	0.0000	0.0000	0.0000	0.0000	0.0000	0.0013	0.0589	0.0457	0.0047
莆田港	0.0000	0.0000	0.0000	0.0000	0.0000	0.0000	0.0000	0.0000	0.0000	0.0000	0.0000	0.0000	1.0000	0.0000	0.0000	0.0000	0.0000
福州港	0.0000	0.0000	0.0000	0.0000	0.0000	0.0000	0.0000	0.0000	0.0000	0.0000	0.0000	0.0000	0.4340	0.0000	0.0000	0.0648	0.0086
泉州港	0.0000	0.0000	0.0000	0.0032	0.0029	0.0000	0.0000	0.0000	0.0000	0.0000	0.0000	0.0000	0.0974	0.0000	0.0147	0.0000	0.0285
海口港	0.0000	0.0000	0.0000	0.0000	0.0059	0.0029	0.0000	0.0000	0.0000	0.0000	0.0000	0.0000	0.0249	0.0000	0.0051	0.0704	0.0000

图 7.19 华南地区港口群竞合网络货物喂给合作关系的结构洞限制度矩阵

先，可观察到三大国际枢纽港之间存在明显的相互限制和竞争，远高于喂给港、支线港和干线港对枢纽港的限制。对香港港限制度最高的港口为深圳港（限制度 0.1156)，深圳港作业效率和服务质量的飞速发展，使得其近几年超越香港港，成为世界排名更靠前的集装箱大港；广州港与深圳港之间则存在相互限制，广州港对深圳港的限制度为 0.1274，反之稍高，为 0.1779，两港地理位置十分接近，加之广州港南沙港区的投产，广州港集装箱吞吐量大幅增长，货种结构重复，使得两者间产生了对集装箱喂给港货源的竞争，相互之间的制约也日渐加剧。

三大国际枢纽港又对各支线港及喂给港有所限制，处于相对主动的"控制"地位。例如，香港港对汕尾港、阳江港、南宁港、柳州港及来宾港的限制最强，分别高达 0.4344、0.4831、0.1213、0.2934 及 0.3650；广州港分别对东莞港、钦州港、北海港、贵港港、梧州港、泉州港具有相对较高的限制度，分别高达 0.1358、0.1635、0.1527、0.2023、0.1671 及 0.1211，整体较香港港对支线港和喂给港的"控制度"稍低；深圳港则对佛山港、中山港、云浮港、珠海港、湛江港、惠州港、江门港、肇庆港、清远港及防城港的限制度较高，分别高达 0.6077、0.5659、0.5241、0.2004、0.1799、0.2475、0.4601、0.2362、0.2831、0.1174。另外，枢纽港对干线港的限制也取决于两者间航线的密度，航线密度高，限制更高。例如，珠海港受限于深圳港，限制度为 0.2004；北部湾港中钦州港和北海港都对广州港的资源较为依赖，但同在北部湾港的防城港则更受深圳港限制；还值得注意的是，福州港对枢纽港厦门港的限制度最高，这样的情况出现的原因是干线港积极地增开与其他枢纽港之间的航线，但有时舍近求远，弊大于利。

有两港较为特殊，厦门港及海口港，没有受到任何港口较高的限制。观察此两港的位置特征，无论是地理位置，还是航线网络中的位置都处于较为独立的区域中心地位。在这两个区域，潮州港受限于汕头港和厦门港的程度都高达 0.8789；莆田港则完全受限于厦门港(限制度为 1)，与之同样境况的是韶关港，它完全依赖清远港。

结构洞分析的结果还包括各港口个体网效率，数据分布如图 7.20 所示。

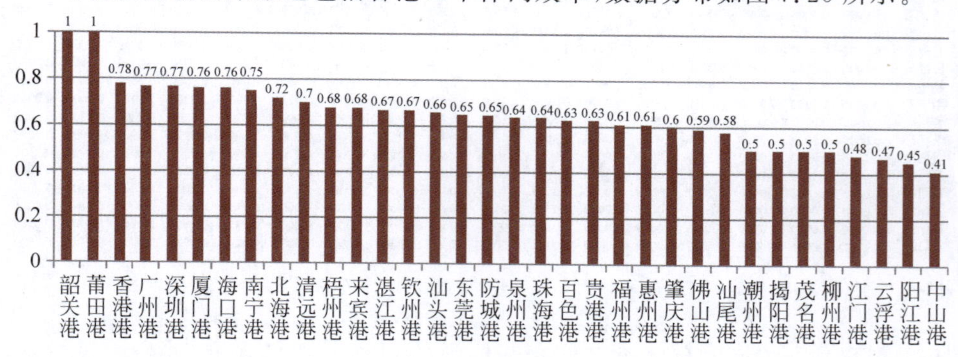

图 7.20 华南地区港口群竞合网络货物喂给合作关系个体网效率

韶关港和莆田港本身邻居节点少，其连接关系冗余度为 0，个体网效率为 1；国际性枢纽港或区域内中心港口，包括香港港、广州港、深圳港、厦门港、海口港及南宁港 6 港具有较高的个体网效率，均在 75％以上，说明其个体网中货物喂给航线的冗余度小，运作效率较高，对自身个体网的邻居节点控制力较强。

7.3.6　对等性分析

在了解了各节点的微观结构特性之后，继续分析港口节点之间的对等性关系。对等性分析主要是为了找出在网络结构中“位置”或“角色”对等的港口节点，以此分析港口之间的功能替代性。通过 7.3.3 小节的 k-核及核心-边缘成分网络结构分析我们得知，在华南地区港口群竞合网络中，交叉腹地竞合关系和货种结构竞合关系这两个抽象的子网都处于紧密竞合的状态，只有货物喂给合作关系网络形成了具有疏密区别的结构框架，并且对等性分析主要应用于整数赋值的网络，因此，下文将主要针对货物喂给合作关系（可以考虑有向关系）进行结构对等性分析及规则对等性分析。

1）结构对等分析

结构对等性选用的方法为块模型法中的 CONCOR（CONvergence of iterated CORrelation）分析法，分析过程利用 Ucinet 实现。运行程序路径为 Network→Roles & Positions→Structural→CONCOR。由于希望结构对等相似程度尽量高，即尽可能反映位置对等的港口节点分组，因此希望块能够尽量小，故参数 Max depth of splits（最大分割深度）选择 6，Maximum iterations（最大迭代次数）为 25。先得到港口间的初始皮尔逊相关系数矩阵（见附录 F 表 F.1），再经过多次重复计算、行列置换及矩阵继续深入分解网络块之后，形成了港口间的块分割矩阵，如图 7.21 所示。

由块分割矩阵，我们可以得到华南地区港口群竞合网络的货物喂给合作关系层面，在网络中有着结构对等位置的港口，对等位置共 18 个，每个位置包括的港口集合如表 7.15 所示。

对比层次聚类、派系、“社会圈”及中心性等分析，块模型得到的结构对等是从关系本身出发的对等性，即同一个“块”港口具有高度相似的邻居节点，块模型相比其他方法，更直接更全面地挖掘出了区域港口群中的位置对等港口，包括几种不同的情况。

第 1 种情况，第 2 组中珠三角两大国际枢纽港广州港和深圳港，它们在货物喂给合作网中与华南地区其他港口几乎都具有航线相连，关系同质化程度较高；第 13 组区域喂给港茂名港及韶关港，则是喂给的对象具有高度相似性，类似情况的还有第 6 组东莞港及防城港。

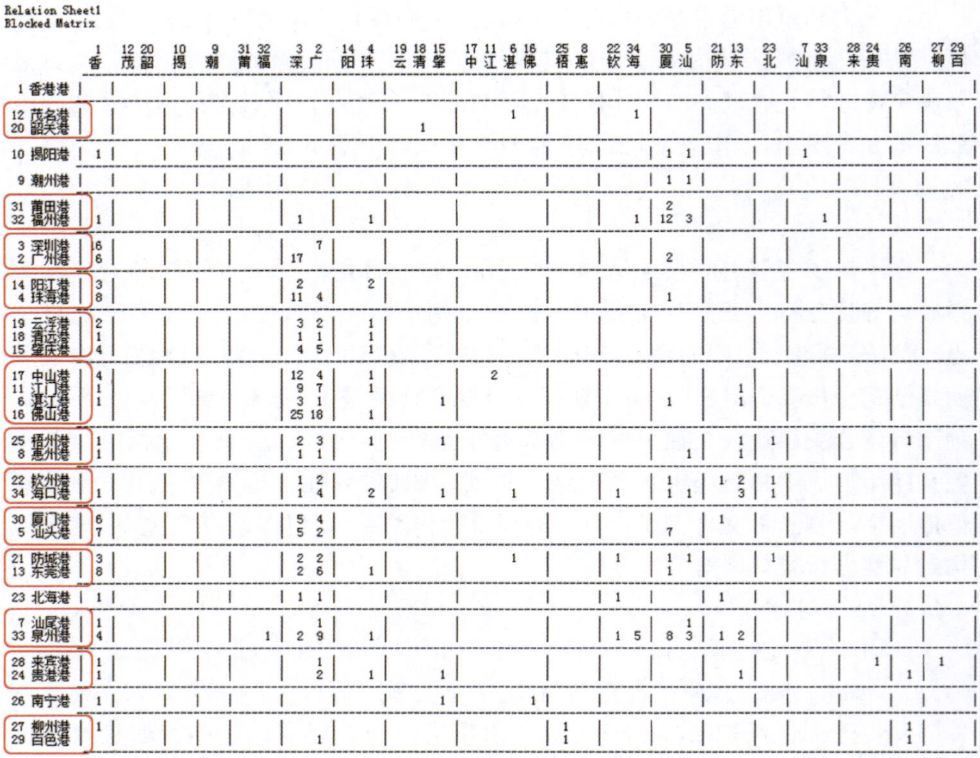

Relation Sheet1
Blocked Matrix

图 7.21 华南地区港口货物喂给合作子网 CONCOR 分析法所得结构对等块分割矩阵

表 7.15 华南地区港口货物喂给子网位置结构对等港口块

对等位置	1	2	3	4	5	6	7	8	9
对等港口	香港港	广州港 深圳港	厦门港 汕头港	珠海港 阳江港	湛江港，江门港 佛山港，中山港	东莞港 防城港	泉州港 汕尾港	福州港 莆田港	海口港 钦州港
港口层次	Lev2	Lev1 Lev2	Lev3 Lev5	Lev4 Lev5	Lev4	Lev4	Lev4 Lev5	Lev4 Lev5	Lev5
对等位置	10	11	12	13	14	15	16	17	18
对等港口	潮州港	北海港	惠州港 梧州港	茂名港 韶关港	清远港，肇庆港 云浮港	揭阳港	南宁港	柳州港 百色港	来宾港 贵港港
港口层次	Lev5	Lev5	Lev5 Lev6	Lev5 Lev6	Lev6	Lev6	Lev6	Lev6	Lev6

第 2 种情况，第 3 组中汕头港位于福建至广州黄金海岸中央，也位于深圳港和厦门港之间，与区域国际枢纽港厦门港在喂给子网中的邻居节点重合度高，两港所处位置的结构对等性较高，类似的港口对还包括第 7 组泉州港与汕尾港、第 8 组福州港与莆田港及第 9 组海口港与钦州港等。

第 3 种情况，对等位置第 5 组中的 4 个港口，包括珠江西岸的 Lev4 区域干线港江门港、佛山港、中山港及粤西和环北部湾沿海深水港湛江港，虽然湛江港地理位置稍远，但在航线网络中与其他 3 港其实位置对等，即作为粤、桂的桥梁港口，该 4 港可替代性较强，类似的港口对包括第 4 组珠海港及阳江港，第 6 组东莞港及防城港，第 14 组清远港、肇庆港及云浮港，第 17 组柳州港及百色港，第 18 组来宾港及贵港港。

第 4 种情况，则是一些港口的航线较为特殊，未能找到对等位置的港口，有香港港、潮州港、北海港、揭阳港及南宁港，这些港口单独成组。

由以上分析我们可以观察到，由于结构对等的条件较为严格，因此对港口的结构对等分组粒度较细，最小规模分组只有 1 个港口即该港口不存在结构对等港口，最大规模分组的第 5 号位置也只有 4 个港口，其分析范围倾向于局部的、微观的对等性。结合港口的地理位置分布，利用 Ucinet 进行辅助可视化，纵坐标为港口层次，横坐标为对等位置，我们可以更直观地看出货物喂给合作子网的结构层次化及位置对等对网络的分割，如图 7.22 所示。

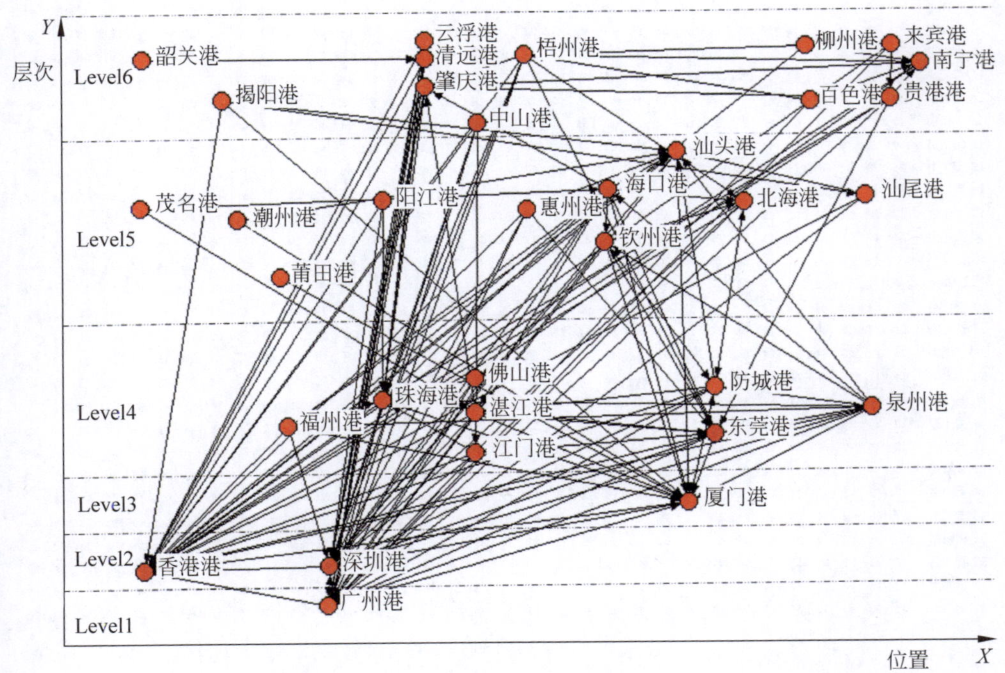

图 7.22　华南地区港口货物喂给合作子网的结构层次化及位置对等对网络的分割

位置对等的港口相互替换之后，网络结构几乎不会发生太大改变，被替代风险较高且竞争压力大，需要进一步尝试建立新的结构洞或制定特色化发展战略，降低自身可替代性从而减少竞争压力。

2）规则对等分析

规则对等性选用的方法为连续 REGE 算法（适用于整数赋值的有向关系网），分析过程仍然利用 Ucinet 软件实现。运行程序路径为 Network→Roles & Positions→Maximal Regular→REGE。为控制算法递归的层次不至于太深，参数 Maximum number of iteration（最大迭代次数）选择默认值 3，Convert data to geodesic distances（将数据转为测地线距离）选择 No，最后选择合并分组的图示类型及相关性矩阵类型为 Dendrogram（系统树图）及 Rege。在多轮自参考迭代之后，得到了港口两两间规则对等矩阵，如图 7.23 所示。

	1	2	3	4	5	6	7	8	9	10	11	12	13	14	15	16	17	18	19	20	21	22	23	24	25	26	27	28	29	30	31	32	33	34
1 香港港	100	68	69	35	40	22	16	0	0	0	21	0	40	0	24	12	0	8	0	0	23	24	25	14	17	25	15	0	0	64	0	15	13	44
2 广州港	68	100	78	53	51	26	14	6	4	5	41	2	51	11	33	42	29	10	12	1	28	24	21	17	22	20	14	4	3	68	6	31	35	50
3 深圳港	69	78	100	43	44	19	10	4	2	3	34	1	45	8	27	30	21	7	8	0	22	19	17	12	16	15	9	3	2	64	3	26	31	40
4 珠海港	35	53	43	100	76	55	30	18	12	15	79	8	84	31	70	59	68	23	34	2	54	49	42	37	47	39	26	14	12	59	17	67	70	59
5 汕头港	40	51	44	76	100	58	34	21	14	17	69	10	83	38	72	43	56	28	41	3	55	49	39	43	51	36	29	17	14	68	24	65	71	67
6 湛江港	22	26	19	55	58	100	72	65	52	57	56	40	60	64	74	28	49	71	76	17	73	73	72	80	85	73	64	52	51	41	50	50	50	68
7 汕尾港	16	14	10	30	34	72	100	86	70	73	32	53	37	48	45	13	27	86	54	21	51	54	64	80	68	79	77	67	61	21	49	36	29	50
8 惠州港	0	6	4	18	21	65	86	100	83	84	38	62	27	62	36	15	34	86	66	27	54	56	60	76	64	53	64	76	73	13	61	42	33	49
9 潮州港	0	4	2	12	14	52	70	83	100	84	24	69	18	42	22	8	21	65	46	32	43	45	42	60	47	38	50	60	61	7	68	34	26	39
10 揭阳港	0	5	3	15	17	57	73	84	84	100	29	70	22	49	27	10	26	69	52	54	52	50	51	72	59	47	72	83	75	10	61	38	30	46
11 江门港	21	41	34	79	69	56	32	38	24	29	100	19	75	45	70	55	81	35	55	7	49	44	34	46	56	30	25	27	24	47	28	67	76	61
12 茂名港	0	2	1	8	10	40	53	62	69	70	19	100	13	32	16	6	16	49	34	71	40	39	42	56	45	35	65	70	78	7	45	28	23	36
13 东莞港	40	51	45	84	83	60	37	27	18	22	75	13	100	41	77	45	57	33	42	4	60	54	46	48	58	44	32	20	18	62	23	60	69	66
14 阳江港	0	11	8	31	38	64	48	62	42	49	45	32	41	100	56	21	56	57	81	11	69	58	41	66	70	35	38	45	39	23	61	48	53	57
15 肇庆港	24	33	27	70	72	74	45	36	22	27	70	16	77	56	100	44	65	42	62	5	67	59	53	59	73	52	37	27	23	52	31	57	69	67
16 佛山港	12	42	30	59	43	28	13	15	8	10	55	6	45	21	44	100	64	14	26	2	26	22	16	22	31	15	10	10	9	30	11	51	56	32
17 中山港	0	29	21	68	56	49	27	34	21	26	81	16	57	56	65	64	100	32	57	6	49	40	26	42	53	21	21	25	22	36	30	72	75	56
18 清远港	8	10	7	23	28	71	86	86	65	69	35	49	33	57	42	14	32	100	62	17	50	53	62	79	70	71	70	68	64	17	51	38	31	51
19 云浮港	0	12	8	34	41	76	54	66	46	52	55	34	42	81	62	26	57	62	100	12	68	60	45	76	76	37	41	51	46	25	65	48	50	56
20 韶关港	0	1	0	2	3	17	21	27	32	54	7	71	4	11	5	2	6	17	12	100	23	22	22	36	29	16	52	58	66	3	15	12	11	20
21 防城港	23	28	22	54	55	73	51	54	43	52	49	40	60	69	67	26	49	50	68	23	100	83	72	68	74	52	49	50	47	44	49	51	55	67
22 钦州港	24	24	19	49	49	73	54	56	45	50	44	39	54	58	59	22	40	53	60	22	83	100	81	69	70	56	50	48	49	39	49	51	51	69
23 北海港	25	21	17	42	39	72	64	60	42	51	34	42	46	41	53	16	26	62	45	22	72	81	100	62	62	70	63	59	55	34	35	41	34	51
24 贵港港	14	17	12	37	43	80	80	76	60	72	46	56	48	66	59	22	42	79	76	36	68	69	62	100	91	77	79	69	68	27	59	45	43	62
25 梧州港	17	22	16	47	51	85	68	64	47	59	56	45	58	70	73	31	53	70	76	29	74	70	62	91	100	72	69	57	57	37	51	51	55	72
26 南宁港	25	20	15	39	36	73	79	53	38	47	30	35	44	35	52	15	21	71	37	16	52	56	70	77	72	100	78	44	41	26	26	34	28	52
27 柳州港	15	14	9	26	29	64	77	64	50	72	25	65	32	38	37	10	21	70	41	52	49	50	63	79	69	78	100	78	78	19	36	30	25	47
28 来宾港	0	4	3	14	17	52	67	76	60	83	27	70	20	45	27	10	25	68	51	58	50	48	59	69	57	44	78	100	89	12	46	32	27	42
29 百色港	0	3	2	12	14	51	61	73	61	75	24	78	18	39	23	9	22	64	46	66	47	49	55	68	57	41	78	89	100	10	44	29	25	41
30 厦门港	64	68	64	59	68	41	21	13	7	10	47	7	62	23	52	30	36	17	25	3	44	39	34	27	37	26	19	12	10	100	11	39	48	63
31 莆田港	0	6	3	17	24	50	49	61	68	61	28	45	23	61	31	11	30	51	65	15	49	49	35	59	51	26	36	46	44	11	100	38	36	40
32 福州港	15	31	26	67	65	50	36	42	34	38	67	28	60	48	57	51	72	38	48	12	51	51	41	45	51	34	30	32	29	39	38	100	82	59
33 泉州港	13	35	31	70	71	50	29	33	26	30	76	23	69	53	69	56	75	31	50	11	55	51	34	43	55	28	25	27	25	48	36	82	100	65
34 海口港	44	50	40	59	67	68	50	49	39	46	61	36	66	57	67	32	56	51	56	20	67	69	51	62	72	52	47	42	41	63	40	59	65	100

图 7.23　华南地区港口货物喂给合作子网港口规则对等矩阵

港口规则对等性矩阵为对称矩阵，显示值为百分比值，最大值均在对角线代表各港口自身规则对等性为 100％。除去对角线值后，最大值为 91，最小值为 0，均值为 42.35％，中位数为 44.00，标准差为 22.57％，数值分布直方图如图 7.24 所示。

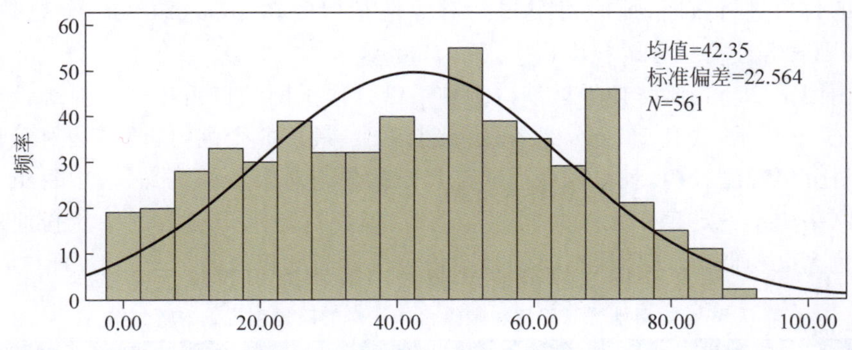

图 7.24 华南地区港口货物喂给合作子网港口规则数值分布直方图

Ucinet 的 REGE 算法还生成了随着相似度递减不断合并分组的规则对等性树图，如图 7.25 所示，该图显示了规则对等分组生成的整个过程，每次合并两个分组，最终将所有港口合并为一组。想要得到分组，必须在某次迭代处进行截断。本实例研究共有 33 个港口样本，若要分组粒度适中，则需要在每组港口数约 10%，即每组 3 或 4 个港口的位置进行截断，因此本研究选择在第 21 次迭代

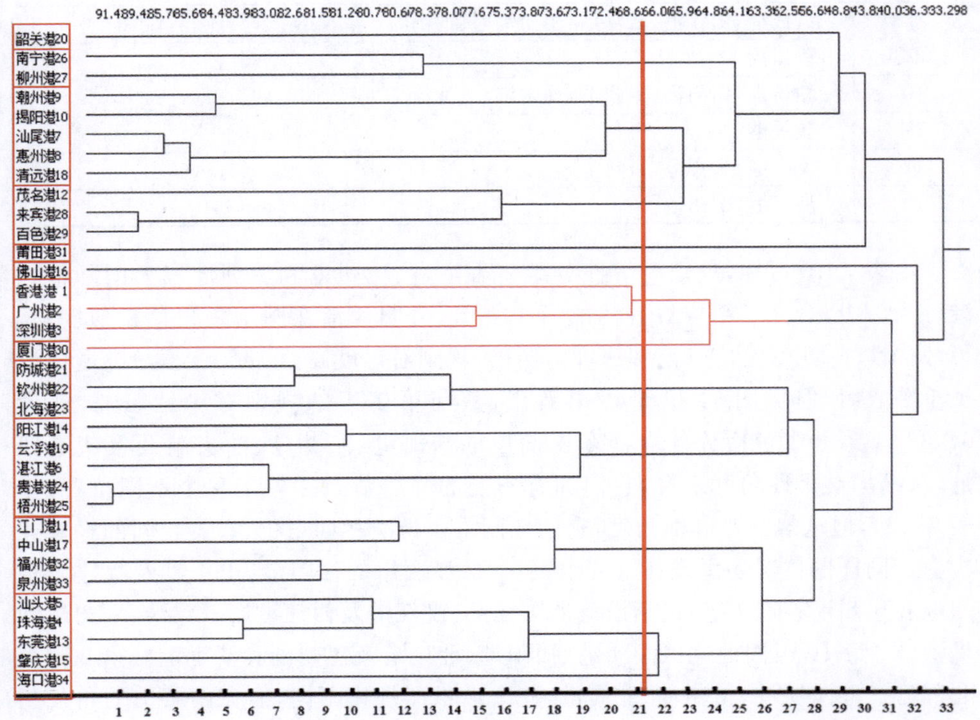

图 7.25 华南地区港口货物喂给合作子网港口规则对等性树图

合并的位置进行截断，此时每组规则对等性相似度在 66%（约 80%分位数）以上，规则对等性高且分组粒度适中。

由图 7.25 得到，华南地区港口货物喂给合作子网港口角色规则对等性分组如表 7.16 所示，共有 13 个分组，每组最少 1 个、最多 5 个港口，较结构对等性分组来讲分组粒度较粗，且可以灵活调整。根据规则对等性的定义，表中每组港口虽在网络中不一定存在太多共同邻居港口，但在区域港口航线网中所扮演的社会角色高度相似，且其邻居港口的社会角色也是高度相似的。

表 7.16 华南地区港口货物喂给合作子网港口角色规则对等性分组

序号	角色规则对等的港口分组	港口所在层次
1	香港港，广州港，深圳港	Lev1，Lev2
2	厦门港	Lev3
3	珠海港，东莞港，汕头港，肇庆港	Lev4，Lev5，Lev6
4	佛山港	Lev4
5	防城港，钦州港，北海港	Lev4，Lev5
6	江门港，中山港，福州港，泉州港	Lev4，Lev6
7	海口港	Lev5
8	湛江港，阳江港，云浮港，梧州港，贵港港	Lev4，Lev5，Lev6
9	莆田港	Lev5
10	潮州港，揭阳港，惠州港，汕尾港，清远港	Lev5，Lev6
11	韶关港	Lev6
12	茂名港，来宾港，百色港	Lev5，Lev6
13	南宁港，柳州港	Lev6

由表 7.16 可知，规则对等性分组将香港港、广州港和深圳港三大国际枢纽港分为一组，合并了结构对等性的第 1、2 组，表明 3 港在网络中角色相似度高，可替代性强，尤其是广州港和深圳港两港，规则对等度高达 78%。枢纽港厦门港虽单独成组，但从图 7.25 中可以看出，其与第 1 组的规则对等性较高，达到 64.8%。第 3 组包括分处珠江东西两岸的珠海港、东莞港、汕头港及肇庆港四港，从结构对等性角度来看，它们拥有不同的邻居节点并处于 4 个不同位置（见表 7.15），但从规则对等性角度，它们在网络中扮演相同角色，有着相同的经验或机会。同样的情况还出现在第 6 组，包括珠江西岸的江门港、中山港及福建省福州港和泉州港；第 8 组，包括沿海港阳江港、湛江港及西江沿岸云浮港、梧州港和贵港港；第 10 组潮汕地区潮州港、揭阳港、汕尾港及惠州港和清远港。第 5 组为北部湾三港防城港、钦州港、北海港，此 3 港虽然规模不同，但在网络中的角色相差不大，规则对等性高达 77%左右（见图 7.25）；同样情况还出现在第 13 组南宁港和柳州港两港，规则对等性高达 78%（见图 7.25）。

当规则对等港口属于不同派系组别或跨区域跨省时，替代性质的竞争压力很难发觉，但需要格外注意避免发生直接竞争，而尽量采取合作策略，否则非常容易出现此消彼长的零和竞争，不利于整体区域的长远发展。

本章小结

本章结合华南地区港口群内的34个港口实例，对区域内港口间三重复杂竞合网络进行了建模，子网可视化，整体结构特性、网络凝聚子群划分及微观节点位置角色等结构特征分析，综合各方面研究结果，得到主要结论包括以下七方面。

（1）通过网络整体结构特征分析，得出华南地区港口群内的竞合网络普遍可达性高，且节点间平均路径非常短，具有典型的"小世界"特性；竞争关系连接紧密，竞争激烈；合作关系连接相对紧密，但较竞争关系松散；港口形成团体的集群倾向颇为明显，但在现实中的通航线路网络却非常分散，对枢纽港的支撑性未达到通力合作的局面，可能导致未来被其他中心势更高的区域港口集群拉开差距。

（2）网络结构划分，从港口及城市属性出发，将华南地区港口群横向划分为6个规模层次，即Lev1～Lev6；从现实中的网络关系连接出发，找出了40个内部紧密连接的港口派系，进而得到了7个联系相对紧密的港口"社会圈"；从中心辐射角度划分，则分别得到三重子网的5～7层核心-边缘子群。

（3）一方面，华南地区港口群港口之间竞争合作关系十分密切，存在着大量内部紧密连接的港口竞合派系，但其中90%涉及三大国际枢纽港，且45%同时包含三港，体现了华南区域典型的多枢纽港并存局面。另一方面，通过统计找到了华南地区港口群中的"社交活跃分子"，除珠三角三大国际枢纽港和厦门港，还包括处于交叉腹地上的干线港和支线港，如珠海港、海口港、汕头港、东莞港、梧州港及防城港等。

（4）结合派系及"社会圈"分析结果，可观察到华南地区港口派系组成具有明显的区域分割特征，尤其是珠江东岸、西岸及北部流域三个大的方向，港口网络也形成了内部凝聚的"社会圈"，圈与圈之间几乎不存在航线互通。但近年来随着中山市省级改革创新实验区——珠江口东西两岸融合互动发展改革创新实验区的推进建设，将进一步改善珠江口东西两岸发展不平衡、不协调充分的问题，实现粤港澳大湾区珠江口一体化高质量发展，打造环珠江口100千米"黄金内湾"。《广东省港口布局规划（2021—2035年）》对广东省内各港口战略定位及发展导向进行了统一规划，确立了广东省构建以珠三角港口集群为核心的"一核两极"发展格局，并明确了广东省八大主要港口，将进一步推动该区域港口错位发展、分工协同、优势互补。未来该地区港口间的航线互动将更加频繁。

(5) 中心性分析的结果表明，并不是港口“中心度”越高越好，还需根据不同性质的关系网络和港口本身战略定位具体分析。在合作性质的网络中，例如货物喂给合作关系子网中，港口“核心”程度应基本与其港口层次基本保持一致，但在竞争性质的网络中，如交叉腹地竞合关系子网中的“结构中心”港口，往往不是枢纽港层次的港口，而是干线港或支线港甚至喂给港层，从位置上讲，多是连接各凝聚子群的交叉腹地上的港口节点。特别地，结合中间中心度、派系结构以及后续结构洞分析的结果可以看出，在港口网络中扮演“桥梁”或“中间人”角色的港口，往往是派系结构中的“活跃分子”，与其港口所在规模层次无关，而与其所处的结构洞位置有关；在同时包含竞合关系的货种竞合关系子网中，若低层次港口具有过高中心性，则说明该港口与他港业务重合过多，可能存在定位不明确或过度竞争的问题，需及时调整战略方向，避免同质竞争，发挥长板效应特色化错位发展。

(6) 结构洞分析的结果表明：大型枢纽港之间的限制和制约较为明显，本就作为“中间人”的枢纽港之间相互喂给，将会对被喂给港口产生较强的限制和竞争压力；喂给港的限制主要来自喂给对象，干线港及支线港主要受限于枢纽港，受限程度取决于航线密度，航线密度越大，限制度越高；存在枢纽港受制于干线港的情况，主要是因为干线港积极地增开与其他枢纽港之间的航线，舍近求远，弊大于利；华南地区占据最多结构洞“中间人”关键位置的港口包括深圳港、广州港、香港港、厦门港、汕头港、湛江港、福州港、清远港及梧州港，这些港口掌握了网络中航线合作关系的主动权，对网络中资源和信息的掌控能力更强，在整体规划中应该高度重视其战略地位，发挥其已有的地位优势。

(7) 对等性分析结果是基于整数赋值现实网络——货物喂给合作关系网得出的。利用块模型分析较为严苛的“结构对等性”，得出两个或更多港口在进行网络抽象之后位置对等的若干情况：喂给港或喂给对象重合率高的港口；局部区域的枢纽港与沿途支线港；沟通两个局部区域的若干“桥梁港口”。一方面，这些港口与其他港口的交互情况相似度很高，具有被替代的风险，需要进一步尝试建立新的结构洞或制定特色化发展战略，降低自身可替代性从而减少竞争压力。另一方面，连续 REGE 得出港口间的规则对等性，规则对等港口在网络中社会角色相似，具有相同的经验或机会，但往往地理位置处在不同区块甚至不同省域，存在隐形的、不易察觉的竞争压力。对等港口应尽量选择合作策略，不断增强互通以达成区块间的合作目标，形成华南地区港口的整体协调发展局面。我国华南地区港口网络及其临港产业建设对海上丝绸之路跨区域经济文化合作有着重要的意义，因此需要多地多级管理部门的通力联合，难度虽然升级，但非常值得尝试，需要及时发现，尽快推进。

第8章

华南地区港口群竞合网络节点行为分析

8.1 竞合网络博弈行为分析

第 7 章全面解析了华南地区港口网络中，包括交叉腹地竞合、货种结构竞合及货物喂给合作三重竞合关系子网的建模方法及静态的拓扑结构特征。本章则从竞合网络上的博弈模型为出发点，分析华南地区港口在既有的网络结构下，如何从经济博弈的角度来分析其他港口和自身决策行为，以指导自身战略决策。第 5 章中已对区域港口群中的竞合博弈阶段，从静态完全信息，到重复演化博弈，再到合作博弈的演化过程进行了研究和总结，并得出了基于区域港口群竞合网络博弈终将发展为合作博弈的结论。因此，本节将着重基于网络上的合作博弈模型，对华南地区港口网络中的博弈均衡态及模拟收益分配进行实证分析。

1）参数设置

华南地区港口群研究对象包含港口个数 34 个，分别设为港口 $i(i=1,2,\cdots,34)$ 由 4.2 节网络结构划分研究结果可知，已形成 40 个全连接的派系子群。由于派系内部已形成全连接的紧密合作联系，因此合作博弈方港口集合，我们选取有合作倾向但未建立完全连接的“社会圈”子群，即 7.3.3 小节划分得到的华南地区港口群喂给合作子网的“社会圈”凝聚子群，共有 7 个，分别设为 $N_j(j=1,2,\cdots,7)$，其中圈内成员的港口节点数由 6 个到 14 个不等。此时博弈方港口 $i\in N_j$ 表示港口节点 i 属于港口集合 N_j，其余的参数定义，如子联盟 S，子联盟特征向量 $\boldsymbol{e}^S$，节点网络效用特征向量 $\boldsymbol{e}_i^{SG}$，子联盟特征函数 $v(S)$ 及合作博弈 $\langle N,v\rangle$ 的定义参照 5.4.1 小节。

2）合作子联盟网络效用函数计算

5.4.2 小节中定义了合作子联盟网络的效用指标体系，包括 4 方面 16 个指标。从港口物元节点的特征及特征值中提取这些指标的值，作为合作博弈研究的基础数据。整理华南地区港口及港口城市指标数据，部分如表 8.1 所示，完整数据表见附录 G 表 G.1。

表 8.1 华南地区港口群竞合网络上的合作博弈子联盟效用指标数据（部分）

联盟效用	效用指标	广州	深圳	珠海	佛山	…
港口资源 $\boldsymbol{R}_i$	最大吃水泊位水深/米	15.50	16.00	14.20	4.50	…
	泊位长度/米	57586.00	29104.00	17768.00	20062.00	…
	生产性码头泊位数	709.00	160.00	155.00	272.00	…
	万吨级泊位数目	66.00	67.00	27.00	0.00	…
	港航固定资产投资/亿元	20.50	18.00	16.87	17.32	…
港口经营服务 $\boldsymbol{S}_i$	港口城市货运总量/万吨	35204.00	7954.00	4370.00	15718.00	…
	港口城市 GDP/亿元	4115.81	3422.80	546.28	1656.46	…
	港口城市限额以上贸易业商品销售总额/亿元	18245.97	2753.77	1128.41	1567.90	…
	堆场装卸机械数量	1180.00	1172.00	213.00	98.00	…
	堆场面积＋生产用仓库面积/万平方米	215.00	210.39	85.40	61.54	…
	货物吞吐量/万吨	50098.00	22323.72	10703.10	5907.01	…
网络地位 $\boldsymbol{C}_i$	特征向量中心度	44.59	55.15	21.29	38.16	…
	中间中心度	95.31	57.54	31.58	0.72	…
生态环境污染 $\boldsymbol{E}_i$	工业废水排放量/万吨	19181.00	12115.00	4936.00	16413.00	…
	工业二氧化硫排放量/吨	56527.00	8079.00	20681.00	71984.00	…
	工业烟(粉)尘排放量/吨	10006.00	725.00	12972.00	44480.00	…

3）数据标准化，效用特征函数计算及 Sharpley 分配值计算

利用 MATLAB 程序辅助实现基础数据的标准化、子联盟效用特征函数的计算及子联盟效用分配的 Sharpley 值计算。需要注意的是，子联盟特征函数 $v(S)$ 中包含的参数 $\sum\limits_{j \in S} r_{ij}^{h}$ 由多重竞合关系元中的货物喂给合作系数值 r_{ij}^{h}（见附录 C 表 C-2）计算得到。计算方法参考 5.4.3 小节及 5.4.4 小节的定义，计算程序流程如图 8.1 所示。

最终的 Sharpley 分配计算结果如表 8.2 所示。

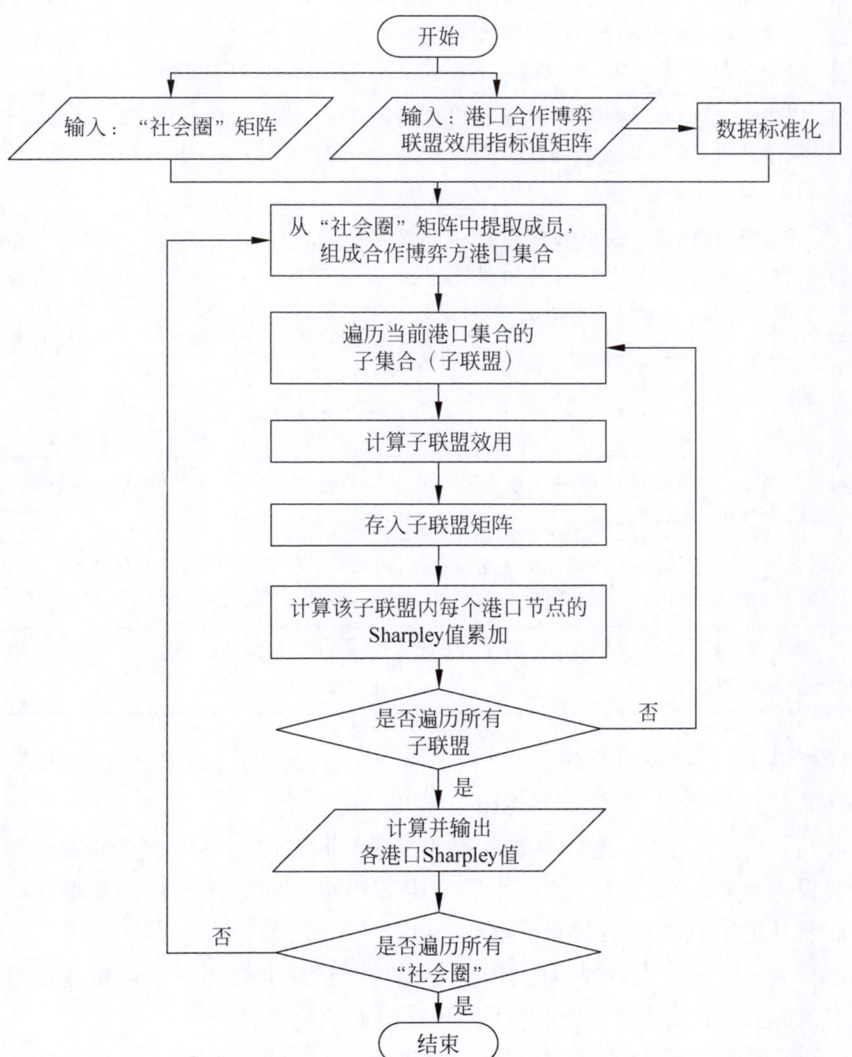

图 8.1 华南地区港口群竞合网络上的合作博弈模型 MATLAB 实现程序流程

表 8.2 华南地区港口群竞合网络上的合作博弈 Sharpley 分配

序号	社会圈——合作博弈港口集合	Sharpley 分配方案/%
1	{香港港,广州港,深圳港,珠海港,东莞港,肇庆港,南宁港,梧州港,柳州港,贵港港,来宾港,百色港,海口港}	0.1982,0.2360,0.1634,0.0632,0.0555,0.0577,0.0133,0.0507,0.0147,0.0379,0.0350,0.0199,0.0545
2	{香港港,广州港,深圳港,珠海港,东莞港,肇庆港,湛江港,茂名港,阳江港,防城港,厦门港,海口港}	0.1745,0.2083,0.2106,0.0605,0.0529,0.0538,0.0513,0.0000,0.0313,0.0520,0.0537,0.0511
3	{香港港,广州港,深圳港,珠海港,东莞港,惠州港,汕头港,汕尾港,潮州港,揭阳港,厦门港,福州港,泉州港,海口港}	0.1884,0.2079,0.1868,0.0545,0.0488,0.0493,0.0461,0.0310,0.0002,0.0133,0.0491,0.0301,0.0486,0.0458
4	{香港港,广州港,深圳港,东莞港,汕头港,厦门港,泉州港,防城港,钦州港,海口港}	0.1569,0.2297,0.2157,0.0630,0.0576,0.0630,0.0577,0.0579,0.0427,0.0558
5	{广州港,深圳港,防城港,北海港,钦州港,梧州港,海口港}	0.2136,0.2634,0.2069,0.1028,0.0989,0.0559,0.0586
6	{香港港,广州港,深圳港,珠海港,东莞港,梧州港,佛山港,中山港,江门港}	0.1609,0.2332,0.2254,0.0756,0.0663,0.0629,0.0496,0.0607,0.0655
7	{香港港,广州港,深圳港,珠海港,清远港,云浮港}	0.1991,0.2411,0.2528,0.1102,0.0994,0.0972

通过以上分析华南地区港口群内竞合博弈的联盟组成、联盟效用及联盟效用分配的计算及实现,我们能够得出以下几方面结论。

(1) 子联盟网络中,港口联盟效用的组成与联盟内部港口节点的竞合关系结构有着很大关系。孤立港口节点不能产生效用也不能分配效用;效用分配和港口节点与其他节点的联系紧密程度成正比。

(2) 子联盟网络中,港口联盟效用与港口节点间竞合关系的连接强度也有着很大的关系,合作关系越紧密,对联盟的效用贡献越大。

(3) 子联盟效用中,港口的效用贡献除了港口设施、服务及区域经济等经济资本,还包含港口在竞合网络中的“社会资本”——网络地位、网络控制力等。

(4) 港口组成的合作联盟效用远大于单个港口创造的效用。

(5) 目前来看,华南地区港口已形成了以香港港、广州港及深圳港为核心的有层次、辐射广且连接紧密的合作联盟派系。派系的维持有赖于公平合理的利益分配。

8.2　竞合网络演化行为分析

在本书 7.3.2 小节的分析中，我们测得华南地区港口群竞合网络三重子网的直径分别为 1、2 及 4，均非常小；而网络的平均路径长度分别为 1、1.059 及 1.897，甚至不到 2，充分说明了区域港口群竞合网络的“小世界”特性（平均路径很小）。

另外，能够清晰地观察到华南地区港口群货物喂给合作关系子网具有“无标度”特性（如图 8.2 所示）：对比华南地区港口群货物喂给合作关系子网与随机网络和无标度网络的“度分布图”及“网络拓扑结构图”，发现该子网节点的度数相差悬殊，度数大的节点很少，度数小的节点占大多数；新加入网络的节点产生连接时，倾向于选择核心节点，具有明显的集中化趋势。

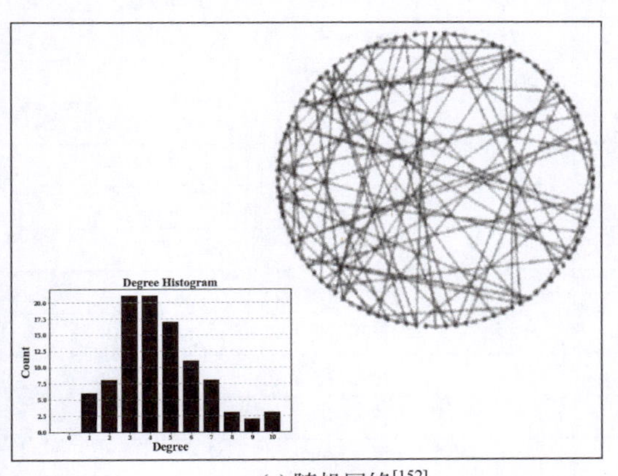

(a) 随机网络[152]

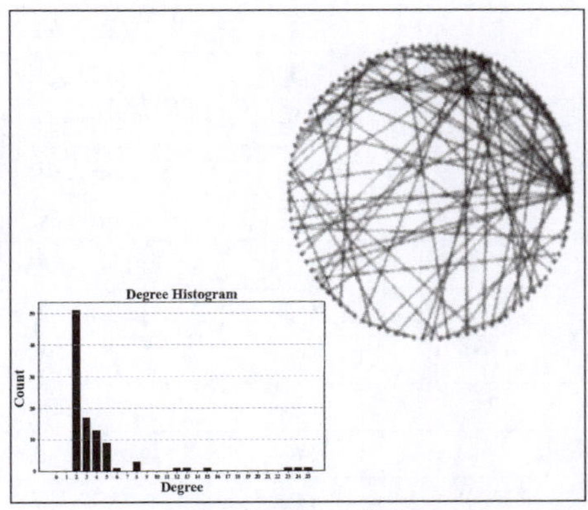

(b) 无标度网络[152]

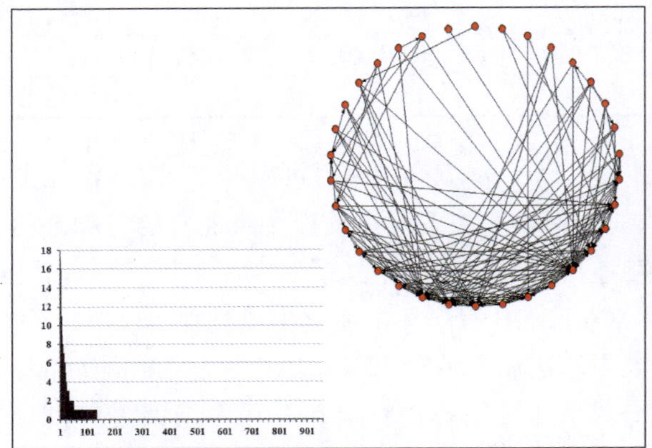

(c) 华南地区港口群竞合网络货物喂给合作子网

图 8.2　对比随机网络及无标度网络与华南地区港口群竞合网络货物喂给合作子网的度分布及网络拓扑结构

基于第 6 章港口“节点吸引度”的优先连接演化模型，利用 MATLAB 编程，对华南地区 34 个主要港口的货物喂给合作网络演化进行仿真模拟，并通过对比真实网络与演化网络的拓扑特征指标，来验证演化模型的有效性和合理性。

1）参数设置

设置参数 $m_0=3, m=2, n=34$，港口吞吐量值 Q_i 取 2014 年各港口货物吞吐量值，如表 8.3 所示。也就是说，演化初始网络节点为 3 个，每次新添 1 个节点，生成 2 条边，直到生成 34 个港口组成的货物喂给合作网络。

表 8.3 华南地区港口群 2014 年货物吞吐量排序

排序	港口	货物吞吐量/万吨	排序	港口	货物吞吐量/万吨
1	广州港	50098.00	18	汕头港	5160.91
2	香港港	29770.00	19	梧州港	3142.00
3	深圳港	22323.72	20	莆田港	3070.00
4	厦门港	20503.96	21	肇庆港	3033.15
5	湛江港	20238.19	22	揭阳港	2709.35
6	福州港	14391.00	23	茂名港	2653.58
7	东莞港	12899.61	24	清远港	2512.61
8	防城港	11501.00	25	北海港	2276.00
9	泉州港	11200.70	26	云浮港	1909.20
10	珠海港	10703.10	27	阳江港	1748.00
11	海口港	8915.00	28	南宁港	1150.00
12	中山港	7845.44	29	潮州港	1136.38
13	江门港	7352.17	30	来宾港	1050.00
14	惠州港	6485.64	31	汕尾港	646.48
15	钦州港	6413.00	32	柳州港	252.00
16	佛山港	5907.01	33	韶关港	58.15
17	贵港港	5242.00	34	百色港	24.00

根据华南地区港口群竞合网络吞吐量排名，选取广州港、香港港及深圳港构成初始网络，初始网络的关系连接设置参照现实的货物喂给合作网络连接，即此三港全部互相连接。

2）运用 MATLAB 程序模拟演化生成过程

根据图 6.1 算法流程编写 MATLAB 程序，设置初始参数。运行程序，每轮演化得出一个网络邻接矩阵进行留存。程序结束之后，根据网络邻接矩阵利用 Ucinet 进行可视化，绘制出每轮演化得到的港口货物喂给合作网络模型，共有 31 个。图 8.3 为忽略方向和权值后华南地区货物喂给合作的真实子网；图 8.4 为仿真模拟所得的初始网络、第 5 轮、第 11 轮及最终所得演化网络图。

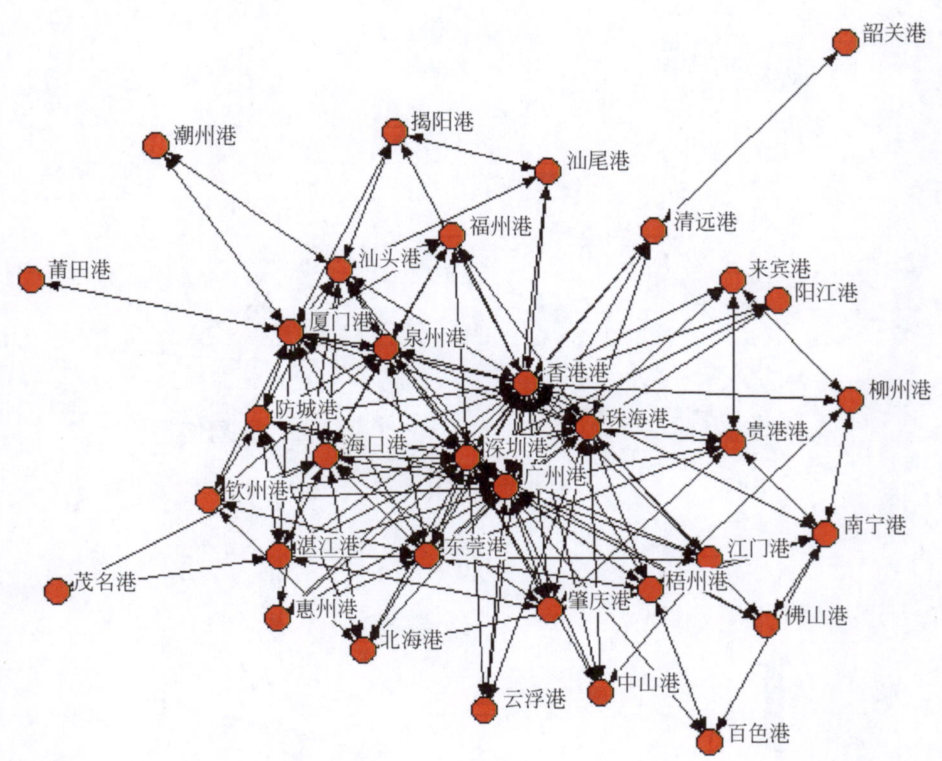

图 8.3 华南地区港口群内货物喂给合作关系子网社群图

观察图 8.3 中网络与图 8.4 中的最终阶段网络，我们可以看到相似的网络结构。对比现实网络及演化网络的主要拓扑结构特征值（如图 8.5 所示）可以看出，演化网络的结构特征指标中，除了密度稍微偏小之外，平均路径、直径、集群系数及中心势与现实网络特征值基本保持了一致，验证了演化模型的合理性和有效性。进一步地，也说明了本书演化模型中的基本假设符合实际港口网络演化规律：港口网络在港口演化过程中，新加入网络的港口节点，会有偏好地连接港口规模更大且在港口网络中更为核心的节点。如果想进一步地调高产生港口网络的密度，可以对演化模型的参数进行调节，例如每次产生边的数量 $m=2$ 可以调节为随着每轮演化的节点数 $n(t)$ 动态改变。

通过分析华南地区港口网络演化，我们可以得到的一般结论有：区域港口群网络具有典型的“小世界”特性和无标度特征；本书建立的演化模型产生的港口网络与现实网络结构特征基本一致，从而证明了本书中关于港口网络演化的假设——网络演化的优先选择机制不仅与港口规模有关，还与港口在网络中所处的“结构地位”有很大的关系——成立。

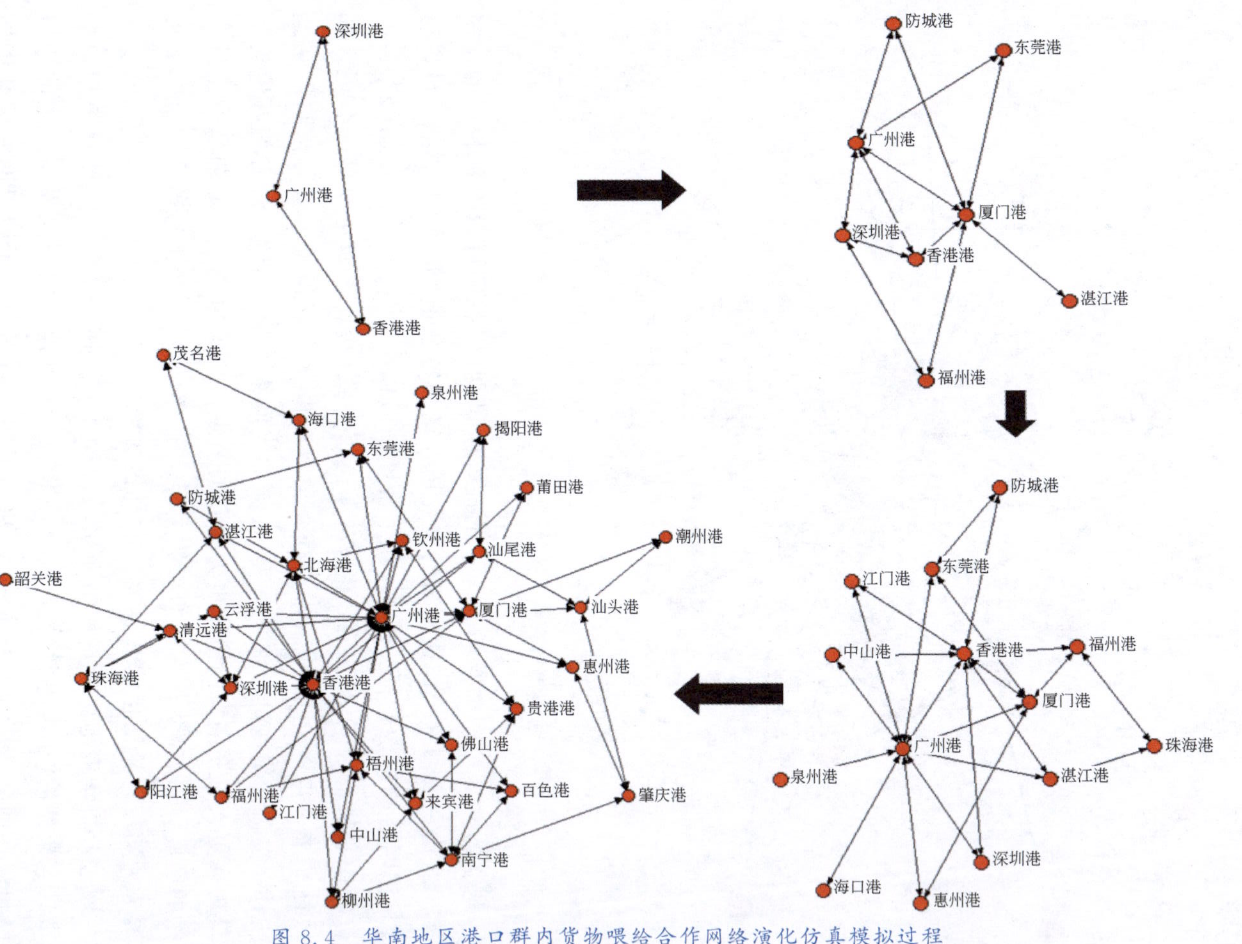

图 8.4 华南地区港口群内货物喂给合作网络演化仿真模拟过程

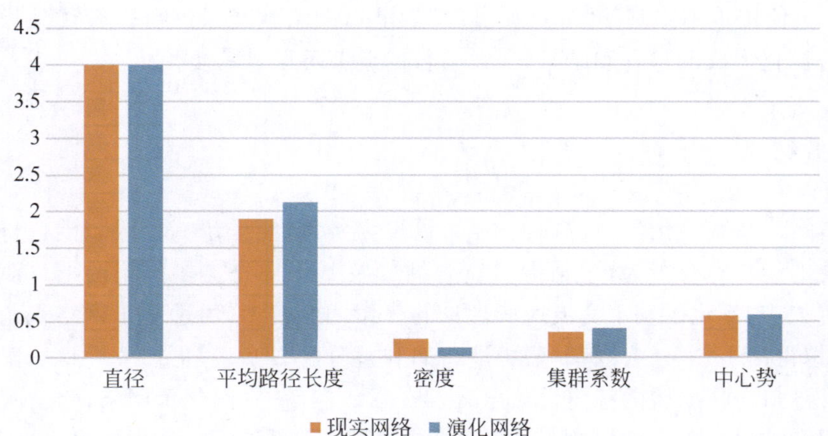

图 8.5　华南地区港口群内货物喂给合作现实网络与演化网络的结构特征比较

8.3　分析主要结论

本章结合华南地区港口群实例，对区域内港口间三重复杂竞合网络进行了节点博弈行为及演化行为分析，我们得到的主要结论包括以下八方面。

(1) 通过分析华南地区港口群内竞合博弈的联盟组成、联盟效用及联盟效用分配的计算及实现，我们可以得到：子联盟网络中港口联盟效用的组成与联盟内部港口节点的竞合关系结构有着很大的关系。孤立港口节点不能产生效用也不能分配效用。

(2) 子联盟网络中的港口联盟效用与港口规模有关，更与节点间竞合关系的连接强度也有关，关系越紧密，对联盟的效用贡献越大。

(3) 子联盟效用中，港口的效用贡献除了港口设施、服务及区域经济等经济资本，还包含了港口在竞合网络中的"社会资本"——网络地位、网络控制力等。

(4) 港口组成的合作联盟效用远大于单个港口创造的效用。

(5) 目前来看，华南地区港口已形成了以香港港、广州港及深圳港为核心的有层次、辐射广且连接紧密的合作联盟"社会圈"。合作联盟"社会圈"的维持有赖于公平合理的利益分配。

(6) 基于 Sharpley 值法的合作联盟"社会圈"分配方案，更注重对联盟"中心港口"的激励，以维持联盟稳定性。

(7) 区域港口群网络具有典型的"小世界"特性和无标度特征，演化的优先选择机制不仅与港口规模有关，还与港口在网络中所处的"结构地位"有关。

(8) 使用本书中基于"节点吸引度"的港口网络演化模型可以较优地模拟港口网络演化形成的过程和结果,通过参数的调节可以进一步优化。

本章小结

本章以华南地区港口群内的34个港口为实例,实证研究了区域港口群竞合网络上的港口竞合行为,包括港口竞合博弈及基于优先连接机制的港口演化仿真。首先,实例化了基于交流博弈理论的合作博弈模型,通过基于网络视角的改进,模拟得出了各"社会圈"联盟中港口的利益分配方案,对更加公平地分配利益来保证港口合作联盟的稳定性做出有益探索。然后,实例化了网络演化模型,演化过程和结果与华南地区现实网络对比,仿真拟合度较高,演化网络密度稍低,但其他结构系数和网络结构与真实网络都较为符合,验证了模型的有效性和网络的"小世界"、无标度特性。8.3节给出了合作博弈行为及演化行为的主要分析结论。

第9章

总结与展望

9.1 总结

本书围绕区域港口群内港口间的竞合问题展开研究，从网络的视角，将可拓学，图论，社会网络分析及复杂网络分析等网络分析，博弈论等诸多理论和方法应用其中，提出了基于基元的区域港口群竞合网络模型构建方法，并在网络模型的基础之上研究了网络拓扑结构、网络上的港口竞合博弈及网络的演化仿真，利用这一系列的研究分析，深刻地阐明了区域港口群内港口间竞合的网络结构特性、行为规则及动态演化过程，为区域港口群的发展提供了决策支持。本书的主要研究结论包括以下五方面。

(1) 对区域港口群竞合、网络分析及博弈论的基础理论方法、研究现状及主流研究方向进行了综述。

(2) 解析了区域港口群的竞合关系要素，提出了基于基元的区域港口群多重复杂竞合网络模型的构建方法，指出了区域港口群内港口竞合关系主要包括交叉腹地竞合、货种结构竞合及货物喂给合作三方面，并提出了基于基元的区域港口群竞合网络模型的构建方法，结合可拓学中基元理论的优势，将一般网络模型中的节点拓展为港口节点物元，包含了丰富的节点现实属性和结构属性；将一般网络中的关系连线拓展成为竞合关系元，为多重关系的规范化描述和同时分析提供了解决方案；建立了包含港口物元节点集合和多重竞合关系元集合的区域港口群竞合网络模型。

(3) 全面解析了区域港口群竞合网络的拓扑结构属性。网络的层次聚类及派系、“社会圈”分析将竞合网络从节点属性和关系构成两个维度划分成若干凝聚子群，也从横向和纵向解析了区域港口群竞合网络的构成。港口节点物元角色地位分析，从关系连接数量、路径长度、重要程度、结构洞占据、核心程度及结构对等性等方面全面地解析了港口物元节点在竞合网络中所处的角色和地位，识别出网络中的对等结构，也识别出了处于相同位置的“位置对等”港口；网络整体结构特征分析从可达性、关系元密度、关系集群及中心化程度等方面解析了网络整体的结构特性；网络的结构洞分析解析了港口物元节点获得社会资本——“信息利益”和“控制利益”的竞争力强弱。

(4) 建立了基于竞合网络模型的区域港口群竞合完全信息静态博弈模型、基于 TFT 策略的重复博弈模型及“社会圈”联盟合作博弈模型，全面深刻地解析了网络视角下区域港口群中港口间竞合博弈的各个发展阶段及其均衡态。

(5) 提出了基于改进 BA 模型的区域港口群货物喂给合作网络演化模型，结合港口规模及港口网络地位参数改进 BA 模型，通过仿真模拟动态地分析了港口群复杂竞合网络的演化过程，寻找港口复杂竞合网络演化博弈的过程规律，与现实网络的对比结果验证了模型的合理性和有效性。

(6) 以华南地区港口群为实例，对以上网络视角下的区域港口群竞合关系研究模型进行了实证研究，得出了区域内港口间三重复杂竞合网络结构特性、博弈行为及演化行为的一般结论，见 7.6 节。

9.2 未来的研究方向

网络视角下的区域港口群竞合问题是一个复杂系统问题，本书研究运用可拓学建立了多重复杂竞合网络模型，利用网络分析方法、博弈论及网络动态演化仿真分析解析了其结构特征、行为特征及动态演化特征。但在研究与实现的过程中，仍存在一定的问题，须在今后的工作学习中加以完善、补充与改进。

(1) 基于可拓学基元理论建立了竞合网络模型，实际上还可以运用拓展分析、可拓变换等方法对复杂竞合网络进行更深入的分解和变换，以更细致、更精确度地对竞合网络进行建模分析。

(2) 由于数据收集不全，本书没有考虑港口间的资本合作关系，在当前的港口竞合关系中，资本合作也逐渐体现出其重要性，因此未来的研究可以考虑加入这一重竞合关系。

(3) 本书对港口群内的港口静态博弈分析和重复博弈分析都是基于港口对之间的博弈模型的，今后应开展多个港口在竞合网络结构框架中的博弈模型研究。

(4) 区域港口群竞合网络演化模型的研究刚刚起步且只限于一重关系，今后可以综合考虑多重关系的演化，建立复杂竞合网络的协同演化模型。

参考文献

[1] 全球前 30 大集装箱港口排名出炉[EB/OL]. /2022-05-01. http://tradeinservices. mofcom. gov. cn/article/difang/tongjisj/202203/131361. html.

[2] Prokopowicz A K, Berg-Andreassen J. An Evaluation of Current Trends in Container Shipping Industry, Very Large Container Ships (VLCSs), and Port Capacities to Accommodate TTIP Increased Trade[J]. Transportation Research Procedia, 2016, 14: 2910-2919.

[3] 中华人民共和国交通部. 全国沿海港口布局规划[J]. 中国港口, 2006(9): 5-7.

[4] 国务院关于印发"十四五"现代综合交通运输体系发展规划的通知_政府信息公开专栏[EB/OL]. (2022-05-06). http://www. gov. cn/zhengce/content/2022-01/18/content_5669049. htm.

[5] 鲁渤, 邱伟权, 邢戬, 等. 基于"一带一路"倡议评估的中国沿海节点港口与港城发展策略研究[J]. 系统工程理论与实践, 2020, 40(6): 1627-1639.

[6] Hales D, Lam L, Chang Y T. The Balanced Theory of Port Competitiveness[J]. Transportation Journal, 2016, 55(2): 168.

[7] Thomas B E. Railways and Ports in French West Africa[J]. Economic Geography, 1957, 33(1): 1-15.

[8] Weigend G G. The Problem of Hinterland and Foreland as Illustrated by the Port of Hamburg[J]. Economic Geography, 1956, 32(1): 1-16.

[9] Weigend G G. Some Elements in the Study of Port Geography[J]. Geographical Review, 1958, 48(2): 185.

[10] Garcia A L, Monios J, Vallejo P J Á. Port competition through hinterland accessibility: the case of Spain[J]. Maritime Economics & Logistics, 2019, 21(2): 258-277.

[11] 陈航. 海港形成发展与布局的经济地理基础[J]. 地理科学, 1984, 4(2): 125-131.

[12] 刘力, 丁四保. 图们江地区港口腹地变化趋势研究[J]. 经济地理, 1999(1): 85-88.

[13] 邓剑虹, 徐传谌, 周维良. 双循环新发展格局下港口腹地时空演变机理: 以粤港澳大湾区港口群为例[J]. 中国流通经济, 2022, 36(1): 20-32.

[14] Notteboom T E, Rodrigue J P. Port regionalization: toward a new phrase in port development[J]. Maritime Policy and Management, 2005, 32(2), 107-121.

[15] Notteboom T E. Concentration and the formation of multi-port gateway regions in the European container port system: an update[J]. Journal of Transport Geography, 2010, 18(4): 567-583.

[16] Taaffee J, Morrill R L, Gould P R. Transport expansion in under-developed countries: a comparative analysis[J]. Geographical Review, 1963, 53: 503-529.

[17] Hayuth Y. Rationalization and concentration of the U. S. container port system[J]. The Professional Geographer, 1988, 40(3): 279-288.

[18] Notteboom T E, Haralambides H E. Port management and governance in a post-COVID-19 era[J]. Maritime Economics & Logistics, 2020, 22(3): 329-352.

[19] Rodrigue J P. The geography of transport systems[M]. New York: Routledge,2020.

[20] Ha M H,Yang Z,Lam J S L. Port performance in container transport logistics: A multi-stakeholder perspective[J]. Transport Policy,2019,73: 25-40.

[21] Aregall M G,Bergqvist R,Monios J A. global review of the hinterland dimension of green port strategies[J]. Transportation Research Part D: Transport and Environment,2018,59: 23-34.

[22] Zhao C,Wang Y,Gong Y,et al. The evolution of the port network along the Maritime Silk Road: From a sustainable development perspective[J]. Marine Policy,2021,126: 104426.

[23] 黄盛璋. 中国港市之发展[J]. 地理学报,1951,(Z1): 21-40.

[24] 陈航,刘毅. 闽南沿海港口特征及其体系的形成与发展[J]. 热带地理,1990,10(2): 185-195.

[25] 陈航. 海港地域组合及其区划的初步研究[J]. 地理学报,1991(4): 480-487.

[26] 蒋自然,朱华友,王成金,等. 港口体系转型的空间格局及影响因素: 基于长江三角洲实证分析[J]. 地理科学,2021,41(7): 1187-1198.

[27] 曹有挥,李海建,陈雯. 中国集装箱港口体系的空间结构与竞争格局[J]. 地理学报,2004,(6): 1020-1027.

[28] 王成金,于良. 世界集装箱港的形成演化及与国际贸易的耦合机制[J]. 地理研究,2007,(3): 557-568.

[29] 谢凌峰,肖富,宋敏. 珠江口港口群空间结构演化特征[J]. 水运工程,2012,(2): 58-61.

[30] 李振福,张小玲,徐梦俏,等. 东亚集装箱港口体系集装箱化进程研究[J]. 北京交通大学学报,2015,(3): 48-55.

[31] 卢长利,汪传旭. 我国港口间的比较优势分析及竞争合作策略研究[J]. 企业经济. 2007,328(12): 64-66.

[32] 陈淼,邵俊岗. 国外港口群竞争合作对我国的启示[J]. 中国港口,2007,4: 47-49.

[33] 刘奎,汪寿阳,卢全莹. "一带一路"沿线国家港口物流发展关键因素评估[J]. 商业经济研究,2021(10): 94-98.

[34] 郭建科,侯雅洁,何瑶. "一带一路"背景下中欧港口航运网络的演化特征[J]. 地理科学进展,2020,39(5): 716-726.

[35] Song D W. Regional container port competition and co-operation: the case of Hong Kong and South China[J]. Journal of Transport Geography,2002,10(2): 99-110.

[36] Song D W,Cheon S H,Pile C. Does size matter for port coopetition strategy: Concept,motivation and implication[J]. International Journal of Logistics Research and Applications,2015,18(3): 201-223.

[37] 汪旭东,杜麒栋. 关于集装箱港口群发展的思考[J]. 水运管理,1999,(4): 2-4.

[38] 茅伯科. 长三角港口的竞争与合作[J]. 水运管理,2005,27(2): 1-4.

[39] 庄佩君. 集装箱港口竞合战略研究[J]. 中国航海,2005,(1): 79-83.

[40] 周鑫,季建华. 港口竞争合作策略的演化博弈分析[J]. 中国航海. 2008,31(3): 293-296.

[41] 范洋,高田义,乔晗. 基于博弈模型的港口群内竞争合作研究: 以黄海地区为例[J]. 系统工程理论与实践,2015,35(4): 955-964.

[42] 汪传旭,蒋良奎. 区域多港口合作竞争策略及其利润分配机制[J]. 上海海事大学学报,

2009,30(2):1-7.

[43] 余明珠,山峻.区域港口群中竞合关系的博弈研究[J].运筹与管理,2014(5):93-100.

[44] 吉阿兵,朱道立.网络外部性下的港口竞争策略设计[J].系统工程理论与实践,2006,7:105-111.

[45] 董岗.基于豪泰林模型的港口竞合博弈分析[J].交通科技与经济,2010,12(2):122-124.

[46] 方敏.中国集装箱港口合作竞争的博弈分析[J].集装箱化,2005,31(1):26-28.

[47] 周启蕾.区域港口群货源分配的人工神经网络方法[J].世界海运,2006,(6):33-34.

[48] 于璐.基于种群生态理论的中国港口业演化分析[D].青岛:中国海洋大学,2010.

[49] 张继良.港口物流系统竞合研究[D].北京:北京交通大学,2012.

[50] Zondag B, et al. Port competition modeling including maritime, port, and hinterland characteristics[J]. Maritime Policy & Management,2010,37(3):179-194.

[51] Woo S,Stephen P,Anthony K B. Port evolution and performance in changing logistics environments[J]. Maritime Economics & Logistics,2011,13(3):250-277.

[52] Czerny A,Felix H,Mun S L. Hub port competition and welfare effects of strategic privatization[J]. Economics of Transportation,2014 ,3(3):211-220.

[53] Guo L Q,Yang D,Yang Z Z. Port integration method in multi-port regions (MPRs) based on the maximal social welfare of the external transport system[J]. Transportation Research Part A: Policy and Practice,2018,110(4):243-257.

[54] 方锦清,汪小帆,郑志刚,等.一门崭新的交叉科学:网络科学(上).[J] 物理学进展,2007,27(3):239-343.

[55] Kohler W,Winter E,et al. The mentality of apes[J]. American Journal of Sociology,1925,76(3):1989-1991.

[56] Rose M. Industrial Behaviour: theoretical development since Taylor [M]. Harmondsworth: Penguin Books,1978.

[57] White H C,Boorman S A,Breiger R L. Social structure from multiple networks. Ⅰ. blockmodels of roles and positions[J]. American Journal of Sociology,1976,81(4):730-780.

[58] Boorman S A,White H C. Social structure from multiple networks. Ⅱ. role structures [J]. American Journal of Sociology,1976,81(6):1384-1446.

[59] 李金华.网络研究三部曲,图论、社会网络分析与复杂网络理论[J].2009,159(2):136-138.

[60] Moreno J L,Jennings H H. Who shall survive? [J] American Sociological Review,1934,13(1 Supplement):19-21.

[61] Davis A,Burleigh B G,Mary R. Deep South[M]. Chicago: University of Chicago Press,1941.

[62] Warner W L,Lunt P S. The social life of a modern community[M]. New Haven: Yale University Press,1941.

[63] Mayo E. The social problems of an industrial civilization[M]. Cambridge: Harvard University Press,1946.

[64] Homans G C. Social Behaviour: Its elementary forms[M]. New York: Harcourt Brace Jovanovich,Inc,1974.

[65] Barnes J A. Graph theory and social networks：A technical comment on connectedness and connectivity[J]. Sociology，1969，3(2)：215-232.

[66] Bott E. Urban families：Conjugal roles and social networks[J]. Human Relations，1955，8(4)：253-292.

[67] Nadel S F. The theory of social structure[M]. Glencoe：The Free Press，1957.

[68] Mitchell J C. The Concept and Use of Social Networks[A]. Social Networks in Urban Situations. Manchester：Manchester University Press 1969：1-50.

[69] 罗家德. 社会网分析讲义[M]. 北京：社会科学文献出版社，2005：202.

[70] Erdös P，Rényi A. On the evolution of random graphs[J]. Publ. Math. Inst. Hung. Acad. Sci，1960，5(1)：17-60.

[71] Barabási A L，Albert R. Emergence of scaling in random networks[J]. Science，1999，286：509-512.

[72] Newman M，Barabasi A L，Watts D J. The structure and dynamics of networks[M]. Princeton：Princeton University Press，2006.

[73] 汪小帆，李翔，陈关荣. 复杂网络理论及其应用[M]. 北京：清华大学出版社，2006.

[74] 郭雷，许晓鸣. 复杂网络[M]. 上海：科技教育出版社，2006.

[75] 陈关荣. 复杂网络及其新近研究进展简介[J]. 力学进展，2008，38(0)：653-662.

[76] Klink H A V. The port network as a new stage in port development：The case of Rotterdam[J]. Environment and Planning A，1998，30(1)：143-160.

[77] Sen P，Dasgupta S，Chatterjee A，et al. Small-world properties of the Indian railway network[J]. Physical Review E Statistical Nonlinear & Soft Matter Physics，2002，67(3)：036106.

[78] Guimerá R，Amaral L A N. Modeling the world-wide airport network[J]. The European Physical Journal B，2004，38(2)：381-385.

[79] 高峰，党亚茹. 世界航空客运网络的节点度分布特征[J]. 科学学与科学技术管理，2009，30(7)：75-79.

[80] Hua G，Sun Y，Haughton D. Network Analysis of US Air Transportation Network[A]. Data Mining for Social Network Data. Berlin：Springer US，2010：75-89.

[81] Berger A，Müllerhannemann M，Rechner S，et al. Efficient Computation of Time-Dependent Centralities in Air Transportation Networks[A]. International Conference on Walcom：Algorithms and Computation. Berlin：Springer，2011：77-88.

[82] Hossain M M，Alam S. A complex network approach towards modeling and analysis of the Australian Airport Network[J]. Journal of Air Transport Management，2017，60(may)：1-9.

[83] Xu X，Hu J，Liu F. Empirical analysis of the ship-transport network of China[J]. Chaos，2007，17(2)：023129.

[84] Kaluza P，Kölzsch A，Gastner M T，et al. The complex network of global cargo ship movements[J]. Journal of the Royal Society Interface，2010，7(48)：1093-1103.

[85] Ducruet C，Notteboom T. The worldwide maritime network of container shipping：spatial structure and regional dynamics[J]. Global Networks，2012，12(3)：395-423.

[86] 牟向伟,陈燕,杨明,等.班轮航运网络拓扑特性[J].大连海事大学学报,2009,35(2):34-37.

[87] 王杰,李雪.基于改进BA模型的海运复杂网络演化研究[J].武汉理工大学学报(交通科学与工程版),2013,37(3):496-500.

[88] 王丹,李蓓蕾.具有无标度特性的港口网络演化模型[J].沈阳大学学报(自然科学版),2013,25(5):379-382.

[89] 李振福,姜书飞,徐梦俏,等.面向北极航线通航的海运网络演化研究[J].复杂系统与复杂性科学,2015,12(4):55-60.

[90] 王列辉,林羽珊,DUCRUET C.1895—2016年全球海运网络中的海峡两岸港口运输联系变化[J].地理学报,2018,73(12):2282-2296.

[91] 蹇令香,李东兵,赵诗晨.我国沿海港口复杂网络演化特征[J].经济地理,2016,36(12):96-103.

[92] Rimmer P J. The changing status of New Zealand ports, 1853-1960[J]. Annals of the Association of American Geographers, 1967, 57(2): 88-100.

[93] Rimmer P J. Recent changes in the status of seaports in the New Zealand coastal trade [J]. Economic Geography, 43(3): 231-243.

[94] Hilling D. The evolution of a port system-the case of Ghana[J]. Geography, 1977: 97-105.

[95] Airriess C A. The spatial spread of container transport in a developing regional economy: North Sumatra, Indonesia[J]. Transportation Research Part A: General, 1989, 23(6): 453-461.

[96] Hoyle B, Charlier J. Inter-port competition in developing countries, an East African case study[J]. Journnl of Transport Geograhy. 1995, 3(2): 87-193.

[97] Kuby M, Reid N. Technological change and the concentration of the U. S. General Cargo Port System: 1970-1988[J]. Economic Geography, 1992, 68(3): 272-289.

[98] James J W. The evolution of a regional container port system[J]. Journal of Transport Geography, 2000, 8: 263-275.

[99] Notteboom T E. Concentration and load centre development in the European container port system[J]. Journal of Transport Geography, 1997. 5(2): 99-115.

[100] Robinson R. Modelling the port as an operational system[J]. Economic Geography, 1976, 52(1): 71-86.

[101] 方然.港口群协调发展系统动力学模型[J].水运管理,2000,(2):6-11.

[102] Langen P W D. The Performance of Port Clusters [J]. Journal of International Logistics & Trade, 2004, 2: 47-56.

[103] Bavelas A. Communication Patterns in Task-Oriented Groups[J]. The Journal of the Acoustical Society of America, 1950, 22(6): 725-730.

[104] Alba R D. Taking stock of network analysis: a decade's results[J]. Research in the Sociology of Organizations, 1982, 1: 39-74.

[105] Seidman S B. Network structure and minimum degree[J]. Social Networks, 1983, 5 (3): 269.

[106] Milgram S. The small world problem[J]. Psychology Today,1967,2(1): 185-195.
[107] 杨春燕,蔡文. 可拓学[M]. 北京: 科学出版社,2014.
[108] 李珊珊,刘巍,高红. 基于可拓基元理论的复杂社会网络分析模型[J]. 科技导报,2014,32(36): 21-25.
[109] 杨春燕,李志明. 基于可拓学的社会网络结构研究[J]. 广东工业大学学报,2014,31(1): 1-6.
[110] 张维迎. 博弈论与信息经济学[M]. 上海: 上海人民出版社,2004.
[111] 熊义杰. 现代博弈论基础[M]. 北京: 国防工业出版社,2010.
[112] 杨光惠,杨辉,向淑文. 有限理性下参数最优化问题解的稳定性[J]. 运筹学学报,2016,20(4): 1-10.
[113] 中国运筹学会. 中国运筹学发展研究报告[J]. 运筹学学报,2012,16(3): 1-48.
[114] Shapley L S. A value for n-person Games[J]. Annals of Mathematics Studies,1953,2(28): 307-317.
[115] 赵婷婷. 京津冀地区港口竞争力及合作机制研究[D]. 北京: 北京交通大学,2007.
[116] 吴传钧,高小真. 海港城市的成长模式[J]. 地理研究,1989,8(4): 9-15.
[117] 奇达夫,蔡文彬. 社会网络与组织[M]. 王凤彬,朱超威,译. 北京: 中国人民大学出版社,2007.
[118] Borgatti S P,Li X. On social network analysis in a supply chain context[J]. Journal of Supply Chain Management,2009,45(2): 5-22.
[119] Achrol R S,Kotler P. Marketing in the Network Economy[J]. Journal of Marketing,1999,63(1): 146-163.
[120] Lowndes V,Skelcher C. The dynamics of multi-organizational partnerships: an analysis of changing modes of governance[J]. Public Administration,1998,76(2): 313-333.
[121] Aravendan M,Panneerselvam R. An integrated multi-echelon model for a sustainable closed loop supply chain network design[J]. Intelligent Information Management,2014,06(6): 257-279.
[122] Southworth F,Peterson B E. Intermodal and international freight network modeling[J]. Transportation Research Part C Emerging Technologies,2000,8(1-6): 147-166.
[123] 申卯兴,薛西锋,张小水. 灰色关联分析中分辨系数的选取[J]. 空军工程大学学报·自然科学版,2003,4(1): 68-70.
[124] 赵刚. 交通部就加强内支线集装箱班轮运输和国际班轮运输管理发出通知[J]. 珠江水运,1997,(4): 7.
[125] Borgatti S P,Everett M G,Freeman L C. Ucinet 6 for Windows: Software for Social Network Analysis[J]. Analytic Technologies,2002.
[126] Albert R,Barabasi A L. Statistical mechanics of complex networks[J]. Review of Modern Physics,2002,74(1): xii.
[127] Guare J. Six degrees of separation: a play[M]. New York: Vintage,1990.
[128] 徐敏杰. 集装箱港口网络的层系化分析与启示[J]. 中国航海,2012,35(2): 106-109.
[129] 李珊珊,刘巍,高红. 基于基元的区域港口群竞合网络分析[J]. 智能系统学报,2017,12(1): 15-23.

[130] Scott J. Social network analysis, a handbook[M]. Thousand Oaks: SAGE Publications Inc. 2000.

[131] 刘军. 社会网络分析导论[M]. 北京:社会科学文献出版社,2004.

[132] Freeman L C. Centrality in Social Networks: I. Conceptual Clarification[J]. Social Networks,1979,1(3): 215-239.

[133] Luo J D. Social network analysis (second edition)[M]. Beijing: Social Sciences Academic Press,2010.

[134] 王陆. 虚拟学习社区的社会网络结构研究[D]. 兰州: 西北师范大学,2009.

[135] 俞启梁. 基于节点行为分析的安全分布式目标定位方法[D]. 杭州: 浙江大学,2016.

[136] 刘军. 整体网分析讲义——UCINET 软件应用[M]. 上海: 格致出版社,2009.

[137] Wasserman S, Faust K. Social network analysis: Methods and applications[M]. New York: Cambridge University Press,1994.

[138] Burt R S. Structural holes[M]. New York: Cambridge University Press,1995.

[139] Myerson R B. Graphs and Cooperation in Games[J]. Mathematics of Operations Research, 1976,2(3): 225-229.

[140] 张智勇,郑成华,宋薛峰. 基于改进 Shapley 值的港口物流服务供应链利益分配分析[J]. 工业技术经济,2009,28(6): 113-115.

[141] 王运才,方新. 华南与港澳台经济合作形成新格局[J]. 中国经济体制改革,1992(9): 38-39.

[142] 李珊珊. 基于 SNA 的港口群竞合关系分析模型研究[D]. 大连: 大连海事大学,2012.

[143] 中国港口年鉴编辑部. 中国港口年鉴[J]. 北京: 中国港口杂志社,2005,2006,2007, 2008,2009,2010,2011,2012,2013,2014,2015.

[144] 国家统计局. 中国城市统计年鉴[M]. 北京: 中国统计出版社,2005,2006,2007,2008, 2009,2010,2011,2012,2013,2014,2015.

[145] 盐田国际集装箱码头-码头服务-航线信息[EB/OL]. (2024-06-26). https://www.yict.com.cn/service-vesselSchedule/vessel-schedule.html?locale=zh_CN.

[146] 珠海港股份有限公司官网[EB/OL]. (2022-08-08)[2024-01-15]. http://www.0507.com.cn/default.asp.

[147] 香港特别行政区政府海事处. 港口及海事统计资料[EB/OL]. (2022-08-08)[2024-01-15]. https://www.mardep.gov.hk/sc/fact/portstat.html.

[148] 易物流盐田. 公共信息服务[EB/OL]. (2022-08-08)[2024-01-15]. https://www.156yt.cn/publicInfoService/index.action.

[149] 广州港集团有限公司[EB/OL]. (2024-06-26)[2024-01-15]. https://www.gzpgroup.com/.

[150] 湛江港(集团)股份有限公司官网[EB/OL]. (2022-08-08)[2024-01-15]. https://www.zjport.com/index.shtml.

[151] 船讯网-航线官网[EB/OL]. (2022-08-08)[2024-01-15]. https://routes.shipxy.com/.

[152] 田炜,邓贵仕,武佩剑. 基于复杂网络与演化博弈的群体行为策略分析[J]. 计算机应用研究,2008,25(8): 2352-235

附录 A 华南地区港口吞吐量数据

表 A.1 华南地区主要港口 2004 年—2014 年货物吞吐量

单位：万吨

	2004	2005	2006	2007	2008	2009	2010	2011	2012	2013	2014
香港港	22087.90	23000.00	23800.00	24540.00	25940.20	24300.00	26700.00	27744.40	26930.00	27600.00	29770.00
广州港	21519.86	27283.0388	30282.00	23034.00	22405.00	37549.10	42525.96	44769.53	45125.16	47200.00	50098.00
深圳港	13537.14	15351.35	17580.00	19993.80	21125.50	19364.99	22097.68	22325.08	22806.97	23397.90	22323.72
珠海港	3203.20	3556.87	3560.60	3712.60	4086.20	4407.00	6056.27	7169.97	7745.44	10023.00	10703.10
汕头港	1576.31	1735.8666	2010.00	2301.00	2806.00	3101.80	3509.40	4004.99	4562.79	5037.90	5160.91
湛江港	3779.79	6619.69	8172.81	9165.00	10403.89	11838.24	13638.32	15539.49	17091.58	18006.18	20238.19
汕尾港	104.0999	107.00	106.65	69.89	387.00	459.80	489.30	563.87	771.69	627.85	646.48
惠州港	1371.41	1514.68	2082.00	2323.57	2583.10	3811.05	4672.54	5169.68	5256.85	8045.31	6485.64
潮州港	61.52	80.00	205.00	288.00	354.27	348.00	635.30	935.63	950.92	1050.64	1136.38
揭阳港	242.00	258.90	301.00	418.77	606.32	744.07	1290.30	1546.71	1601.01	2509.80	2709.35
江门港	588.22	2009.25	3317.99	4033.00	4024.89	4170.33	4964.63	5914.20	6210.67	6737.08	7352.17
茂名港	1960.30	2071.63	2325.80	2752.38	2756.09	2122.37	2283.90	2306.71	2390.11	2369.76	2653.58
东莞港	2599.89	2280.50	1951.40	2016.80	3208.50	3530.08	5657.29	6848.10	9227.73	11187.09	12899.61
阳江港	184.50	241.00	243.00	241.00	243.01	330.90	798.50	1121.16	1605.25	2055.21	1748.00
肇庆港	79.54	519.65	593.28	766.31	914.66	1123.97	1597.00	2489.00	2729.07	2954.17	3033.15
佛山港	299.5666	3950.55	4417.30	4985.50	5154.60	5099.38	5409.84	5423.20	5253.01	5474.48	5907.01
中山港	1409.38	1360.07	1510.00	1676.50	1821.64	3401.38	4797.51	5484.90	5153.47	6875.74	7845.44
清远港	157.89	460.72	226.40	525.00	443.99	498.49	639.36	697.40	728.70	1008.12	2512.61
云浮港	41.00	548.29	609.00	973.80	663.07	685.59	1022.60	1205.80	1354.70	1635.00	1909.20
韶关港	140.00	110.00	65.00	40.61	79.50	32.96	39.94	53.40	82.49	52.80	58.15

续表

	2004	2005	2006	2007	2008	2009	2010	2011	2012	2013	2014
防城港	1608.46	2006.00	3382.16	5052.00	5322.00	6379.50	7650.42	9023.63	10058.00	10561.00	11501.00
钦州港	320.90	511.00	762.00	1206.00	1507.60	2014.50	3022.10	4716.22	5622.00	6035.00	6413.00
北海港	654.06	769.99	804.15	932.21	956.29	1014.85	1250.52	1590.75	1757.00	2078.00	2276.00
贵港港	1358.00	1507.00	2276.32	2507.00	3112.00	3390.00	3807.28	4107.60	4512.76	4901.00	5242.00
梧州港	161.06	403.00	832.00	950.00	836.00	1103.20	1600.51	2071.20	2697.76	3015.00	3142.00
南宁港	81.43	73.00	232.00	213.08	233.20	434.00	486.00	777.40	1070.24	1292.00	1150.00
柳州港	70.19	56.00	86.20	116.80	192.60	234.10	189.10	124.10	196.69	239.00	252.00
来宾港	36.04	226.83	273.24	410.50	205.80	243.00	569.27	923.70	1047.97	1157.00	1050.00
百色港	37.45	15.50	10.54	17.37	11.96	5.05	0.21	3.60	19.88	23.49	24.00
厦门港	4261.00	4770.80	7792.09	8117.20	9701.96	11100.00	13931.00	15653.50	17227.30	19087.80	20503.96
莆田港	834.00	1050.03	1301.11	1612.74	1810.00	1050.35	1756.00	2073.84	2550.00	2834.00	3070.00
福州港	5939.00	7443.45	8847.82	6433.33	6702.59	8084.27	7124.80	8218.25	11410.22	12759.00	14391.00
泉州港	3094.00	4046.16	5234.93	6215.32	7224.30	7666.00	8455.00	5744.00	10371.51	10804.51	11200.70
海口港	1416.00	2164.70	2126.50	2372.20	2613.80	2969.00	3627.10	4542.00	7217.03	8293.00	8915.00

数据来源：由《中国港口年鉴》2005 年—2015 年版收集整理得到。

表 A.2　华南地区主要港口 2004 年—2014 年集装箱吞吐量

单位：万 TEU

	2004	2005	2006	2007	2008	2009	2010	2011	2012	2013	2014
香港港	2198.40	2260.20	2353.90	2399.80	2449.40	2104.00	2369.90	2438.40	2309.00	2228.80	2228.30
广州港	330.40	515.49	665.60	712.60	865.50	1131.38	1270.26	1442.11	1474.36	1551.00	1663.00
深圳港	1365.89	1619.67	1846.90	2110.40	2141.60	1825.00	2250.96	2257.08	2294.13	2327.86	2403.73
珠海港	44.76	47.84	52.80	63.10	65.50	99.00	70.27	81.40	81.28	88.11	117.57
汕头港	28.47	36.83	44.00	59.39	72.00	82.06	93.50	110.08	125.02	128.80	130.30
湛江港	16.72	17.78	20.36	27.20	28.40	23.16	32.02	38.07	41.21	45.18	58.06

续表

	2004	2005	2006	2007	2008	2009	2010	2011	2012	2013	2014
汕尾港	1.07	1.66	1.88	2.10	2.45	1.87	4.19	2.26	0.17	1.73	0.96
惠州港	27.78	24.92	23.00	16.61	27.17	19.36	26.89	39.52	36.33	16.43	22.12
潮州港	0.00	0.14	0.00	0.00	0.45	1.44	3.08	0.66	0.00	0.17	0.48
揭阳港	0.00	0.00	0.00	0.00	0.00	0.00	0.00	0.00	0.00	0.00	0.00
江门港	36.78	64.86	73.29	78.96	73.23	56.50	70.53	87.60	83.28	93.36	113.03
茂名港	1.94	2.22	2.26	3.30	4.61	4.74	4.32	6.06	8.36	10.34	11.50
东莞港	24.84	19.77	24.90	22.10	19.50	36.67	49.99	58.00	145.36	198.63	289.23
阳江港	0.00	0.00	0.07	0.20	0.27	0.29	0.04	0.02	0.03	0.00	0.00
肇庆港	6.64	14.63	27.62	26.17	36.43	34.60	44.56	61.20	70.72	70.09	72.12
佛山港	29.72	176.70	234.35	259.70	277.73	292.33	305.96	291.60	266.71	275.00	289.84
中山港	93.00	99.87	112.57	126.64	113.63	110.13	125.06	128.70	124.04	132.14	137.03
清远港	0.00	0.10	0.13	0.50	0.04	0.05	3.64	4.00	3.39	1.75	5.54
云浮港	2.45	2.37	0.00	3.30	3.45	2.75	4.80	6.00	8.61	11.05	11.78
韶关港	0.00	0.00	0.00	0.00	0.0003	0.00	0.00	0.00	0.00	0.00	0.00
防城港	8.02	10.50	13.00	17.30	22.60	20.40	25.10	26.50	27.02	31.00	32.00
钦州港	1.04	2.53	4.50	5.40	6.10	10.09	25.09	40.22	47.39	60.00	70.00
北海港	0.00	2.39	3.39	4.72	4.93	4.42	6.18	7.10	8.02	9.00	9.60
贵港港	0.00	0.95	1.26	1.68	5.04	6.01	7.05	8.00	10.08	11.00	12.32
梧州港	4.07	4.53	5.89	9.89	14.20	15.30	20.00	27.80	30.68	39.00	43.87
南宁港	0.00	0.11	0.06	0.00	0.06	1.51	0.86	1.10	0.72	0.91	0.28
柳州港	0.10	0.12	0.00	0.14	0.02	0.00	0.00	0.00	0.00	0.00	0.13
来宾港	0.00	0.00	0.00	0.00	0.00	0.00	0.00	3.10	3.18	4.53	4.42
百色港	0.00	0.00	0.00	0.00	0.00	0.00	0.00	0.00	0.00	0.00	0.00
厦门港	287.20	492.48	401.03	462.71	503.46	468.04	582.43	646.50	720.20	800.03	857.24

续表

	2004	2005	2006	2007	2008	2009	2010	2011	2012	2013	2014
莆田港	1.43	1.22	0.89	0.93	0.70	0.00	0.43	0.67	0.67	0.81	1.07
福州港	70.80	80.39	101.17	120.20	117.66	122.27	147.05	166.00	182.50	197.80	223.94
泉州港	54.30	63.15	83.89	101.94	120.67	125.00	136.00	150.12	169.70	170.06	188.45
海口港	19.90	21.68	24.50	28.60	34.64	43.60	61.30	80.80	100.01	116.80	134.70

数据来源：由《中国港口年鉴》2005 年—2015 年版收集整理得到。

表 A.3　华南地区主要港口 2004 年—2014 年旅客吞吐量

单位：万人次

	2004	2005	2006	2007	2008	2009	2010	2011	2012	2013	2014
香港港	2140.70	2100.00	2300.00	2600.00	2700.00	2400.00	2450.80	2575.00	2600.00	2621.50	2662.80
广州港	62.71	99.26	94.10	6.86	5.30	78.08	79.01	80.13	74.89	77.02	71.10
深圳港	345.02	368.66	390.67	426.02	358.80	288.29	333.88	383.71	432.57	490.20	568.55
珠海港	520.85	503.84	531.40	580.20	510.40	927.00	510.35	551.21	583.88	640.27	748.22
汕头港	0.84	0.25	0.00	0.04	0.00	0.06	0.00	0.00	0.00	0.00	0.00
湛江港	1.23	596.68	625.38	755.00	771.00	822.18	1051.41	1196.42	1215.23	1235.34	1303.18
汕尾港	0.00	0.00	0.00	0.00	0.00	0.00	0.00	0.00	0.00	0.00	0.00
惠州港	0.00	0.00	0.00	0.00	0.00	0.00	0.00	0.00	0.00	0.00	0.00
潮州港	0.00	4.70	0.00	0.00	0.00	2.45	2.38	2.02	1.13	1.05	1.75
揭阳港	0.00	0.00	0.00	0.00	0.00	0.00	0.00	0.00	0.00	0.00	0.00
江门港	38.17	57.83	148.66	130.58	130.67	26.11	24.00	37.80	16.63	17.03	15.20
茂名港	0.00	0.00	0.00	0.00	0.00	0.00	0.00	0.00	0.00	0.00	0.00
东莞港	40.14	42.20	43.88	54.20	10.60	34.48	30.62	31.30	32.30	30.93	31.32
阳江港	0.00	0.00	0.00	0.00	0.00	0.00	0.00	0.00	0.00	0.00	0.00
肇庆港	25.75	26.07	0.00	9.00	21.05	22.11	0.00	0.00	0.00	0.00	0.00
佛山港	100.40	96.95	97.58	98.21	85.13	67.52	77.44	79.20	74.12	73.69	68.33

续表

	2004	2005	2006	2007	2008	2009	2010	2011	2012	2013	2014
中山港	0.00	0.00	0.00	0.00	0.00	96.07	104.12	114.90	118.52	123.89	120.25
清远港	164.00	184.72	195.31	190.00	240.00	204.00	232.00	262.00	296.00	332.00	390.00
云浮港	0.00	0.00	0.00	0.00	0.00	0.00	0.00	0.00	0.00	0.00	0.00
韶关港	0.00	0.00	0.00	0.00	18.20	0.00	0.00	0.00	0.00	0.00	0.00
防城港	0.00	0.00	0.00	0.00	0.00	0.00	0.00	0.00	0.00	0.00	0.00
钦州港	0.00	0.00	0.00	0.00	0.00	0.00	0.00	0.00	0.00	0.00	0.00
北海港	63.25	58.68	105.81	129.31	126.95	26.61	26.50	30.25	23.30	20.41	19.79
贵港港	0.00	0.00	0.00	0.00	0.00	0.00	0.00	0.00	0.00	0.00	0.00
梧州港	0.00	2.52	0.00	0.00	0.00	0.00	0.00	0.00	0.00	0.00	0.00
南宁港	0.00	0.00	0.00	0.00	0.00	0.00	0.00	4.50	0.00	0.00	0.00
柳州港	0.00	0.00	0.00	0.00	0.00	0.00	0.00	0.00	0.00	0.00	0.00
来宾港	0.00	0.00	0.00	0.00	0.00	0.00	0.00	0.00	0.00	0.00	0.00
百色港	0.00	0.00	0.00	0.00	0.00	0.00	0.00	0.00	0.00	0.00	0.00
厦门港	321.00	366.87	61.00	71.09	98.50	119.60	979.60	1099.40	1092.30	983.50	953.03
莆田港	0.00	0.00	0.00	0.00	0.00	0.00	0.00	0.00	0.00	0.00	0.00
福州港	2.00	3.66	4.59	5.30	7.22	9.12	5.85	3.95	13.87	14.40	16.00
泉州港	0.00	0.00	1.53	4.59	6.46	4.48	10.07	3.90	9.11	9.85	10.29
海口港	213.00	491.90	491.50	520.40	526.50	588.60	763.70	864.00	787.80	724.00	1360.87

数据来源：由《中国港口年鉴》2005—2015 年版收集整理得到。

附录 B　华南地区灰色关联度腹地指标值数据

表 B.1　华南地区港口——腹地灰色关联度指标体系腹地指标值数据(2014 年)

腹地		x_4 /亿元	x_5 /%	x_6 /亿元	x_7 /万美元	x_8 /%	x_9 /万吨	x_{10} /万人	x_{11} /平方米	x_{12}/亿元（当年价格）
广东省	广州市	16706.87	65.23	4889.50	510707.00	62.87	95645.00	98061.00	14.99	18193.55
	深圳市	16001.82	57.39	2717.42	580469.00	36.46	29384.00	15113.00	35.02	24777.59
	珠海市	1867.21	47.37	1135.05	193099.00	35.63	11175.00	5094.00	35.02	3702.26
	汕头市	1716.51	42.01	1002.73	17813.00	40.33	6057.00	2076.00	4.64	2771.68
	湛江市	2258.99	41.41	1020.76	15027.00	57.58	32847.00	15802.00	6.41	2257.33
	汕尾市	716.99	38.21	500.97	16282.00	38.34	2432.00	1279.00	4.93	1095.15
	惠州市	3000.37	38.74	1606.71	196582.00	28.77	21765.00	7033.00	19.85	6901.35
	潮州市	850.22	38.02	313.01	10920.00	41.70	4419.00	2330.00	3.02	1221.99
	揭阳市	1780.44	29.50	1093.80	23888.00	42.38	3702.00	2289.00	3.67	4268.75
	江门市	2082.76	42.88	1111.65	85377.00	38.64	13926.00	9546.00	15.97	3625.49
	茂名市	2349.03	43.00	850.55	15574.00	63.74	9463.00	5838.00	2.27	2401.85
	东莞市	5881.32	52.14	1427.11	452919.00	16.57	15375.00	5555.00	72.87	12133.71
	阳江市	1168.55	35.45	662.01	11720.00	49.34	11029.00	1572.00	9.98	1861.94
	肇庆市	1845.06	35.24	1138.73	133317.00	45.79	6382.00	3114.00	21.34	3863.50
	佛山市	7441.60	36.36	757.13	265588.00	25.45	29098.00	5976.00	10.31	18796.65
	中山市	2823.01	42.34	2612.45	68079.00	22.19	18864.00	2851.00	5.37	6032.09
	清远市	1197.74	44.17	596.35	22747.00	48.25	14125.00	2878.00	10.01	1669.76
	云浮市	664.00	34.76	656.27	10633.00	49.95	5244.00	2762.00	3.01	972.02
	韶关市	1113.49	46.82	746.74	19061.00	46.79	5244.00	5791.00	7.93	1286.70

续表

腹地		x_4 /亿元	x_5 /%	x_6 /亿元	x_7 /万美元	x_8 /%	x_9 /万吨	x_{10} /万人	x_{11} /平方米	x_{12}/亿元（当年价格）
广西壮族自治区	防城市	588.94	30.18	478.31	2331.00	66.24	8737.00	1037.00	11.32	1141.08
	钦州市	854.96	37.68	658.97	16437.00	54.96	17502.00	1947.00	7.14	1283.49
	北海市	856.01	29.22	786.16	14901.00	56.42	6824.00	2723.00	13.83	1595.51
	贵港市	805.40	39.62	547.17	2200.00	71.82	20071.00	3596.00	3.99	798.67
	梧州市	1064.82	28.10	547.17	1078.00	58.43	7431.00	2102.00	10.88	1924.85
	南宁市	3148.30	48.51	2886.68	25187.00	57.33	33582.00	8697.00	13.58	2856.63
	柳州市	3148.30	33.45	1765.49	9986.00	43.72	14687.00	3553.00	16.11	4323.94
	来宾市	551.24	34.39	431.18	842.00	58.43	2552.00	2073.00	5.48	520.47
	百色市	917.92	29.33	895.23	201.00	69.74	9716.00	4833.00	12.16	1115.30
福建省	厦门市	3273.58	54.67	1562.16	197101.00	34.04	23545.00	7916.00	17.71	4894.93
	莆田市	1502.07	34.98	1423.68	34092.00	27.57	4504.00	6870.00	3.64	2315.01
	福州市	5169.16	46.45	4388.62	154651.00	40.30	23093.00	13785.00	13.22	7495.26
	泉州市	5733.36	35.02	2874.33	148950.00	20.78	20423.00	9892.00	21.02	10699.43
海南省	海口市	1091.70	74.85	821.53	32979.00	66.44	12346.00	6898.00	8.97	492.94

数据来源：由《中国城市统计年鉴》2015 年版收集整理得到。

附录 C　华南地区竞合网络 2-模及 1-模子网邻接矩阵

表 C.1　华南地区港口-货种 2-模发生矩阵

港口	货种														
	集装箱	旅客	煤炭	石油天然气	液体散货	金属矿石	矿建	钢铁	木材	水泥	粮食	砂石	化肥	件杂货	整车
香港	1	1	1	1	1	0	0	1	0	0	0	0	0	0	1
广州	1	1	1	1	0	1	0	1	0	0	1	0	0	0	1
深圳	1	1	1	1	0	1	0	0	0	0	1	0	0	0	1
珠海	1	1	1	0	1	1	0	0	0	1	0	0	0	0	0
汕头	1	0	1	1	1	0	0	0	0	1	0	0	0	1	0
湛江	1	1	1	1	0	1	0	0	0	0	1	0	1	0	0
汕尾	1	0	1	0	1	0	0	1	0	0	0	1	0	1	0
惠州	1	0	1	0	1	0	0	0	0	1	1	0	0	0	0
潮州	1	1	1	0	1	0	0	0	0	1	0	0	0	0	0
揭阳	0	0	1	0	1	1	0	0	0	0	0	0	0	1	0
江门	1	1	1	0	1	0	0	0	0	1	1	0	0	0	0
茂名	1	0	1	0	1	0	0	0	0	0	1	0	0	1	0
东莞	1	1	1	0	1	0	0	0	0	1	1	0	0	0	0
阳江	1	0	1	0	1	1	0	0	0	0	0	0	0	1	0
肇庆	1	0	1	0	1	0	0	0	0	1	1	0	0	0	0
佛山	1	1	1	0	1	1	0	0	0	1	1	0	0	0	0

续表

港口	货种														
	集装箱	旅客	煤炭	石油天然气	液体散货	金属矿石	矿建	钢铁	木材	水泥	粮食	砂石	化肥	件杂货	整车
中山	1	1	1	0	1	0	0	0	0	1	1	0	0	0	0
清远	1	1	1	0	0	0	0	0	1	1	1	0	0	0	0
云浮	1	0	1	0	0	1	0	0	0	1	0	0	1	0	0
韶关	0	0	1	0	0	1	0	0	0	0	1	0	0	0	0
防城	1	0	1	0	1	1	0	0	0	1	1	0	1	0	0
钦州	1	0	1	1	0	1	0	0	0	0	1	0	0	0	1
北海	1	1	1	1	0	0	0	0	0	0	0	0	0	1	0
贵港	1	0	1	1	0	1	0	0	0	1	0	0	0	0	0
梧州	1	0	1	1	0	1	0	0	0	0	0	0	0	0	0
南宁	1	0	1	0	0	0	1	0	0	1	1	0	0	0	0
柳州	1	0	0	0	0	0	1	0	0	1	0	1	0	0	0
来宾	1	0	1	0	0	0	1	1	0	1	0	1	0	0	0
百色	0	0	0	0	0	0	1	0	0	0	0	0	0	0	0
厦门	1	1	1	1	0	1	0	0	0	0	0	0	0	0	0
莆田	1	0	1	0	0	0	0	1	1	1	1	1	0	0	0
福州	1	1	1	1	0	1	0	0	0	0	0	0	0	0	1
泉州	1	1	1	1	0	0	1	0	0	0	1	0	0	0	0
海口	1	1	0	0	0	0	0	0	0	0	0	0	0	0	1

数据来源：科研项目调研数据；各港区官网货运业务及航线网络数据统计。

表 C.2 华南地区港口-港口货物喂给合作关系矩阵

	香港	广州	深圳	珠海	汕头	湛江	汕尾	惠州	江门	东莞	阳江	肇庆	佛山	中山	清远	云浮	韶关	防城	钦州	北海	贵港	梧州	南宁	柳州	来宾	百色	厦门	莆田	福州	泉州	海口
香港	0	0	0	0	0	0	0	0	0	0	0	0	0	0	0	0	0	0	0	0	0	0	0	0	0	0	0	0	0	0	0
广州	6	0	17	0	0	0	0	0	0	0	0	0	0	0	0	0	0	0	0	0	0	0	0	0	0	0	2	0	0	0	0
深圳	16	7	0	0	0	0	0	0	0	0	0	0	0	0	0	0	0	0	0	0	0	0	0	0	0	0	0	0	0	0	0
珠海	8	4	11	0	0	0	0	0	0	0	0	0	0	0	0	0	0	0	0	0	0	0	0	0	0	0	1	0	0	0	0
汕头	7	2	5	0	0	0	0	0	0	0	0	0	0	0	0	0	0	0	0	0	0	0	0	0	0	0	7	0	0	0	0
湛江	1	1	3	0	0	0	0	0	0	0	0	0	1	0	0	0	0	0	0	0	0	0	0	0	0	0	1	0	0	0	0
汕尾	1	1	0	0	1	0	0	0	0	0	0	0	0	0	0	0	0	0	0	0	0	0	0	0	0	0	0	0	0	0	0
惠州	1	1	1	0	1	0	0	0	0	0	0	0	1	0	0	0	0	0	0	0	0	0	0	0	0	0	0	0	0	0	0
江门	0	0	0	0	1	0	0	0	0	0	0	0	0	0	0	0	0	0	0	0	0	0	0	0	0	0	1	0	0	0	0
东莞	1	0	0	0	1	0	1	0	0	0	0	0	0	0	0	0	0	0	0	0	0	0	0	0	0	0	1	0	0	0	0
阳江	1	7	9	1	0	0	0	0	0	0	0	0	1	0	0	0	0	0	0	0	0	0	0	0	0	0	0	0	0	0	0
肇庆	0	0	0	0	0	1	0	0	0	0	0	0	0	0	0	0	0	0	0	0	0	0	0	0	0	0	0	0	0	0	1
佛山	8	6	2	1	0	0	0	0	0	0	0	0	0	0	0	0	0	0	0	0	0	0	0	0	0	0	1	0	0	0	0
中山	3	0	2	2	0	0	0	0	0	0	0	0	0	0	0	0	0	0	0	0	0	0	0	0	0	0	0	0	0	0	0
清远	1	1	1	1	0	0	0	0	0	0	0	0	0	0	0	0	0	0	0	0	0	0	0	0	0	0	0	0	0	0	0
云浮	2	2	3	1	0	0	0	0	0	0	0	0	0	0	0	0	0	0	0	0	0	0	0	0	0	0	0	0	0	0	0
韶关	0	0	0	0	0	0	0	0	0	0	0	0	0	0	0	0	0	1	0	0	0	0	0	0	0	0	0	0	0	0	0
防城	3	2	2	0	1	1	0	0	0	0	0	0	0	0	0	0	0	0	0	0	0	1	1	0	0	0	0	0	0	1	0
钦州	0	2	1	0	0	0	0	0	0	0	0	0	2	0	0	0	0	0	0	0	1	0	1	0	0	0	0	0	0	1	0
北海	1	1	1	0	0	0	0	0	0	0	0	0	0	0	0	0	0	0	0	0	1	1	0	0	0	0	0	0	0	0	0
贵港	1	2	0	1	0	0	0	0	0	0	0	0	1	0	1	0	0	0	0	0	0	0	0	0	0	1	0	0	0	0	0
梧州	1	3	2	1	0	0	0	0	0	0	0	0	1	0	1	0	0	0	0	0	0	0	1	0	0	1	0	0	0	0	0

续表

	香港	广州	深圳	珠海	汕头	湛江	汕尾	惠州	江门	东莞	阳江	肇庆	佛山	中山	清远	云浮	韶关	防城	钦州	北海	贵港	梧州	南宁	柳州	来宾	百色	厦门	莆田	福州	泉州	海口
南宁	1	0	0	0	0	0	0	0	0	0	0	0	0	0	1	1	0	0	0	0	0	0	0	0	0	0	0	0	0	0	0
柳州	1	0	0	0	0	0	0	0	0	0	0	0	0	0	0	0	0	0	0	0	0	0	0	0	1	1	0	0	0	0	0
来宾	1	1	0	0	0	0	0	0	0	0	0	0	0	0	0	0	0	0	0	0	0	0	0	1	0	0	1	0	0	0	0
百色	0	1	0	0	0	0	0	0	0	0	0	0	0	0	0	0	0	0	0	0	0	0	0	0	1	1	0	0	0	0	0
厦门	6	4	5	0	0	0	0	0	0	0	0	0	0	0	0	0	0	0	0	0	1	0	0	0	0	0	0	0	0	0	0
莆田	0	0	0	0	0	0	0	0	0	0	0	0	0	0	0	0	0	0	0	0	0	0	0	0	0	0	0	0	0	2	0
福州	1	0	1	1	3	0	0	0	0	0	0	0	0	0	0	0	0	0	0	0	0	0	0	0	0	0	0	0	0	12	0
泉州	4	9	2	1	3	0	0	0	0	0	0	0	2	0	0	0	0	0	0	0	1	1	0	0	0	0	0	0	0	8	0
海口	1	4	1	2	1	1	0	0	0	0	0	0	3	0	1	0	0	0	0	0	0	1	1	0	0	0	0	0	0	1	0

数据来源：各港区官网货运业务及航线数据统计。

附录D　华南地区港口层次聚类数据

表 D.1　华南地区港口层次聚类指标原始数据

港口	最大吃水泊位水深/米	港口城市GDP/万元	生产性码头泊位数/个	货物吞吐量/万吨	集装箱吞吐量/万 TEU
香港港	15.50	165655300.00	72	29770.00	2228.30
广州港	15.50	167068719.00	709	50098.00	1663.00
深圳港	16.00	160018207.00	160	22323.72	2403.73
珠海港	14.20	18672129.00	155	10703.10	117.57
汕头港	15.00	17165113.00	87	5160.91	130.30
湛江港	17.00	22589897.00	146	20238.19	58.06
汕尾港	9.00	7169931.00	14	646.48	0.96
惠州港	12.50	30003674.00	71	6485.64	22.12
潮州港	12.50	8502208.00	16	1136.38	0.48
揭阳港	9.00	17804442.00	46	2709.35	0.00
江门港	10.00	20827636.00	281	7352.17	113.03
茂名港	15.00	23490313.00	18	2653.58	11.50
东莞港	14.30	58813173.00	201	12899.61	289.23
阳江港	12.30	11685491.00	10	1748.00	0.00
肇庆港	5.40	18450647.00	148	3033.15	72.12
佛山港	4.50	74415994.00	272	5907.01	289.84

续表

港口	最大吃水泊位水深/米	港口城市GDP/万元	生产性码头泊位数/个	货物吞吐量/万吨	集装箱吞吐量/万 TEU
中山港	6.00	28230069.00	117	7845.44	137.03
清远港	4.90	11977408.00	123	2512.61	5.54
云浮港	3.00	6640048.00	147	1909.20	11.78
韶关港	3.00	11134897.00	18	58.15	0.00
防城港	19.50	5889380.00	118	11501.00	32.00
钦州港	15.60	8549638.00	76	6413.00	70.00
北海港	17.80	8560135.00	55	2276.00	9.60
贵港港	5.00	8053951.00	105	5242.00	12.32
梧州港	7.50	10648152.00	80	3142.00	43.87
南宁港	5.00	31482973.00	91	1150.00	0.28
柳州港	4.50	31482973.00	28	252.00	0.13
来宾港	3.00	5512357.00	53	1050.00	4.42
百色港	3.00	9179154.00	37	24.00	0.00
厦门港	17.00	32735772.00	154	20503.96	857.24
莆田港	17.90	15020721.00	46	3070.00	1.07
福州港	9.50	51691647.00	168	14391.00	223.94
泉州港	15.00	57333576.00	91	11200.70	188.45
海口港	10.20	10917021.00	21	8915.00	134.70

表 D.2 华南地区区域港口群层次聚类过程数据

聚类阶段	1	2	3	4	5	6	7	8	9	10	11	12	13	14	15	16	17
合并的聚类	9	20	23	20	5	15	7	15	26	7	15	8	5	15	13	7	1
	14	29	31	28	22	18	10	24	27	25	19	12	8	17	33	34	3
离差平方和		0.06	0.13	0.22	0.37	0.51	0.65	0.85	1.07	1.33	1.62	1.92	2.29	2.71	3.16	3.61	4.11
下一次进行合并的聚类阶段	23	4	22	20	13	8	10	11	20	16	14	13	22	26	19	23	30
聚类阶段	18	19	20	21	22	23	24	25	26	27	28	29	30	31	32	33	
合并的聚类	6	4	20	4	5	7	6	4	15	4	15	5	1	4	4	1	
	21	13	26	32	23	9	30	11	20	6	16	7	2	5	15	4	
离差平方和	4.64	5.17	5.70	6.30	6.91	7.58	8.32	9.19	10.12	11.32	12.60	14.19	16.12	19.52	23.34	30.48	
下一次进行合并的聚类阶段	24	21	26	25	29	29	27	27	28	31	32	31	33	32	33	0	

附录E 华南地区港口结构分析数据汇总

表E.1 华南地区港口中心性、个体网分析结果

港口	度数中心度			接近中心度			特征向量中心度			中间中心度			个体网效率
	货物喂给合作无向	交叉腹地竞合	货种结构竞合	货物喂给合作无向	交叉腹地竞合	货种结构竞合	货物喂给合作无向	交叉腹地竞合	货种结构竞合	货物喂给合作无向	交叉腹地竞合	货种结构竞合	
深圳港	15.27	21.21	52.38	44	61	34	55.15%	7.13%	20.76%	10.74	0.24	0.03	0.77
广州港	12.61	39.39	54.11	42	54	34	44.59%	15.36%	21.54%	18.05	0.39	0.03	0.77
香港港	10.30	24.24	47.19	40	60	34	33.15%	7.34%	18.75%	24.57	0.37	0.03	0.78
厦门港	6.30	51.52	43.29	52	49	34	17.71%	19.58%	16.92%	10.90	1.29	0.03	0.76
佛山港	5.45	21.21	58.44	67	65	34	38.16%	6.82%	23.09%	0.14	0.12	0.03	0.59
珠海港	4.73	66.67	51.52	49	44	34	21.29%	25.23%	20.20%	5.98	3.29	0.03	0.64
泉州港	4.48	51.52	45.89	56	50	33	16.20%	18.30%	17.95%	0.41	1.41	1.43	0.64
汕头港	4.00	39.39	45.89	55	55	34	14.03%	13.45%	17.88%	3.92	0.76	0.03	0.66
东莞港	3.64	60.61	52.38	54	46	34	13.50%	20.89%	20.71%	1.87	3.17	0.03	0.65
海口港	2.91	63.64	21.65	53	45	36	8.52%	21.96%	8.59%	4.78	3.13	0.00	0.76
中山港	2.79	72.73	52.38	65	42	34	17.75%	22.97%	20.71%	0.00	5.23	0.03	0.41
江门港	2.55	63.64	52.38	64	45	34	15.79%	24.51%	20.71%	0.04	3.57	0.03	0.48
福州港	2.42	45.45	45.45	61	52	34	6.73%	16.92%	17.87%	0.03	0.79	0.03	0.61
肇庆港	2.30	33.33	45.89	60	56	34	10.76%	12.30%	17.99%	0.75	0.37	0.03	0.60
防城港	1.58	45.45	52.81	58	52	34	6.21%	15.64%	20.88%	0.37	1.08	0.03	0.65
梧州港	1.58	21.21	36.80	60	65	34	5.69%	7.06%	14.20%	1.77	0.06	0.03	0.68
湛江港	1.33	42.42	51.08	58	54	34	5.20%	14.74%	20.32%	2.45	0.66	0.03	0.67
钦州港	1.21	48.48	45.89	61	50	34	3.86%	16.44%	18.04%	0.19	2.65	0.03	0.67

续表

港口	度数中心度			接近中心度			特征向量中心度			中间中心度			个体网效率
	货物喂给合作无向	交叉腹地竞合	货种结构竞合	货物喂给合作无向	交叉腹地竞合	货种结构竞合	货物喂给合作无向	交叉腹地竞合	货种结构竞合	货物喂给合作无向	交叉腹地竞合	货种结构竞合	
云浮港	0.97	63.64	39.83	66	45	34	5.92%	22.68%	15.52%	0.00	3.00	0.03	0.47
贵港港	0.97	72.73	43.72	63	42	34	2.96%	23.25%	16.96%	0.43	5.32	0.03	0.63
阳江港	0.85	33.33	40.26	68	55	34	4.37%	12.07%	15.53%	0.00	0.57	0.03	0.45
北海港	0.85	63.64	39.39	62	45	34	2.72%	25.14%	15.35%	0.23	3.14	0.03	0.72
南宁港	0.85	36.36	41.56	64	55	33	1.60%	13.88%	16.03%	1.06	0.46	1.43	0.75
惠州港	0.61	60.61	45.89	64	46	34	2.78%	21.65%	17.99%	0.03	2.74	0.03	0.61
清远港	0.61	51.52	46.75	64	49	34	2.67%	18.38%	18.55%	6.06	2.44	0.03	0.70
汕尾港	0.48	72.73	37.23	65	42	34	1.61%	24.14%	14.42%	0.10	5.80	0.03	0.58
揭阳港	0.48	45.45	27.27	66	52	36	1.15%	14.54%	10.62%	0.09	1.58	0.00	0.50
柳州港	0.48	24.24	22.94	67	65	35	0.72%	8.64%	8.70%	0.13	0.00	1.28	0.50
来宾港	0.48	18.18	37.66	66	63	33	1.41%	7.45%	14.42%	0.14	0.01	1.43	0.68
百色港	0.36	21.21	1.73	70	64	62	0.90%	7.01%	0.52%	0.04	0.09	0.00	0.63
潮州港	0.24	24.24	45.45	81	58	34	0.55%	9.79%	17.82%	0.00	0.12	0.03	0.50
茂名港	0.24	63.64	41.13	83	45	34	0.24%	20.47%	16.03%	0.00	4.61	0.03	0.50
莆田港	0.24	45.45	43.29	84	51	34	0.61%	16.53%	17.11%	0.00	1.82	0.03	1.00
韶关港	0.12	42.42	25.97	96	52	36	0.05%	14.74%	10.21%	0.00	1.47	0.00	1.00

附录F 华南地区港口结构对等性分析结果

表 F.1 华南地区港口结构对等性皮尔逊相关系数矩阵

	香港	广州	深圳	珠海	汕头	湛江	汕尾	惠州	江门	东莞	阳江	肇庆	佛山	中山	清远	云浮	韶关	防城	钦州	北海	贵港	梧州	南宁	柳州	来宾	百色	厦门	莆田	福州	泉州	海口
香港	1.00	0.34	0.45	-0.01	-0.05	-0.11	-0.08	-0.12	-0.09	-0.11	-0.07	-0.09	-0.07	-0.08	-0.10	-0.09	-0.09	-0.12	-0.10	-0.06	-0.07	-0.09	-0.10	-0.13	-0.16	-0.10	-0.08	-0.11	-0.11	0.19	-0.06
广州	0.34	1.00	0.84	0.63	0.38	0.44	0.02	0.29	-0.04	0.02	0.56	-0.09	0.36	0.35	0.47	0.68	0.55	0.29	0.51	-0.06	0.37	0.19	0.27	-0.05	0.26	-0.01	0.00	0.02	-0.09	0.30	0.01
深圳	0.45	0.84	1.00	0.50	0.21	0.10	0.20	0.20	-0.08	0.11	0.24	-0.08	0.35	0.28	0.30	0.18	0.33	0.20	0.33	-0.06	0.26	-0.02	0.13	0.12	0.10	0.04	0.11	0.20	0.01	0.22	-0.06
珠海	-0.01	0.63	0.50	1.00	0.70	0.76	0.35	0.66	-0.01	0.24	0.78	-0.06	0.70	0.87	0.84	0.75	0.90	0.76	0.93	-0.04	0.70	0.30	0.53	0.29	0.59	0.16	0.20	0.35	0.09	0.45	0.03
汕头	-0.05	0.38	0.21	0.70	1.00	0.61	0.43	0.54	0.57	0.64	0.42	-0.06	0.64	0.59	0.56	0.39	0.55	0.46	0.61	-0.04	0.70	0.35	0.35	0.20	0.33	0.12	0.22	0.31	0.02	0.77	0.56
湛江	-0.11	0.44	0.10	0.76	0.61	1.00	0.17	0.62	0.12	0.17	0.73	-0.04	0.48	0.50	0.67	0.72	0.78	0.50	0.73	-0.04	0.55	0.55	0.50	0.31	0.59	0.08	0.04	0.17	0.07	0.28	0.21
汕尾	-0.08	0.02	0.20	0.35	0.43	0.17	1.00	0.65	0.32	0.65	0.30	-0.05	0.59	0.33	0.53	0.26	0.26	0.41	0.44	-0.03	0.55	0.17	0.27	0.43	0.38	0.12	0.20	0.47	0.25	0.22	-0.03
惠州	-0.12	0.29	0.20	0.66	0.54	0.62	0.65	1.00	0.28	0.41	0.67	-0.05	0.69	0.51	0.71	0.61	0.65	0.57	0.72	-0.04	0.67	0.51	0.38	0.52	0.65	0.08	0.17	0.41	0.21	0.29	-0.04
江门	-0.09	-0.04	-0.08	-0.01	0.57	0.12	0.32	0.28	1.00	0.70	-0.04	-0.03	0.00	-0.04	-0.06	-0.03	-0.04	-0.05	-0.04	-0.02	0.23	0.12	-0.07	-0.06	-0.07	-0.06	-0.05	-0.05	-0.04	-0.05	0.70
东莞	-0.11	0.02	0.11	0.24	0.64	0.17	0.65	0.41	0.70	1.00	-0.01	-0.05	0.34	0.33	0.19	-0.05	0.10	0.17	0.19	-0.03	0.44	0.03	0.08	0.09	0.02	0.12	0.20	0.20	-0.06	0.12	0.49
阳江	-0.07	0.56	0.24	0.78	0.42	0.73	0.30	0.67	-0.04	-0.01	1.00	-0.04	0.49	0.45	0.81	0.98	0.92	0.67	0.88	-0.03	0.56	0.50	0.44	0.42	0.77	-0.05	-0.01	0.30	0.31	0.31	-0.03
肇庆	-0.09	-0.09	-0.08	-0.06	-0.06	-0.04	-0.05	-0.05	-0.03	-0.05	-0.04	1.00	-0.06	-0.04	-0.06	-0.03	-0.04	-0.05	-0.04	-0.02	0.08	-0.07	-0.07	-0.06	-0.07	-0.06	-0.05	-0.05	-0.04	-0.07	-0.02
佛山	-0.07	0.36	0.35	0.70	0.64	0.48	0.59	0.69	0.00	0.34	0.49	-0.06	1.00	0.62	0.84	0.43	0.50	0.64	0.71	-0.04	0.75	0.46	0.60	0.58	0.57	0.25	0.30	0.59	0.25	0.43	0.05
中山	-0.08	0.35	0.28	0.87	0.59	0.50	0.33	0.51	-0.04	0.33	0.45	-0.04	0.62	1.00	0.65	0.39	0.67	0.75	0.79	-0.03	0.60	0.05	0.36	0.34	0.44	0.22	0.33	0.33	-0.05	0.31	-0.03
清远	-0.10	0.47	0.30	0.84	0.56	0.67	0.53	0.71	-0.06	0.19	0.81	-0.06	0.84	0.65	1.00	0.78	0.79	0.77	0.92	-0.04	0.71	0.41	0.59	0.60	0.77	0.25	0.19	0.53	0.32	0.38	-0.04
云浮	-0.09	0.68	0.18	0.75	0.39	0.72	0.26	0.61	-0.03	-0.05	0.98	-0.03	0.43	0.39	0.78	1.00	0.90	0.62	0.85	-0.02	0.53	0.47	0.43	0.34	0.74	-0.06	-0.05	0.26	0.31	0.30	-0.02
韶关	-0.09	0.55	0.33	0.90	0.55	0.78	0.26	0.65	-0.04	0.10	0.92	-0.04	0.50	0.67	0.79	0.90	1.00	0.68	0.92	-0.03	0.62	0.32	0.46	0.26	0.65	0.05	0.10	0.26	0.13	0.35	-0.03
防城	-0.12	0.29	0.20	0.76	0.46	0.50	0.41	0.57	-0.05	0.17	0.67	-0.05	0.64	0.75	0.77	0.62	0.68	1.00	0.83	0.00	0.57	0.26	0.38	0.52	0.65	0.08	0.17	0.41	0.21	0.29	-0.04
钦州	-0.10	0.51	0.33	0.93	0.61	0.73	0.44	0.72	-0.04	0.19	0.88	-0.04	0.71	0.79	0.92	0.85	0.92	0.83	1.00	-0.03	0.72	0.36	0.51	0.49	0.76	0.11	0.19	0.44	0.23	0.39	-0.03
北海	-0.06	-0.06	-0.06	-0.04	-0.04	-0.04	-0.03	-0.04	-0.02	-0.03	-0.03	-0.02	-0.04	-0.03	-0.04	-0.02	-0.03	0.00	-0.03	1.00	-0.05	-0.05	-0.05	-0.04	-0.05	-0.04	-0.03	-0.03	-0.03	-0.05	-0.02
贵港	-0.07	0.37	0.26	0.70	0.70	0.55	0.55	0.67	0.23	0.44	0.56	0.08	0.75	0.60	0.71	0.53	0.62	0.57	0.72	-0.05	1.00	0.48	0.65	0.36	0.53	0.11	0.22	0.44	0.16	0.42	0.16
梧州	-0.09	0.19	-0.02	0.30	0.35	0.55	0.17	0.51	0.12	0.03	0.50	-0.07	0.46	0.05	0.41	0.47	0.32	0.26	0.36	-0.05	0.48	1.00	0.56	0.40	0.54	-0.14	-0.10	0.17	0.23	0.23	0.22
南宁	-0.10	0.27	0.13	0.53	0.35	0.50	0.27	0.38	-0.07	0.08	0.44	-0.07	0.60	0.36	0.59	0.43	0.46	0.38	0.51	-0.05	0.65	0.56	1.00	0.22	0.40	0.15	0.08	0.27	0.12	0.23	-0.05
柳州	-0.13	-0.05	0.12	0.29	0.20	0.31	0.43	0.52	-0.06	0.09	0.42	-0.06	0.58	0.34	0.60	0.34	0.26	0.52	0.49	-0.04	0.36	0.40	0.22	1.00	0.73	0.20	0.43	0.55	0.52	0.14	-0.04
来宾	-0.16	0.26	0.10	0.59	0.33	0.59	0.38	0.65	-0.07	0.02	0.77	-0.07	0.57	0.44	0.77	0.74	0.65	0.65	0.76	-0.05	0.53	0.54	0.40	0.73	1.00	0.29	0.20	0.38	0.62	0.23	-0.05
百色	-0.10	-0.01	0.04	0.16	0.12	0.08	0.12	0.08	-0.06	0.12	-0.05	-0.06	0.25	0.22	0.25	-0.06	0.05	0.08	0.11	-0.04	0.11	-0.14	0.15	0.20	0.29	1.00	0.18	0.12	-0.06	0.00	-0.04
厦门	-0.08	0.00	0.11	0.20	0.22	0.04	0.20	0.17	-0.05	0.20	-0.01	-0.05	0.30	0.33	0.19	-0.05	0.10	0.17	0.19	-0.03	0.22	-0.10	0.08	0.43	0.20	0.18	1.00	0.30	0.55	0.08	-0.03
莆田	-0.11	0.02	0.20	0.35	0.31	0.17	0.47	0.41	-0.05	0.20	0.30	-0.05	0.59	0.33	0.53	0.26	0.26	0.41	0.44	-0.03	0.44	0.17	0.27	0.55	0.38	0.12	0.30	1.00	0.25	0.19	-0.03
福州	-0.11	-0.09	0.01	0.09	0.02	0.07	0.25	0.21	-0.04	-0.06	0.31	-0.04	0.25	-0.05	0.32	0.31	0.13	0.21	0.23	-0.03	0.16	0.23	0.12	0.52	0.62	-0.06	0.55	0.25	1.00	0.05	-0.03
泉州	0.19	0.30	0.22	0.45	0.77	0.28	0.22	0.29	-0.05	0.12	0.31	-0.07	0.43	0.31	0.38	0.30	0.35	0.29	0.39	-0.05	0.42	0.23	0.23	0.14	0.23	0.00	0.08	0.19	0.05	1.00	0.00
海口	-0.06	0.01	-0.06	0.03	0.56	0.21	-0.03	-0.04	0.70	0.49	-0.03	-0.02	0.05	-0.03	-0.04	-0.02	-0.03	-0.04	-0.03	-0.02	0.16	0.22	-0.05	-0.04	-0.05	-0.04	-0.03	-0.03	-0.03	0.00	1.00

附录G　华南地区港口群竞合网络上的合作博弈子联盟效用指标数据

表 G.1　华南地区港口群竞合网络上的合作博弈子联盟效用指标原始数据

联盟效用	效用指标	香港	广州	深圳	珠海	汕头	湛江	汕尾	惠州	潮州
港口资源 R_i	最大吃水泊位水深/米	15.50	15.50	16.00	14.20	15.00	17.00	9.00	12.50	12.50
	泊位长度/米	7750.00	57586.00	29104.00	17768.00	9627.00	15542.00	1286.00	10765.00	1887.00
	生产性码头泊位数	72.00	709.00	160.00	155.00	87.00	146.00	14.00	71.00	16.00
	万吨级泊位数目	72.00	66.00	67.00	27.00	19.00	31.00	2.00	18.00	4.00
	港航固定资产投资/亿元	20.00	20.50	18.00	16.87	6.03	14.68	4.20	13.80	1.71
港口经营服务 S_i	港口城市货运总量/万吨	32632.20	35204.00	7954.00	4370.00	1736.00	6127.00	1170.00	4202.00	1903.00
	港口城市 GDP/亿元	16565.53	16706.87	16001.82	1867.21	1716.51	2258.99	716.99	3000.37	850.22
	港口城市限额以上贸易业商品销售总额/亿元	31687.65	18245.97	2753.77	1128.41	1216.30	100.19	1021.89	732.41	1091.19
	堆场装卸机械数量	771.00	1180.00	1172.00	213.00	319.00	670.00	15.00	85.00	54.00
	堆场面积＋生产用仓库面积/万平方米	51.07	215.00	210.39	85.40	19.56	128.19	3.59	35.00	5.80
	货物吞吐量/万吨	29770.00	50098.00	22323.72	10703.10	5160.91	20238.19	646.48	6485.64	1136.38
网络地位 C_i	特征向量中心度	10.38	21.72	10.09	34.14	19.02	20.84	35.68	30.62	13.85
	中间中心度	129.75	95.31	56.73	31.58	20.67	12.96	0.52	0.14	0.00
生态环境污染 E_i	工业废水排放量/万吨	16351.00	19181.00	12115.00	4936.00	5516.00	6558.00	1920.00	8465.00	2796.00
	工业二氧化硫排放量/吨	32652.00	56527.00	8079.00	20681.00	26784.00	20377.00	10427.00	28941.00	12578.00
	工业烟(粉)尘排放量/吨	8912.00	10006.00	725.00	12972.00	8145.00	11247.00	4226.00	24525.00	4511.00

续表

联盟效用	效用指标	揭阳	江门	茂名	东莞	阳江	肇庆	佛山	中山	清远
港口资源 R_i	最大吃水泊位水深/米	9.00	13.00	15.00	14.30	12.30	5.40	4.50	6.00	4.90
	泊位长度/米	3559.00	18573.00	2428.00	19106.00	2232.00	10074.00	20062.00	7114.00	6750.00
	生产性码头泊位数	46	307	18	201	10	148	272	117	123
	万吨级泊位数目	0	3	9	26	3	0	0	0	0
	港航固定资产投资/亿元	8.56	3.50	5.70	8.40	2.30	4.10	17.32	5.20	1.50
港口经营服务 S_i	港口城市货运总量/万吨	2167.00	4115.00	10034.00	7858.00	3863.00	3273.00	15718.00	4708.00	2883.00
	港口城市 GDP/亿元	1780.44	2082.76	2349.03	5881.32	1168.55	1845.06	7441.60	2823.01	1197.74
	港口城市限额以上贸易业商品销售总额/亿元	1009.12	1865.48	2903.38	153.69	1091.14	4602.17	1567.90	293.30	269.69
	堆场装卸机械数量	95	244	177	162	94	280	98	121	11
	堆场面积＋生产用仓库面积/万平方米	30.08	128.54	35.31	90.00	16.30	58.00	61.54	25.80	3.44
	货物吞吐量/万吨	2709.3500	7352.1700	2653.5800	12899.6100	1748.0000	3033.1500	5907.0100	7845.4400	2512.6100
网络地位 C_i	特征向量中心度	20.5619	32.4784	28.9430	29.5489	17.0754	17.3976	9.6484	34.6624	25.9928
	中间中心度	0.5000	0.2000	0.0000	9.8574	0.0000	3.9579	0.7167	0.0000	32.0000
生态环境污染 E_i	工业废水排放量/万吨	3848.00	17284.00	6027.00	28396.00	2306.00	10093.00	16413.00	8072.00	5126.00
	工业二氧化硫排放量/吨	23829.00	52000.00	30425.00	106710.00	24129.00	30962.00	71984.00	22278.00	22511.00
	工业烟(粉)尘排放量/吨	8990.00	17723.00	14177.00	17851.00	31647.00	34016.00	44480.00	16703.00	30732.00

续表

联盟效用	效用指标	云浮	韶关	防城	钦州	北海	贵港	梧州	南宁	柳州
港口资源 R_i	最大吃水泊位水深/米	3.00	3.00	19.50	15.60	17.80	5.00	7.50	5.00	4.50
	泊位长度/米	13138.00	1300.00	14837.00	12686.00	5980.00	7613.00	5022.00	5796.00	1556.00
	生产性码头泊位数	147	18	118	76	55	105	80	91	28
	万吨级泊位数目	0	0	34	29	11	0	0	0	0
	港航固定资产投资/亿元	1.20	0.89	10.60	28.00	1.49	7.43	10.01	18.21	2.88
港口经营服务 S_i	港口城市货运总量/万吨	14696.00	6157.00	249.00	977.00	2506.00	2770.00	1437.00	6789.00	4316.00
	港口城市 GDP/亿元	664.00	1113.49	588.94	854.96	856.01	805.40	1064.82	3148.30	3148.30
	港口城市限额以上贸易业商品销售总额/亿元	308.62	127.48	188.77	1476.64	130.34	95.28	2464.69	941.92	55.82
	堆场装卸机械数量	27	19	1200	599	330	298	70	83	16
	堆场面积＋生产用仓库面积/万平方米	32.00	10.68	602.90	195.40	191.00	59.10	29.70	49.36	7.26
	货物吞吐量/万吨	1909.2000	58.1500	11501.0000	6413.0000	2276.0000	5242.0000	3142.0000	1150.0000	252.0000
网络地位 C_i	特征向量中心度	32.0703	20.8432	22.1251	23.2531	32.8787	35.5534	9.9913	19.6234	12.2249
	中间中心度	0.0000	0.0000	1.9766	1.0115	1.2161	2.2583	9.3507	5.5838	0.6667
生态环境污染 E_i	工业废水排放量/万吨	1314.00	8180.00	1732.00	3982.00	1920.00	3501.00	4161.00	9087.00	7559.00
	工业二氧化硫排放量/吨	27944.00	40285.00	24445.00	16313.00	11689.00	22310.00	10136.00	32077.00	45967.00
	工业烟(粉)尘排放量/吨	14774.00	36824.00	49787.00	4670.00	3313.00	73155.00	9568.00	27563.00	90215.00

续表

联盟效用	效用指标	来宾	百色	厦门	莆田	福州	泉州	海口
港口资源 R_i	最大吃水泊位水深/米	3.00	3.00	17.00	17.90	9.50	15.00	10.20
	泊位长度/米	3041.00	2003.00	26580.47	5836.00	22726.00	15634.41	2772.00
	生产性码头泊位数	53	37	154	46	168	91	21
	万吨级泊位数目	0	0	75	8	54	26	7
	港航固定资产投资/亿元	1.15	2.60	19.00	34.00	29.16	24.65	1.34
港口经营服务 S_i	港口城市货运总量/万吨	2825.00	1452.00	3044.00	1788.00	9037.00	7195.00	3474.00
	港口城市 GDP/亿元	551.24	917.92	3273.58	1502.07	5169.16	5733.36	1091.70
	港口城市限额以上贸易业商品销售总额/亿元	147.17	7331.12	824.90	4928.99	2864.44	181.25	1909.16
	堆场装卸机械数量	14	11	1145	207	200	134	296
	堆场面积＋生产用仓库面积/万平方米	21.50	6.95	60.00	98.00	15.00	37.67	46.61
	货物吞吐量/万吨	1050.0000	24.0000	20503.9600	3070.0000	14391.0000	11200.7000	8915.0000
网络地位 C_i	特征向量中心度	10.5296	9.9184	27.6913	23.3728	23.9236	25.8812	31.0520
	中间中心度	0.7436	0.2167	57.5423	0.0000	0.1429	2.1754	25.2163
生态环境污染 E_i	工业废水排放量/万吨	6484.00	6293.00	27380.00	2633.00	4681.00	19258.00	776.00
	工业二氧化硫排放量/吨	71627.00	90105.00	16144.00	9076.00	56385.00	110699.00	1773.00
	工业烟(粉)尘排放量/吨	4880.00	31330.00	4561.00	5232.00	105712.00	68355.00	998.00